spot

context is all

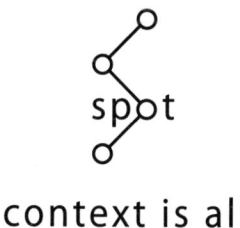

SPOT 041

間關千里

動盪年代的遷徙記憶，庶民的歷史見證

主　　編：信世昌
作　　者：信世昌、彭昭英、霍晉明、劉幼琍、王鳳奎、劉美君、廖遠光、徐漢昌、林季苗、舒兆民、陳復、任弘、張雪媃、徐新逸、陳惠如、向麗頻、李明芬（依文章順序）
責任編輯：李清瑞
美術設計：曾微雅
校　　對：Sage
內頁排版：宸遠彩藝
印務統籌：大製造股份有限公司

出　　版：英屬蓋曼群島商網路與書股份有限公司臺灣分公司
發　　行：大塊文化出版股份有限公司
105022 台北市松山區南京東路四段 25 號 11 樓
www.locuspublishing.com
locus@locuspublishing.com
讀者服務專線：0800-006-689
電話：02-87123898
傳真：02-87123897
郵政劃撥帳號：18955675
戶名：大塊文化出版股份有限公司
法律顧問：董安丹律師、顧慕堯律師

總 經 銷：大和書報圖書股份有限公司
新北市新莊區五工五路 2 號
電話：02-89902588
傳真：02-22901658

初版一刷：2025 年 4 月
定　　價：520 元
I S B N：978-626-7063-89-7

國家圖書館出版品預行編目 (CIP) 資料

間關千里：動盪年代的遷徙記憶，庶民的歷史見證/信世昌, 彭昭英, 霍晉明, 劉幼琍, 王鳳奎, 劉美君, 廖遠光, 徐漢昌, 林季苗, 舒兆民, 陳復, 任弘, 張雪媃, 徐新逸, 陳惠如, 向麗頻, 李明芬合著；信世昌主編. -- 初版. -- 臺北市：英屬蓋曼群島商網路與書股份有限公司臺灣分公司出版：大塊文化出版股份有限公司發行, 2025.04
360面；17×23公分. -- (Spot；41)
ISBN 978-626-7063-89-7(平裝)

1.CST: 族群　2.CST: 遷移　3.CST: 臺灣史

733.292　　114001153

問關千里

動盪年代的遷徙記憶，庶民的歷史見證

信世昌——主編

信世昌　彭昭英　霍晉明　劉幼琍　王鳳奎　劉美君　廖遠光　徐漢昌　林季苗　舒兆民　陳復　任弘　張雪婇　徐新逸　陳惠如　向麗頻　李明芬——合著

推薦序

述往事以知來者

陳力俊（中央研究院院士、台灣聯合大學系統 系統主席）

一九四六年西南聯大正式結束之際，文學院院長馮友蘭先生撰寫〈國立西南聯合大學紀念碑〉，碑文中有言：「稽之往史，我民族若不能立足於中原，偏安江表，稱曰南渡。南渡之人，未有能北返者：晉人南渡，其例一也；宋人南渡，其例二也；明人南渡，其例三也。風景不殊，晉人之深悲；還我河山，宋人之虛願。吾人為第四次之南渡，乃能於不十年間，收恢復之全功。」又言：「庾信不哀江南，杜甫喜收薊北。」欣喜之情，溢於言表，不料在三年內，山河變色，誠如本書編者世昌兄所言：「前後短短數年之內即有數百萬人離開中國大陸，幾乎是歷史上最大的移民潮。而更不可思議的是與家鄉親人完全音訊斷絕，三十多年之後才得重新聯絡，這是舉世少有，可能至今只有南北韓的百姓分隔可堪比擬。」

歷史上第五次南渡，還正在展演。這上百萬家庭的悲歡離合故事構成一部波瀾壯闊的史詩，深具記錄價值，但被明確記載下來的比例卻很低，本書的特色是邀請了十餘位任教於大學的學者和師長來撰寫他們自己家裡長輩或親戚輾轉流離的事蹟，作者群的學術背景從人文到社會科學都有，在各學術領域皆有卓越的表現，也都從多角度爬梳，經過謹慎的求證，細心撰稿，彌足珍貴。

閱讀本書，隨手摭拾，親情離思，躍然字裡行間，感人心腑，如「思鄉是人之常情，有人未等到兩岸開放即過世，有人等到開放探親後得以返鄉和親人團聚，雖多半已人事全非，但至少還得以稍慰思鄉思親之苦。但也有不少人因為各種顧慮而一輩子就再也沒返鄉」；「相信有成千上萬的家庭類似，長輩們也曾有過豪情壯志，但最後只能化為生存的韌性，努力在種種進退維谷又身不由己的困難之中，勉強張羅出一塊可暫避風雨的棲身之地吧」；「時代的巨浪所激起的哪怕是一滴浪花，落在一個人身上就是一場狂風驟雨；僥倖不死，也是一身的狼狽」；「在這種兵荒馬亂的環境中，誰都顧不上誰，誰更怨不了誰」；「這是大時代的變局下，小人物、小夫妻只能任由滔天巨浪推壓著，隨之載浮載沉，毫無選擇地且走且行」。真正是「故鄉成了他鄉，異鄉成了故鄉」。

書中也看到不少大時代的悲劇：一個勤務兵因一直頂撞他人，還口無遮攔跟人嚷著「我想要回家」，被政府當作匪諜逮捕槍斃了；一個流亡學生，被檢舉為匪諜，長官用左輪手槍對著他，要他招認是共諜，備感冤屈，悲慟大哭下，才得幸免，他最後在垂老之年出版《天譴》一書，小說最終，主人公縱身躍向大海自殺。痛言：「這不是悲劇，而是向海峽兩岸業已寫進歷史的兩位巨人，做了無言的抗議。」沉痛而真實。

本人也身為大時代遷移的一員，一九四九年，家父身陷大陸，在超過三十年後才得與來台子女在美國相聚，但攜帶四個子女隻身來台的家母已溘然長逝，雙親在烽火迫近的成都機場一別，再也無法相見，這是大時代千萬悲劇的縮影，國共可以一笑泯恩仇，人間多少傷心事卻刻骨銘心，無法輕易平復。

兩岸分治，迄今已七十餘年，身歷當年顛沛流離親人，多已自歷史長河中消退，本書是許多家庭的紀實，為那個動亂的大時代留下歷史見證。馬政府時代兩岸密切交流，已證明和平相處順理成章。史蹟斑斑，兩岸人民歷經劫難，更當記取歷史教訓，和平才是王道，力求「避戰謀和」，是兩岸人民共同的願望。正所謂「述往事以知來者」，或能將國家民族乃至全人類的未來導入正確的方向。

陳力俊 謹識

二〇二四年八月 於新竹清華園

主編序

為那個動亂的大時代留下庶民的歷史見證

人類因為戰亂等原因而大規模離鄉背井遷至外地，古今中外皆有，不論是被迫離散或是主動移居，其間必有許多深刻的故事值得探索。

距現今已達四分之三個世紀的八年抗戰到兩岸分治期間，是個極度動亂的大時代，在兵荒馬亂間，千千萬萬人被迫輾轉流離，例如在一九四九年前後短短數年之內即有數百萬人離開中國大陸，有些赴西方而留居，有些就近遷到韓國、日本或東南亞各國，也有數十萬人南遷到香港和澳門，更有多達一百五十萬以上的軍民跨海遷到台灣。這幾乎是歷史上最大的移民潮，其人數之多，規模之大，甚於東晉永嘉南渡，也非各朝代的天災兵亂所造成的移民可比。而更不可思議的是與家鄉親人完全音訊斷絕，三十多年之後才得重新聯絡，這是舉世少有，可能至今只有南北韓的百姓分隔可堪比擬。

當時無論是百姓或是軍人，在行止之間禍福難測，性命如螻蟻，無人知道遷或不遷的下場會是如何。而同時即使世居台灣的家庭也有親人因各種原因或被徵兵而遠赴海外各地，也都受到戰爭的巨大衝擊。而這上百萬家庭的悲歡離合故事在人類學上彌足珍貴，頗有記錄價值，但被明確記載下來的比例卻很低，多半只是親朋故舊間口耳相傳。

而上一代雖經歷過這些不可思議的戰亂與顛沛流離，卻往往只輕描淡寫告訴子女一些梗概，很少提到細節。隨著時間推移，距離那場大變動已逾七十年，這些事蹟即將湮沒，已到了必須緊急保存的地步。

我與多位學者談及此事，大家皆有同感，才起心動念邀請了十餘位任教於大學的學者和師長來撰寫他們自己家裡長輩或親戚輾轉流離的事蹟，作者群的學術背景從人文到社會科學都有，在各學術領域皆有卓越的表現，也都有心撰稿，但多半在提筆之後才發覺根本不清楚家中長輩當年在故鄉的生活狀況及遷徙的來龍去脈等細節，於是才趕緊深入詢問他們已年逾九旬的父母，而有的長輩已經過世，只能訪談相關親友並查詢資料才略澄清長輩一部分的經歷，都覺得很遺憾未能及早詢問。

經由長輩們所描述他們年輕時的生活及社會狀態，令人有隔世之感，而他們來台灣的緣由各自不同，遷移的路線與過程也多為艱難曲折，甚至驚心動魄。即使現今要遷居到另一個城市都頗費周章，遑論在動亂中交通困頓的狀態下要克服許多困難才得搭船搭機來台，其艱辛更非下一代年輕人可想像。而思念故鄉是人之常情，這些長輩離鄉背井後，仍維持著原鄉的語言和生活習俗，還一直盼望再和親人見面，許多人在兩岸隔絕三十多年之後又得以和親戚聯絡上，甚至返鄉探親，但也有許多長輩再也沒回過家鄉。

本書不是虛構故事，而是許多家庭的紀實，每位作者都經過謹慎的求證才寫下這些事蹟，裡面對於許多長輩當年生活經歷的描述，和現今的社會文化大不相同，可視為那個時期社會百態的記錄，彌足珍貴，並且考證出長輩的遷移路線，請出版社畫出路線地圖，期待為那個動亂的大時代留下一些庶民的歷史見證。

本書出版要特別感謝清大前任校長陳力俊院士為之作序，並感謝大塊文化董事長郝明義先生爽快支持慨允出版，此外出版社編輯李清瑞女士等多位同仁盡心策畫，也在此一併致謝！

主編 信世昌 謹序
二〇二四年十月

目錄

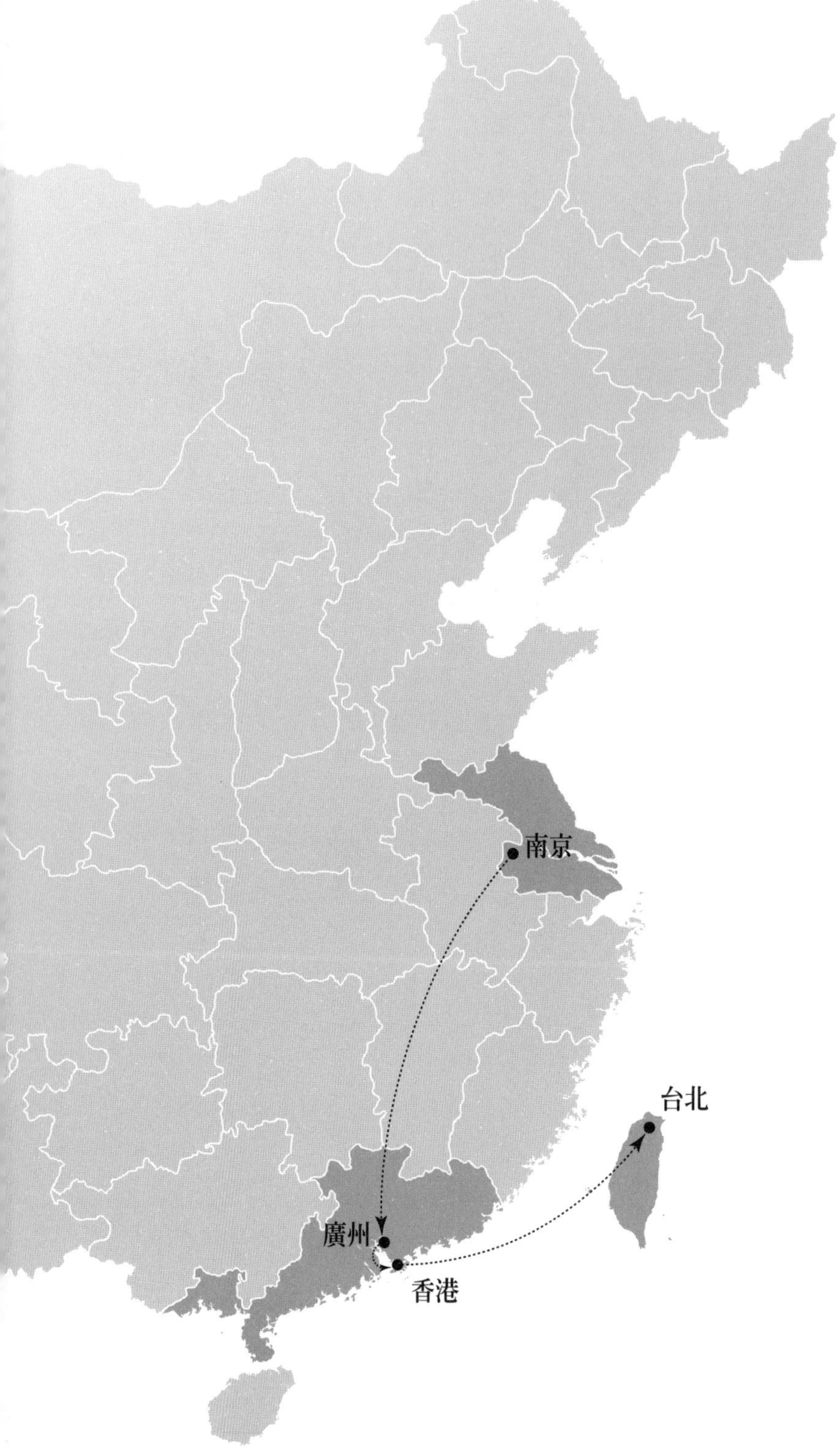

尋訪之路——追索母親輾轉遷移的歷程

信世昌

國立清華大學跨院國際博碩士學程教授。生於台北，祖籍哈爾濱市賓縣，美國印第安那大學教學系統科技博士，曾任國立清華大學副校長。專攻國際華語教學、網路遠距教學。喜好海外旅遊、古蹟探索與跨文化交流。

毛冬琴女士的遷徙路線

南京→廣州→香港→台北

上一代經歷過許多戰亂與顛沛流離，卻往往只輕描淡寫告訴子女一些梗概，很少提到細節，而我母親也是一樣。

她成長於南京市，經歷過南京大屠殺，也經歷過抗戰期間的南京生活，因國共內戰而輾轉到廣州、香港，再來到台灣，在台灣居住了七十餘年，但她在家很少述說年輕時在家鄉的經歷和輾轉來台的細節。當母親開始逐漸失智時，我才開始覺得要趕緊多問一些她的人生經歷，並且特地採訪相關的親友來釐清一些線索，有好幾回趁著去大陸和香港時順便探訪母親以前待過的地點，也上網查詢相關的資料，這像是一個抽絲剝繭的解謎過程，其中不斷發現一些難以言喻的機緣與巧合。

母親出生於一九二〇年，原姓毛，名冬琴，她說因為是冬月所生（即農曆十一月），而她的姊姊名桂琴，可知是桂月所生（農曆八月），還有一位哥哥及三位弟弟，總共六個兄弟姊妹。由於她來台時誤報了陽曆日期，因此家人並未留意她確切的生日，後來母親因失智也無從問起，但隱約記得她之前偶爾提到真正的生日是和國父孫中山先生的誕辰日期同一天，都是十一月十二日，只不過她的是農曆，這個說法讓我得以查出一九二〇年農曆十一月十二日的陽曆日期是十二月二十一日。

母親全家住在南京城西的老府橋，老府橋不是橋，而是一條街的名字（一九五〇年與北端的施家巷合併稱為施府橋），離水西門不遠，母親提到這個住處的門牌是老府橋四十八號與五十號，是兩戶占地頗大的五進堂屋，每一進都是兩側有廂房，中間是穿堂，每進之間都有個天井，母親家住在第二進的一間廂房，這個大院的房東是徐家帳房，大院除了徐家自己住以外，也把一些廂房租給外人，都是長租客，所以共有十幾家鄰居，相處極熟，凡事都互相幫忙。

毛家真正的老家在南京以南的江寧縣秣陵鎮，就在現今的南京祿口機場一帶，毛家是大戶，所以當時還有毛家祠堂。母親說老南京人多聚集在城南和城西一帶，但也都是周邊四鄉八鎮遷進來的，因為清末太平天國的戰爭時期南京死傷慘重，後來所謂的老南京人其實也都是外來的。

半工半讀的求學之路

母親年少那個時代新式教育才剛開始，新式學堂取代了私塾，母親提到當時念的小學就在家附近，稱為「益智小學」，是一所基督教會辦的學校，學校裡有教堂，牧師就是校長。那個年代小學分為初級小學和高級小學，初小四年，高小兩年，初小算是義務教育，因此學費便宜，但之後兩年的高小就要收比較貴的學費了。

當時一般人多是讀到初小畢業，繼續升學的比例不高，更何況是女性，因此外祖母就不讓母親繼續升學了，母親卻堅持非念不可，但自己又沒錢，於是直接去央求校長希望在學校打雜做事以抵免學費，母親還記得校長是潘繼塵牧師，潘牧師就答應了，之後母親就開始週末或放學後待在教會和學校幫忙，一做多年，半工半讀完成學業，她說還曾帶著小學生去中山陵參觀。潘牧師是位教育家，隔了近八十年我母親還記得他的名字，心裡一定是很感激的。

為了找尋老府橋和這所小學，我上網查詢再比對各種地圖，還找到一九二九年由美國拍攝的一張很細緻的南京空照圖，發現照片上的老府橋整條街雖然房舍密布，但只有一個五進的大院，想必就是那戶了，但整個區早已重建而不留痕跡了。

另外也查到那所小學的零星的資料，得知是基督教所辦，原稱福音堂，由教堂、益智小學和其他附屬建築組成，在德國商人也是南京安全區的發起人之一的拉貝（John Rabe）所寫的南京大屠殺期間的日記《拉貝日記》（*The Good Man of Nanking: The Diaries of John Rabe*）記載的雙塘教堂難民營所在地，是屬於美國長老會傳教團的財產。這個學校後來改為南京第十九中學，又改名文樞中學，地點在現今的南京市秦淮區仙鶴街，但比對多年來的Google衛星照片，教堂等老建築於近年已被拆除，十分可惜。

我後來特別去這一帶母親的生活區探訪，在施府橋、貓魚市、來鳳街和雙塘路等街區徘徊張望許久，只能憑空想像當年的街景。

說來也巧，我當時開始搜尋這個小學的資料時，不知怎麼就進入了一個名為「西祠胡同」的網站，上面有大批南京人在回憶南京的過往，瀏覽網站時在眾多的帖子上看到一個主題為一九三一年的小學畢業證書，我想年代相近就跟帖詢問是否有人聽過這所益智小學，其實並不抱以希望，過了半年多居然有一位老先生回應，說是那所小學的校友，也告知了一些相關細節，還畫了學校平面圖。

很不可思議的是，又過了一陣子，有一位年輕的徐姓姑娘也聯繫說她的外曾祖父就是那個教堂的潘牧師，想多了解他的事，於是幾位在茫茫人海中毫不相干的陌生人居然在茫茫「網」海中相遇，而開始討論八十年前一個已不存在的教會小學之人物與往事，這真是不可思議的因緣。

居家南京

我對於母親在南京的家居生活很是好奇，在母親的記憶中就是家裡很窮，外祖父每個月的薪水大約是三十多塊錢，拿到薪水後第一件事就是買米，先把全家一個月所需的米都一次買齊，全家就安心了，至少這一個月不會挨餓。

南京板鴨是當地名產，我以為她們一定天天吃，沒想到她說平常哪裡有得吃，每天就是在附近的菜園買些蘿蔔青菜，比較便宜，每餐就一、兩樣青菜或豆腐，沒有肉類，逢年過節才可以買些肉，但也不是切塊吃，都只能切成肉絲和青菜一起炒。

雖說南京的板鴨和鹽水鴨很有名，但當時一般老百姓可能吃不起。在台北家中母親長年掌廚，餐桌從沒出現過鴨肉，可見母親無此飲食習慣。

至於生活用水是從哪裡來？母親說當時沒有自來水，住的大院有一口井，一、二十戶一起共用，但是飲水則是向附近的「老虎灶」買水（街上有大鍋爐煮水販賣的店家）。至於廚房是所有鄰居共用，大院裡面有一間廚房，有幾個灶，各家自己去燒菜做飯，吃飯時各家就把飯桌放在中間的穿堂上吃。

我問到那麼浴室和廁所是怎樣的？母親說根本沒浴室，男人還可以去澡堂，女人就只能燒些水在屋內擦擦洗洗而已。也沒有廁所，家家戶戶屋內有木製的便桶，天天有人推著車子挨家挨戶來收水肥，是南京當年的一景。家中也有很多盆子，都是一套套的，有人結婚就會送新婚夫婦一套盆子。這其實就是當時平民百姓的生活了，對於生活在現代社會的我們實在很難想像。

母親時常提起一些老南京的老典故，即使一百歲了都還會背一些關於南京的韻文：「裡十三，外十八，一根門栓往外插。」這是指南京城以前有內城和外城的城門數量。也會念一首詩：「三山聚寶連通濟，洪武朝陽定太平。神策金川與小東，儀鳳清涼到石城。」這是把一些南京城門名字串起來的詩句（此詩原出於吳敬梓的《儒林外史》，後來似乎有幾個版本，城門略有不同）。

老南京的城牆又高又厚，有一首描寫南京的老歌〈鍾山春〉裡有一句「龍蟠虎踞石頭城」，母親很喜歡這首歌，我查了南京老地圖，發現老府橋離城牆不遠，問她城牆上得去嗎？

她說那一段城牆邊很荒涼，牆外就是亂葬崗，老百姓家中若有嬰兒死了就往城牆外一丟，只有中秋節時老百姓會上城牆賞月，平常沒事是不會上城牆的。

母親還提到「十一月十五文德橋看半邊月」，是指農曆十一月十五日那晚，月亮正中，南京老百姓會擠到夫子廟前的文德橋上俯看秦淮河中的月亮，橋邊每側只能各看到半個月亮，母親笑著說這其實怎麼可能，就只是一種習俗。

南京大屠殺

靜好的歲月到了一九三七年，母親那年十七歲，抗戰爆發，大災難降臨了南京。

當年八月，在上海一帶的淞滬會戰爆發，日本軍機已常常飛臨南京轟炸，外祖母一聽到空襲警報聲就全身不由自主地發抖，因此全家就暫避到南京南邊的鄉下——祿口，母親說當地鄉下太窮了，老百姓根本買不起做菜的油，廚房通常就掛著一塊肥肉，炒菜時就拿肥肉往鍋裡抹一下就算是有些油水了。

屋外的水塘一側有人在洗米，另一側可能就有人在刷馬桶，她實在受不了，也住不慣，於是獨自一人走回南京，祿口距南京約三十公里，母親回憶是一大清早出發，走到南京中華門時已天黑，一個人推開幾道虛掩的城門，穿過中華門陰暗的甕城，她也不怕。當時沒想到，過沒幾個月迎來的是慘絕人寰的南京大屠殺。

當時在日本軍隊即將攻占南京時，南京城內的歐美僑民為保護平民免遭戰火而成立了「南京安全區」。由南京安全區國際委員會進行管理，在南京大屠殺慘案期間，庇護了難民區內約二十五萬中國難民。

母親說十二月初日軍攻打南京之前，南京守備司令唐生智就已開始把老百姓趕入安全區，區內的難民收容所其實不只一處，有幾十個，大多是外國人和教會成立的，母親居然還和鄰居走訪了幾處難民營，後來挑選了條件較好的「金陵女子文理學院」。入住不多久，日軍破城而入，母親很深刻地記得，在難民營圍牆上親眼見到衛戍司令部前面居然還有兩個國軍衛兵直挺挺地站崗並沒撤走，日軍直接騎馬衝過去就當場刺死了。

金陵女大的難民營就是著名的美國修女魏特琳（Wilhelmina "Minnie" Vautrin，中文名魏華群，人稱華小姐）所維持的，魏特琳以無比的勇氣和毅力與日軍周旋將近三年，保護了上萬婦孺的人身安全，至今被南京人感念不已，在網路上和一些書籍中都可查到那些細節。而母親對她印象深刻，在年紀很大時都還記得這位華小姐。

在金陵女大，她和多位鄰居住在一間小教室裡，住了好幾個月。當問到三餐怎麼辦？她說大家都帶了食物和米，也帶了爐子，就在教室裡升火煮飯。雖然是安全區，但日軍仍常常進入抓人，有一次日軍強行進入搜查，母親身形矮小縮在牆角，日軍看到只覺得是個小孩，也沒注意就離開了。

我後來特意仔細翻閱了《魏特琳日記》及《拉貝日記》等書籍資料，揣摩母親在難民營中的生活點滴，後來去南京時也去參訪了金陵女大的原址——現今的南京師範大學，漫步在校園中，看到紀念魏特琳的雕像，也見到幾棟早期的房舍，心想不知母親當年是住在哪一間？

大屠殺後的一、兩個月，日軍規定老百姓要出來領良民證，母親在排隊時忽然遇見了外祖父，只隔了一、兩個月的時間，外祖父的頭髮就全白了，原來外祖父並不知道母親的下落，心急如焚，就天天站在領良民證的地方碰運氣等待，終於就見著了。

之後回到家發現傢俱都被偷了，只得再買。據母親回憶，那一陣子走在路上都會跨著屍體走路，因為被屠殺的死屍還未處理乾淨。

人在戰亂中能否活著往往靠生死一線的機緣，當時日軍搜查全城，鄰居徐家有和母親同齡的男子被日軍認為可能是國軍而拖出去要殺，他的弟弟鑽過去在地上寫了兄弟二字，並對日軍作手勢指著他哥哥和自己，日軍看懂了才將之釋放。

母親說後來社會慢慢平靜下來，汪偽政府成立，老百姓仍各過各的日子，直到八年後迎來了抗戰勝利。

亂局中的短暫平靜

戰爭期間，百姓即使無奈也仍得儘量打點好自己的小日子，我很好奇當時她日常做些什麼？她說常和鄰居一起做些手工、聊天、打紙牌或打麻將，平素很喜歡去租書店租古典章回小說來看。

母親個性外向好動，在當時的女性中算是很膽大的，她把偌大的南京各處名勝都跑遍了，玄武湖、莫愁湖、清涼山、雞鳴寺、中山陵、雨花台、夫子廟、朝天宮和新街口是她常提到的地點，她甚至記得當時中山陵的國父遺體是放在透明的水晶棺材裡，是可以直接看得到的。

她說當時南京沒幾條公車路線，也沒餘錢搭車，大多是靠步行的。她還提到去玄武湖划船，會故意划到荷葉中間找蓮蓬來摘蓮子吃。我用線上地圖計算這些路程，從家走到玄武湖至少得一個半小時，走到中山陵更得兩個半小時。我後來去了南京幾次，甚至訂了母親說當年南京最熱鬧的新街口旁的旅館，也特別去走訪這些母親曾提過的景點，比較能體認各景點的距離，很驚訝母親腳力如此之好。

她也喜歡看電影和聽歌，胡蝶、周璇、李香蘭等明星是她所熟悉的，那個時候上海的娛樂業發達，常有從上海來南京表演的影歌星會住在外祖父工作的安樂酒店，這家飯店位於太平南路，是南京少數幾家大飯店之一（現改名為江蘇飯店），母親也是一些明星的「粉絲」，一得到消息就會和朋友騎自行車跟著明星的行程跑，很難想像那個時代就有人「追星」了。

她好動敢闖的個性，也促使她後來敢於離開家鄉！

人生偶遇的關鍵轉折

抗戰勝利前母親一家搬到城南的「顏料坊」，住在她外婆的房產裡，母親常提到她們家是那一帶第一個有電燈的屋子，言下十分驕傲，原來當時家家戶戶都還是使用油燈，因為我的外祖父在南京太平路的安樂酒店工作，是機房領班，掌管酒店的水電，而母親的大哥也是開電料行的，因此知道要如何牽電燈線到家裡。

母親說這棟房子有四進，但愈往後面愈窄，因此「不發人」，意思是這種房子會讓家庭不興旺。果然，一家人後來就逐漸離散了。先是她姊姊嫁去蕪湖，再來大弟到外地闖蕩失去消息，而母親因和外祖母感情不睦，倔強的個性一氣之下就搬離家，又回到老府橋一帶寄居在鄰居的房子裡。一九四六年中旬她的哥哥忽然因病過世，已嫁去蕪湖的姊姊回來弔唁，和母親見了一面，她們姊妹倆的感情極好，卻沒想到這是她們姊妹倆見的最後一面，隨之二弟也去了蕪湖，只剩三弟（就是我的四舅）待在家。

那年母親和南京市長馬超俊的一戶親眷家結了深厚的緣分。馬超俊先生是參加同盟會的元老，廣東台山人，參與過辛亥革命，是一位經歷豐富的傳奇人物。他的一位晚輩親眷家住在市中心的秣陵路，家有四個小孩，又有嬰兒快出生了，要請人幫忙，母親經過朋友介紹就去當了褓姆，馬家對她很尊重，並不把她當外人，不但同桌一起吃飯，也住在他們家裡。沒想到這個機緣帶著她日後走向不一樣的命運。

兩年後的一九四九年四月初，國軍徐蚌會戰失利（大陸稱為淮海戰役），共軍逼近長江，南京市政府匆忙撤至廣州，馬家也準備離京，邀母親也一起去廣州，母親生性喜歡旅遊，想想有個機會去廣州玩一趟也好，於是就答應同行。後來據我四舅回憶，母親臨行前還去看了他，給了一枚銀圓，他也沒想到下次再見竟是四十年以後了。

大約是四月中旬，馬家女主人（我稱之為馬伯母）先帶著五個小孩（我稱之為馬姊姊、馬哥哥）搭機去廣州，男主人馬伯伯則安排了幾部吉普車準備走陸路，某天的半夜幾部車倉促動身，還載著瓷器等物品，母親就和幾位年齡相近的廣東小姐結伴同行。她只記得一路都有人照應，食宿都有安排，一路順便遊山玩水，沿途還搭了一段火車，是把吉普車架上火車而行，但她卻說不出路線。

我在地圖上想推敲出這段行程，但可能性很多，有可能是先下到杭州再走浙贛鐵路至江西，再橫走至湖南並南下廣州；也可能是直接向西南沿長江至九江，再往下經南昌轉向西行，入湖南抵長沙才南下廣州；也可能是經過九江，沿長江西行切到岳陽，再一路沿湘江南下入廣東。

總之至少走了半個多月以上，戰亂之時一群人開長途車，一路餐風露宿，汽車還要中途不斷加油，很難想像那時怎能規畫得如此完備。

當時對母親而言，這只是一個旅行，沿途順便遊玩，只想玩夠了以後再回家，卻根本沒想到，再回南京時，已是隔了四十年之後的一九八九年了！

他們到了廣州後，那些廣東小姐就各自返家了，而她和馬家一起住在廣州沙面的「楊永泰紀念醫院」，住在二樓。楊永泰是一位黨國元老，廣東人，在抗戰前擔任湖北省主席時被暗殺了，我查找到一筆一九四七年五月的報紙新聞，報導這個西式醫院是一九四七年初廣州各界捐款籌建以紀念楊永泰為社會的貢獻，由政府撥洋房一棟，楊先生之次女楊純忠是留英的醫學博士，則擔任院長（馬家兄姊則說楊醫師的名字是楊濬熙，先生姓方，後來一家遷至婆羅洲行醫，據悉在當地華人圈子中頗為有名，後和子女遷至美國舊金山定居過世）。

楊醫師撥了一些病房讓北方下來的親友居住，馬家大姊回憶說她們家占了兩間病房，房間很大，醫院旁邊有個大草坪。另外楊醫生的弟妹和楊醫生的哥哥一家也都住在那兒，大家每天都是一起吃飯。我在網站上也查到一位台北的國防醫學院文忠傑教授當時舉家遷至廣州，也居停在此醫院。

母親在這個醫院中居家照顧馬家小孩，似乎對於廣州印象不深，只提到沙面和廣州市隔著一條大水溝，有時要過橋去買東西。

我之前對於「沙面」這個地點毫無概念，直到二〇一〇年我去廣州中山大學開學術研討會，想順便探訪這個醫院，上網查詢才知沙面原先是外國人的租界區，是珠江邊上的一大塊沙洲地，抗戰後歸還中國。於是由熱心的大陸學者陪同一起去沙面探訪，看到沙面街道寬闊整齊，都是一棟棟獨立的洋樓，滿街打聽卻沒人聽過這個楊永泰紀念醫院，心想以前這麼有名的醫院怎會無人聽過呢？正感無望，經過了一個小巷子，看到幾位老人家在巷底打麻將，冒昧過去詢問，其中一位老婦人立刻指出方位，還說這是一九四九年以前的事，整個沙面大概只有她一人才知道，我當下覺得實在太幸運了！獲得指引，順利找到原址，是一棟頗寬闊的三層洋樓，仍和醫事有關，是廣東國際旅行衛生保健中心。

由於週末沒開，無法進去，我只得在周邊徘徊，望著二樓一個個窗口，不知母親當年住的是哪一間。但這棟洋樓旁邊隔著馬路就是一條大水溝，遠處有一條橋通往廣州市區，這完全呼應了母親的記憶，讓我親見了母親當年所在的環境。

逃難至香港

母親移居廣州並未久歇，只住了半年，一九四九年十月共軍又進逼廣州，母親隨馬家一行就轉移到了香港，算是就此離開大陸了！

在香港的居住地是九龍的「科士甸道」（Austin Road），母親只提到是住在一棟石屎樓的三樓（石屎樓是粵語所謂的水泥樓），對面就是個英國軍營。我後來特意去尋覓此處，但都蓋了大樓，也沒看到軍營，十分疑惑，後來訪談馬家的兄姊，說該地離「廟街」很近，才得以定位。據他們回憶軍營的出入口像是一個小山丘的山洞，出口頂端是個機槍陣地，由於住在三樓，可以看到營中的英軍操練，我幾經查詢才確知此地原先是威菲路軍營，後來撤銷而成為九龍公園。馬家他們常常從三樓垂下籃子喊叫下面小販買東西，令馬家兄姊至今印象深刻。

在香港總共住了三年，雖然算是逃難到香港，母親卻覺得很愉快，很喜歡香港，還學了一些粵語。至今每次一提到香港就稱讚香港管理得很好，連在市場買雞回家，都只能抱著，不准握住雞腳倒提。港府每個週末都會沖洗街道，老百姓不准吐痰，環境很乾淨。

香港的環境安全也常被母親稱許，馬家大姊提到她那時念港島的聖保祿中學，一個初中女生每天自己從柯士甸道住處附近走到彌敦道，再搭車到尖沙嘴，然後搭渡輪過海至港島的中環，再搭電車到位於銅鑼灣的學校。馬家大姊還記得有一次她的祖父在廣東台山過世，當時香港和內地還能互通，她和父母去台山奔喪，因為有我母親在家看四個弟妹，他們才能放心去一趟。

母親很少提到在香港的生活細節，家中只有一張在香港拍的兩吋見方老照片，她站在一個花園中，照片背後寫著「兵頭花園」，我後來上網一查，才知道就是現在的香港動植物公園，位於香港島的上亞厘畢道和花園道交界處。

我在二〇一三年夏天去了香港一趟，想順便去找這個花園，看地圖覺得離中環好像不遠，沒想到從中環一路往上都是斜坡，大熱天走得氣喘吁吁，汗流浹背。到了花園後，持著

一九五一年母親攝於香港兵頭花園（現香港動植物公園）。

二〇一三年香港動植物公園的同個地點角度所拍，時隔六十餘年，可見欄杆已修改，背後的噴水池已變更池緣造型，但背後的一棵高聳的樹仍在，形狀一致只是更為高大。

照片到處找尋照片中石頭欄杆和噴水池的背景，終於在一個角度找到六十多年前母親拍照的立足點。遙想母親當年應是從柯士甸道轉到天星碼頭，再搭「天星小輪」到港島的中環，又從中環一路往上走到這個公園，大概也感到很燠熱吧。

台灣：第二個家鄉

母親在香港過了三年的平安日子，沒料到又要遷移！

一九五二年馬伯伯一家打算來台灣，但起初母親覺得在香港過得挺好，還不願意走，幾經勸說，她最後才打定主意同行，那個年代是不能隨意來台的，還必須要有人作保。至於如何到台灣，她只說是搭輪船，一行幾個大人帶著五個小孩和許多家當去搭船，想必十分不容易，母親只提到沿途暈船吐了兩天，一直躺著沒辦法動，像是生了一場大病。

好不容易在基隆下船，到了台北和馬家暫寄居在濟南路，後搬至金門街一棟日式房子，從此就定居台北。多年以後遇見我父親成婚，有了自己的家。

那些年有一、兩百萬人離鄉背井來到台灣，人際關係像是連根拔起，原有的家人和親戚、鄰居一概失散失聯，那種深沉的無奈與傷痛並非一般人可體會。

但人生也充滿了巧合，一天母親去台北近郊的北投探望朋友，順便在北投菜市場逛，居然巧遇了南京老府橋同一個院落極為親近的老鄰居一家，彼此都不知道對方人在台灣，雙方都大為驚喜，這個緣分太不可思議，這家人就被母親視為在台灣唯一的南京親人了，彼此長年往來極為熱絡。而台北羅斯福路與和平西路口有一家李嘉興南京板鴨店，母親偶爾刻意去買點東西，因為可以和老闆用南京話聊聊天，也會碰到一些持南京口音的同鄉。

四十年後的返鄉

在一九八〇年之前兩岸完全隔絕，即使是家人也無法聯絡，隔了三十幾年渺無音訊，直到一九八二年，大陸開放了，母親興起嘗試寫了一封信要寄給南京的家人，只能填上南京的老地址碰碰運氣。當時兩岸還沒通郵，轉託了在美國的馬哥哥幫忙從加州寄到大陸，隔了幾個月，來電告知居然收到回信了，是母親的二弟從蕪湖寄回的信，原來老地址已無親人，但當地還是有辦法聯繫到早已搬遷的人，親人居然就聯絡上了！

但母親這才知道她最親密的姊姊早在她離開南京三年後因產後感染就過世了，她父親在一九五六年過世，她母親則在一九六五年過世，但她三個弟弟還在，分別散到安徽、廣西和黑龍江，但他們只知道這位姊姊當年去了南方而失去聯繫，並不知道她去了台灣。

之後我也託了我的香港僑生同學幫忙轉信，如此往返通信好幾年，到了一九八九年五月，母親首次返鄉探親，當時兩岸之間還沒通航，母親得隻身在香港轉機回南京，距她離家剛好隔了四十年！遠居廣西和黑龍江的大弟和三弟也約好回到南京，一家人終於團聚，他們陪母親回到老府橋，那時老房子還在，也見到幾位當年最要好的老鄰居，他們一見到母親就眼淚汪汪的，過去人的鄰里關係堪比親戚。

一九九一年母親第二次回南京，後來陸續去了十次，也曾去廣西和黑龍江探訪兩位弟弟，每次都住上一個月，大大告慰她的思鄉親情。我初次去南京是在二〇〇二年暑假，趁去開會之便剛好陪母親回鄉，也見到我這幾位舅舅和表弟妹全家，之後兩邊常有聯繫往來，靠著舅舅們的回憶才得以知道更多令人感慨的家族往事。

母親在一百零二歲過世，她一生居住於台灣逾七十年，延續她對於旅遊的喜好，老早就跑遍台灣各處風景名勝，與台灣有著深厚的連結；也對於社區事務無比的熱心，一輩子樂善好施，經常把餘錢捐給慈善團體。

直到她記憶力逐漸退化，近幾十年的事都遺忘不復記憶了，但在過世前都還記得早期在南京的一些零星往事，甚至包括老家的門牌號碼和一些老鄰居的名字。如果每個人年老時都會患上失憶症，是不是最早的經歷是最不容易忘的？

為了理出母親過往經歷而持續費了許多心力，像是我們學術界的質性研究，但仍有許多細節難以探尋。有位舅舅後來很感慨說他這個姊姊當年獨自離開南京，在戰亂裡不知所終，理應是境遇最悽慘的，卻闖出了自己的天地，實在是個異數。而在當年動盪的大時代裡，千千萬萬人輾轉流離，悲歡離合，我母親的經歷就算是其中一個庶民的歷史見證吧！

經苦行數載待配，冒千險萬里尋偶——
紀念母親彭賈懷貞女士

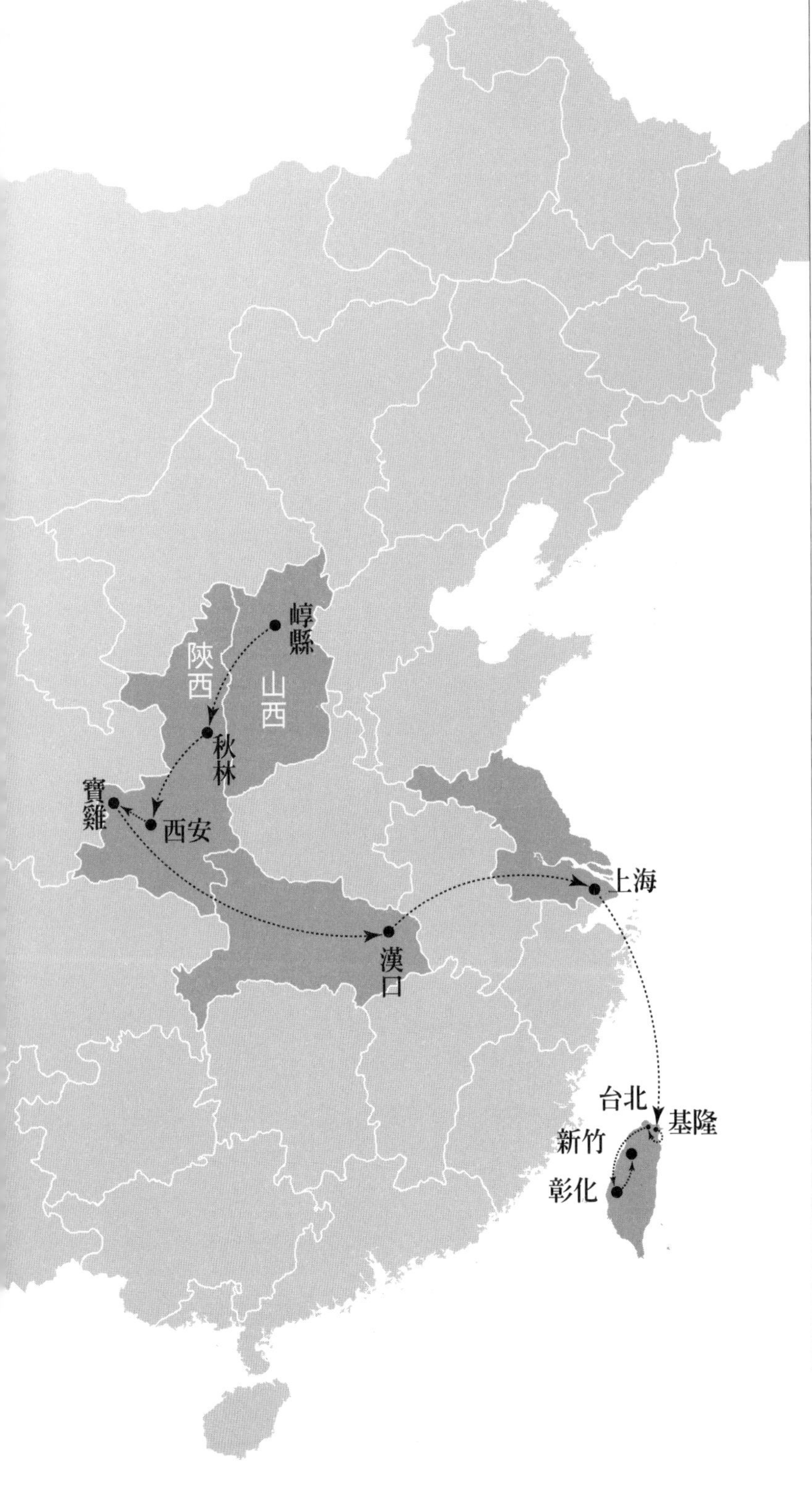

彭昭英

現任國立台灣大學心理系兼任教授，曾任美國印第安納大學教育心理教授。生於台北市，祖籍山西省崞縣。專攻應用統計與量化研究法。喜好多元文化、語言，與聖經研究。

彭賈懷貞女士的遷徙路線

崞縣→秋林→西安→寶雞→漢口→上海→基隆→台北→彰化→新竹

我的母親生於一九一九年的農曆三月十二日，晉（山西省）北近五台山的崞縣（現納入原平市）大牛店鎮下默都村一戶賈氏大家庭中。小名福桃，學名懷貞，承接長兄懷謙之學名，在四個孩子中，排行老三。

賈氏家族自鄰近神山一村遷至下默都村已有十四代了，我們的姥爺（外公）隨兄長在張家口外從商，長年不居家，母親三歲時，姥爺在外地染疫過世。之後，上面的長兄，下面的妹妹又相繼去世，留下年輕的寡母王巧娥，含辛茹苦地獨自撫養一兒一女長大，我們的姥姥，當時年僅虛歲二十八而已。

在那個男女授受不親的保守年代，一個年輕的寡婦斷不可能開口向當家主事的二伯（我們的二姥爺）索取任何生活用品。因此，母親從三歲起，就被姥姥訓練成一個伶牙俐齒，認真負責的傳話筒！因為家裡一切所需的，小至一針一線，大至一匹布、一袋糧，都必須靠母親的三寸之舌向二姥爺爭取到手。在人眾口雜的大家庭裡，這差事兒真難如登天啊！

書包

母親六歲時，國民政府在全國積極推動女子的義務教育，特別獎勵農村家庭把女兒送入村裡的公辦小學受教育。為此，政府津貼每戶父母一個月一吊錢（約三十個銅板），並送每位女學生一個帆布書包，上面印著黑色粗體的「書包」二字。母親每提及此事，仍然鮮明地記得上學的第一天，背著書包，走進學校，坐在課桌前的神氣與滿足！

即便當時的政府如此鼓勵女子受教育，母親自年幼起又求知若渴，然而姥姥仍然認為母親天天出門上學是一件極為拋頭露面的事。因此，母親背了不到兩個月的書包後，就驀然中斷了正式的教育。母親晚年時，我問：「你輟學的時候，在班上大概是第幾名？」母親含蓄地回答：「班上好像還有另一位比我懂得更多的！」我續問：「那位是老師嗎？」

其實姥姥不願意母親繼續上學的主要原因應該是經濟的，因為母親從小就展現出靈巧的藝術才華，舉凡刺繡、縫紉、畫窗花等女紅，無不栩栩如生，超凡脫俗，在三村五地都小有名氣，因此，為姥姥掙得不少外快，是家裡不可或缺的經濟來源！不過，平日母親也樂於放下自己手中的針線，助人免費學習，也免費納鞋底、織虎頭帽、縫厚棉襖給家人姻親們。

奉父母之命、媒妁之言成婚

父母的婚姻是由大姥爺與大舅舅撮合而成的，當時日本侵華，山西已經淪陷了，父親也已隨學校遷至後方的陝北，母親則仍滯留在家鄉淪陷區，訂婚五年期間，局勢時而緊張，時而鬆弛，成婚的可能真是渺茫無期。此時多虧八姥爺主動表示願意在兵荒馬亂之中護送母親遠赴後方完婚，前此八姥爺曾與逃難的難民一起探路，並被日本兵捉住，強灌辣椒水，後又逃脫，故略知路徑，兩人歷經數月的餐風露宿，終於抵達了後方。

母親當時年僅虛歲二十三，是一位名符其實「大門不出，二門不邁」的閨女，然而，她的思想、心境卻極其開放！當離開下默都村時，母親騎著一頭毛驢，頭也不回地走了，並立刻把一頭長長的秀髮剪掉，女扮男裝，以免在路上惹出麻煩。歷經數月的逃難，跋山涉水，一路由母親出面向官府要求護送的人馬，終於抵達陝北的秋林，與父親結為夫妻。

爾後，八姥爺又冒著生命的危險，再次返鄉，把姥姥、妗妗（舅媽）接上，再送至大後方，經過八個月的分離後，與母親終得團圓。至此，八姥爺才自覺對得起活人（我們的姥姥）和死人（我們的姥爺，他的四哥）了。我們上一代的大家庭裡濃濃的親情真比死還堅強啊！

經苦行數載待配，冒千險萬里尋偶

我們的父母親訂婚五年後，終得在陝北結婚，因此，在婚禮的禮堂上，布置著如這段標題的對聯，在那個動盪的時代，有大閨女從淪陷區逃出來，與換過帖子的夫婿成婚，都是一件轟動同儕社區的大事兒！因此，大夥兒傾力相助，為父母親辦了一場盛大隆重的新式婚禮。

由於抗戰期間，長輩都留守家園，不可能出席兒女的婚禮，因此，在父母親新式的婚禮上，等新郎、新娘宣布為夫妻後，年輕的賓客就起鬨，要新郎、新娘致詞。

父親先上台，洋洋灑灑地說了一番致謝感恩的話，台下叫好，父親心想可以通過這一關了！孰知大家又起鬨，要新娘也上台說幾句，於是母親從容大方地走上台，用濃濃的山西腔說出她心中認為合宜的話，父親站在一旁，錯愕不已，萬萬沒有想到娶進門的是一位思想開放，然而雙腳卻被扭曲纏裹的新女性。

不過黃河心不死，過了黃河就後悔

父母婚後八個月，姥姥、妗妗才得自老家平安逃難至秋林與父母親一家團圓。雖說在陝北的後方有國民政府的保護，然而，窯洞裡的生活真是艱辛，夜夜與鼠類同寢，每早起床，指尖上儘是它們啃食犯案的痕跡，牆上的鉤子永遠是空空蕩蕩的，因為家裡真是一貧如洗啊！每次做飯，都是在幾塊石頭搭起的克難灶上完成的，好不容易養了一隻母雞，生下的幾隻小雞也被空中俯衝而下的老鷹抓走了。對父母親而言，「老鷹捉小雞」可不是玩遊戲，是玩真的，是天天上演的戲碼。

在這段時間裡，最讓父母親傷心的是生下的長子，白白胖胖的，但幾天後，得了四六風（即破傷風），皮膚在短短的幾天裡轉成紫黑，因為沒錢送醫救治，才幾週後就撒手離世。等爺爺取的名字從老家寄到父母手上，孩子已經過世一陣子了，這個名字後來就成了大哥的名字（彭昭恆）。

母親直到晚年，仍然念念不忘這個孩子說：「你們的那個大哥，生下來是白白胖胖，人見人愛的！」

遇到貴人：張帥玨處長

抗戰期間，物資十分匱乏，錢幣天天貶值，父親有幸經大舅舅的介紹，在同鄉張帥玨處長手下管理軍需的分配。由於父親勤懇可靠，又手腳俐落，得以將繁重龐大的任務執行地有條不紊，深得張處長的信任。

至此，父母親的生活才算安頓下來，不但生下兩個男孩（昭恆、昭明），還在西安市的城中區買了一塊地，蓋了一棟房，東西兩側各有一間廂房，中間則是客廳，院子裡掘了一口井，牆角堆了比人高的煤炭，炕上積攢了好幾匹的英丹（深藍）布，身邊還有隨侍在側的勤務兵（大橫），儼然已是小康之家了。

母親也在此時，經張處長的岳母——趙師母的鼓勵，第一次接觸到基督的信仰，從此開啟了我們全家信靠基督的第一步。

父母親於大哥昭恆週歲時與姥姥、舅舅、妗妗合影，一九四五年。

世事難料

八年的抗戰，終於在一九四五年結束，然在舉國上下歡騰慶祝之際，國共內戰逐漸白熱化，父親在抗戰期間親身目睹了左傾同學的下場，於是決定放下西安的房產，院子裡的煤，所有的藍布匹，攜帶妻小再度逃亡。

就在此時，張處長奉國民政府之命，要搭機撤至台灣，可攜帶兩家下屬同行，張處長決定帶上我們一家四口以及孟鏡如伯伯一家五口。另外，張處長在抗戰期間細心地觀察到姥姥與母親相依為命的緊密關係，因此破例為姥姥買了一張飛機票，讓姥姥可與我們搭同一架飛機逃離，真是上帝的恩典。

當時的飛機票是用純黃金買的，小孩上機前要過磅秤，因為搭的是軍機，以載物資為主，人員為副，所以不能超載。確切出發的日期時間是軍事機密，因此，母親必須事先將貴重物品縫入衣服夾層裡，將黃金首飾裝入貼身的錢帶（money belt），一路穿戴著到了台灣，一刻也不敢鬆懈。

一九四八年冬天，我們一家五口與孟伯伯一家自寶雞軍用機場起飛，告別了所有親人、同鄉、小勤務兵，捨棄了曾經擁有的一切身外之物，飛向一個陌生的島嶼未來。

當飛機降落在漢口中途站加油時，姥姥決定下機，去與舅舅、妗妗會合，於是，彭孟兩家繼續飛往上海，在那兒的新新百貨公司的旅館住了幾天，等待商船去台灣的基隆。

當年的上海是眾所周知的十里洋場，兩家的大人小孩都大開了眼界，第一次走進箱型電梯時，以為是房間，正在納悶為什麼房間這麼小，又沒有窗戶可以透氣時，電梯忽然開始晃動上升，讓兩家人都嚇出一身汗來，這才領悟到「彭姥姥進大觀園了」！

永不能回頭？

在新新公司住了幾天後，終於等到去基隆的船，兩家人都鬆了一大口氣，因為這是逃難的最後一程，快要可以安頓下來了！況且兩家的老大在旅館房間內搞破壞，把所有的窗簾都扯下來，還用枕頭套當圍巾，裝扮成女孩，大跳澎恰恰交際舞，再這樣下去，兩家一定被告扣押，想走也走不成了。

去基隆的船是隻不大的商船，也是貨船，我們買的是三等艙的票，一路上搖搖晃晃，貨艙的空氣閉塞難聞，所有三等艙的乘客都上吐下瀉，感覺遊走在生死之間，再加上每頓的伙食都只有水煮的黃豆芽，沒有味道，沒有胃口，好不容易向二等艙的客人討到一小瓶泡菜水，也讓孟二哥（永康）迫不及待地偷喝了，因為他也嘔吐到不行，顧不得什麼「有酒食先生饌」的禮數了。

抵達基隆港，上岸後，母親與孟媽媽相擁而泣，放聲大哭，因為直覺今後再也回不了故鄉，見不上親人了。然而對台灣還是充滿了好奇，因為即使在冬天，樹木還會開花，草地也綠意盎然，與長年乾燥、四季分明的黃土高原相比，真有天壤之別啊！

父母親在台北待了兩年，以家鄉古法釀造陳醋出售維生，並生下次女昭芳和么女昭英。後因父親調職，在彰化暫居十個月，於一九五二年再遷至新竹，父親進入雍南化工廠任主計員，我們則就讀附近的附小（新竹師範學校的附屬小學）直到北上考高中、大學，才又再次搬家。

大哥昭恆暱稱新竹是一片流奶與蜜之地，是我們無憂無慮的童年故鄉，父親任職的雍南化工廠是台灣第一家用黃豆以天然發酵法釀製（岐山）醬油、味精、麵筋等產品的工廠，因此，員工的待遇優渥，福利豐厚。公司曾招待員工眷屬去日月潭遊玩數日，留下美好的回憶。

父親的同事們多半是來自晉北的小同鄉，眷屬們相處地十分融洽，猶如親密的大家庭。我們也開始固定在新竹市南大路上的信義會聚會，母親與姥姥先後受洗，歸入耶穌的名下。至此，多年來顛沛流離的生活，終於告一段落，這可能是母親最充滿希望的一段時期。

家書抵萬金

一九六三年左右，我們與香港的狄觀文姨父、賈香蘭姨姨取得聯繫，得知老家奶奶、大姊昭蘭和堂哥黨恆等親人的狀況，爺爺（彭作哲）因被判為地主，在幾次的政治運動中被批鬥冤打而早逝，奶奶與堂哥被掃地出門，就連一根針線也不准帶，僅身上穿的一套衣服而已。

大姊早早嫁給鎮上的姊夫（侯金珠），以避開風頭。

父親聽聞這些消息，揪心不已。從此，開啟了與老家通信、接濟的歷程直到如今。從觀文姨父轉信到二哥赴美留學後接手此差事兒，再透過台灣政府指定的轉信人，至最後兩岸的三通，算起來已有六十多個年頭了！這其間，我們藉著電郵親身體會奶奶的思子之痛，臨終前，口中不斷地呼喊著父親的小名增仁。

父親對奶奶充滿著愧疚，以致母親每次接獲老家的來信，總是在父親下班前，把信中感傷的話，用剪子剪去，佯稱是敏感的話題，不能通過陸方政府的檢視，如此，才免去父親過分的憂傷與無數失眠的夜晚。

踏上尋根之路

隨著兩岸關係逐漸的開放，周遭的親朋好友中掀起了陣陣返鄉探親的熱潮。母親終得在一九九〇年（七十二歲）、一九九六年（七十八歲）、一九九九年（八十一歲）在二哥及我的陪同下返鄉探親了三次，見到了從小在一個炕上長大，一個院子裡玩耍的五姨，情同雙胞胎的九姨，離開家時還是小毛孩的十舅、十一舅、十二舅，還是小女孩的十姨、十一姨、十二姨、十三姨等，以及他們的下兩代，都來火車站熱烈地歡迎我們。這是母親當年騎著毛驢，頭也不回地告別家鄉時，作夢也想不到的場景！這三次的返鄉之旅，處處充滿了神蹟，以下略述一二，以為紀念。

最令人欣慰的是：我們的大恩人——八姥爺的兒女孫輩們都事親至孝，平安健康，真是上帝有眼。此外，五姨父是傑出的地質工程師，榮登中科院院士，大表哥當上副省長，另一位表哥是忻州地區的黨委書記，八嬸嬸是虔誠的基督徒，與我們一同在當地的教會聚會，真是一件不可思議的事！

母親第二次返鄉時，見著了舅爺爺的女兒——我們的桃桃姨姨。當年母親離家去後方成婚時，桃桃姨姨年僅十二歲左右，搬去和姥姥同住，為姥姥解憂解

母親、昭英與堂哥、姪女攝於彭家老宅前，一九九六年。

悶。因此，姥姥囑咐母親再見到桃桃姨姨時，一定要轉送一個金戒指、一副耳環作為紀念，這個心願在一九九六年的夏天，山西太原桃桃姨姨的家達成了。同時，母親也領著表哥賈慧源認了他的姥娘家，見著了他的舅媽，和表弟妹們，我們相見時都恍如在夢中，久久不能自已。

母親與父親訂婚時，彭家下的聘禮有六十塊現大洋、一個嶄新的檀香木櫃子、一對包金的銀手鐲、金戒指、各式的綢緞布匹、與數百日元（後作逃難之用）。從這些洋洋灑灑的東西裡，只有戒指和一對包金的手鐲隨著母親到了台灣。這三件首飾在母親第一次返鄉時，就送給素未謀面的大姊，母親交待我們說：「大姊從小沒能在爸媽跟前長大，理應得這些首飾！你們從小有父有母，已經很幸福了，不該再爭這些身外之物。」

聘禮中的檀香木櫃子，後來在十舅舅家裡看到。櫃子裡曾滿滿地堆疊著母親親手刺繡縫製的批肩、帽子、鞋子、新娘禮服等，全是為自己出嫁時預備的。後來這些細軟都由二姥娘接手保管，爾後，二姥娘為生活所需，陸續出賣了櫃子裡的細軟給收購古董的商人。聽忻州表哥說：「有一對繡花鞋賣了人民幣三十塊錢。」

一九九六年我們第二次返鄉時，還有幾雙繡花鞋留在二姥娘的兒子那兒。我知道這個消息後，非常興奮，想徵得母親的同意，去二姥娘家，一睹母親秀麗的手藝。然而，母親不准，母親說：「我自己當年都不眷戀這些身外之物，才得抛下一切，去後方與你爸完婚！我們這次返鄉，只會短暫的停留，老家的親人卻要世世代代留守在這裡，我們不要在他們中間製造猜忌、紛爭！」母親的ＥＱ如此之高，是我一生所望塵莫及的。

回饋故鄉

一九九六年我們透過美國一個非營利組織，分別在父母親村裡的兩所學校，各成立了一個紀念他們的圖書室，並贈送一千冊有關農業、氣候、育種等相關書籍，在所有的贈書上蓋上「求真、求善、求美」的紀念章。當我們七月返鄉時，兩校的校長均以盛大隆重的儀式歡迎我們，為我們繫上紅領巾，小朋友們載歌載舞，上至校長，下至學生家長，無不歡天喜地，同樂同慶。

大牛堡高中的校長在慶典上，且引用賀知章的〈回鄉偶書〉來形容母親濃濃的口音：「少小離家老大回，鄉音無改鬢毛衰；兒童相見不相識，笑問客從何處來？」

在下默都小學的慶典上，母親還受邀致詞，侃侃而談別離故鄉後的歷練與感想，也勉勵大家要看重教育。這個場面彷彿彌補了母親幼年未能如願完成小學教育的遺憾，也是我們第二次返鄉的高潮！

一九九三年，我趁著印第安納大學新的教育學院落成之際，以父母親的名義，捐贈一張木製長凳給學校，放在圖書館旁的走廊邊上，長凳前有一個金屬牌，上刻：

母親贈書予山西下默都小學圖書室，一九九六年。

母親在山西大牛堡中學受到校方熱烈的歡迎，一九九六年。

謹此敬獻雙親大人
彭守智 彭賈懷貞

以感謝父母親為我們四個兄弟姊妹的教育，一生所作的犧牲奉獻！

么女昭英恭誌

噢！母親

大哥昭恆給母親取的綽號是「希臘哲學家」，二哥昭明形容母親是典型傳統的舊式女子，智慧卻超越我們兩位「糊（胡）博士」*。姊姊昭芳稱母親是信的母親，我則形容母親是耐人尋味的母親，因為在母親身上最突顯的特質是她的靈氣。

毛頭哥哥（周希誠）從小與我們一起在新竹長大，周伯伯與父親是雍南化工廠的同事，母親晚年常常受到毛頭哥哥的關懷照顧。

毛頭哥哥說：「這幾年跟彭媽媽的接觸，我深感她是一位充滿才德的舊式女子，慈祥的

* 糊博是燒焦的意思，山西用語；糊與胡同音，因此，糊博士有調侃我們兩位洋博士之意！

外表下，有著過人的智慧，很隱性地在關鍵時刻發揮出來！纖細修長的十指，突破雙腳纏足的扭曲，透露出天生的靈巧。我常想，若是她有機會從小接受正規的教育，成就恐非博士兒女所能比擬。但她沒有抱怨，認命又堅強，一生中的磨難，助長了她的信心，她很努力地活過一生，很盡職地活過一生，甚至，很喜樂地活過一生。彭媽媽在那個新舊交替的時代以無比的勇氣與智慧克服萬難堅挺持家，令人深為感佩。我能夠得到彭媽媽的教導實乃我幸。」

He Knows My Name

母親自三歲起喪父，及長，大姥爺、二姥爺以及舅舅們均負笈在外，求學或工作，與父親訂婚五年後，才得成婚。爾後，我們陸續出國念書，歸期遙遙。母親的一生有太多的年日，活在等待中，等待親人團聚，等待兒女學成歸國。

在這些孤單的歲月裡，我想唯一可以真正安慰母親心靈的是她的天父，誠如《聖經．詩篇》第一三九篇十三—十八節所言：

> 我的肺腑是你所造的，我在母腹中，你已覆庇我。
>
> 我要稱謝你，因我受造，奇妙可畏；你的作為奇妙，這是我心深知道的。
>
> 我在暗中受造，在地的深處被聯絡；那時，我的形體並不向你隱藏。

我未成形的體質，你的眼早已看見了；你所定的日子，我尚未度一日，你都寫在你的冊上了。

神啊，你的意念向我何等寶貴，其數何等眾多。

我若數點，比海沙更多；我睡醒的時候，仍和你同在！

血脈與浪花——百年巨變下的家族側影

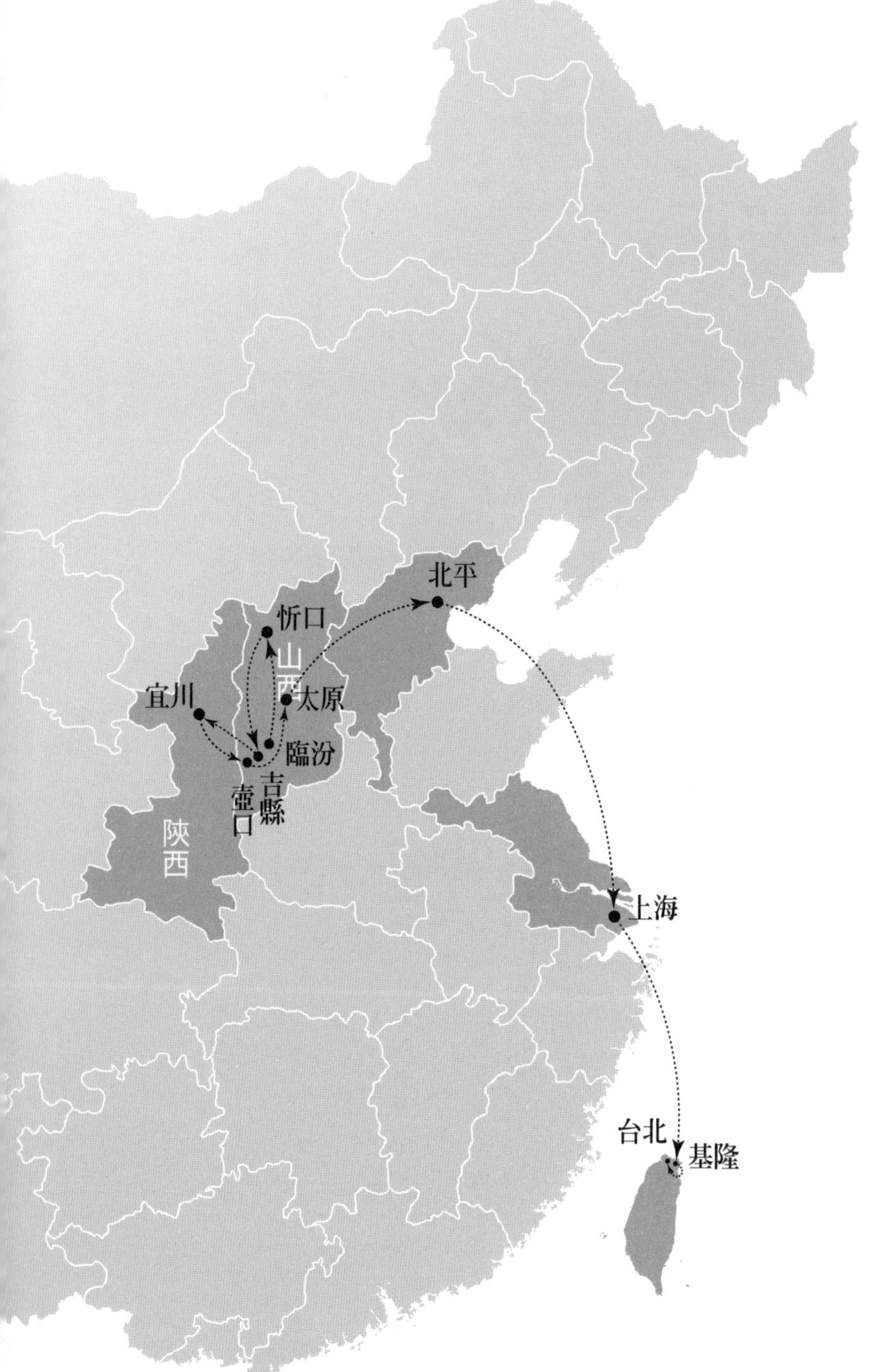

霍晉明

祖籍山西臨汾，一九六〇年生於台灣台北。中央大學中文研究所碩士，曾在大專院校任教多年，現已退休。平日興趣較為廣泛，對文史哲藝旁及社會、自然等諸學科，均有興趣略窺一斑；其中於中國哲學有較深之造詣與心得。

霍柏昌先生與關英嫻女士的遷徙路線

臨汾→忻口→吉縣→宜川→壺口→太原→北平→上海→基隆→台北

在整理父母親留下的老照片時，有一張特別引起我的注意。那可能是我爸媽最早的一張合照，是在照相館拍的。

照片裡，父母親都穿著長袍，父親雙手背在身體後面，母親雙手下垂但是微微握拳，兩人神情似乎都過於嚴肅。怎麼會拍這麼一張照片呢？我不禁想。翻到照片後面，有我父親寫的兩行字：「攝於民國二十六年中秋節，為晉北情形特殊，惜別留念。」換一行寫「引喜惠存」，引喜為我母親的小名。

一看之下，我立刻明白了，這居然是一張分別之前的「留念」照片。

晉北惜別

近代史的知識，加上母親曾經跟我們說過的故事，一種莫名的感動與驚悸，立刻浮上心頭。是的，此地一為別，能否再相見，都在未定之天。於是，可以想像，他們夫妻是在什麼心情下，走入照相館拍下這張照片的。或許兩人默默無語，但也都心照不宣；嚴肅表情，有如歷史烙下的深刻印記，在我們後輩眼裡，也就有了足以令人心情為之一沉的深刻內涵。

「民國二十六年中秋節」，即是一九三七年的九月十九日，星期日，不知是臨時起意，還是刻意為之，到照相館裡拍了張照。什麼是「晉北情形特殊」？（特殊到我父親故意不寫明。）因為在山西北部忻州，一場大會戰即將打響。

我父親霍柏昌先生，與我母親關英嫻女士，攝於忻口。

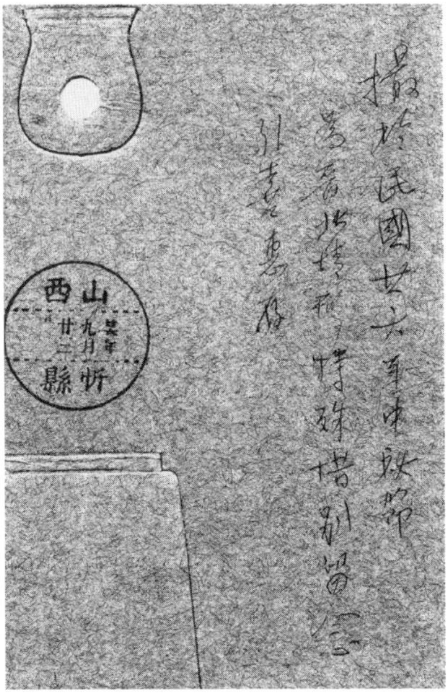

前張照片的背面。

忻口戰役在十月十三日正式開打。這是抗日戰爭中二十二場大會戰之一，也是抗戰早期可以與台兒莊大捷相提並論的一場大戰。這場戰役，在大陸的名氣遠高於台灣，那是因為這是一場「國共合作」的成功案例，是第二戰區閻錫山所部之衛立煌率領的部隊與朱德所指揮的八路軍（又稱第十八軍團）合作，共同對抗由板垣征四郎所率之日軍，打出來的一場勝仗。

而所謂「勝利」，就是以十萬軍民傷亡的代價，殲敵二萬餘人，但成功「打擊了日軍囂張氣焰和不可一世的驕蠻姿態，極大地增強了中國軍民抗戰必勝的信心，……破壞了日軍的河北平原會戰計畫，使平漢線中國軍隊得以南撤」（大陸《百度百科》評語）。換言之，在與日軍艱苦戰鬥了二十多天，並犧牲了兩位將軍（郝夢齡中將與劉家麒少將）後，算是達成了「重挫了敵方戰略意圖」的目的，然後國軍還是後撤了。

在戰爭前夕，我父親與新婚不到兩年的妻子「惜別」，拍下了這張照片。然後，我母親攀上後送傷兵的火車，間關千里，三天三夜回到了晉南的臨汾老家。而我父親則留下來參與了這場戰鬥。

一個月之後，開始後撤。我父親與部隊走散了，與其他的散兵游勇，徒步三百公里，或沿鐵路，或繞小道，費時一個多月，一路十室九空，缺水缺糧，忍凍挨飢，艱苦備嘗，最後終於拖著極其疲憊且瘦弱的身軀，回到了臨汾老家。

據說在到家之時，敲門後，我伯父來開門，見面時，居然認不得我父親，以為是潰散的軍人來「號房子」（借宿民宅）了，等到我父親開口喊「大哥」，才驚訝地認出是自己的親弟弟，隨後家人都從房裡跑出來，相互擁抱，大家哭作一團；生離死別，恍如隔世。

話說從頭

我父母親都是位於山西省南部的臨汾縣人，他們又是怎麼會跑到晉北參與了這場戰鬥呢？

故事還要從頭說起。嚴格說，我父母親的原生家庭，都是世代務農，都不是城裡人。祖父與外祖父，可都算是鄉間的知識分子。我父親這邊世居劉村鎮的高堆村，祖父曾任村長，也是一位中醫，可以給人看病抓藥，在地方上有一點名望；但基本上仍然是自耕農。

而母親這邊，世居泊莊鎮，距我父親家大約十里之遙，家中有十幾畝薄田。而我外祖父，則闖的世面寬廣一些。他本來也是鄉村教師，還擔任過校長。但後來覺得武人威風，遂投身警界，曾任孝義縣（晉省中部）的警察局長。我母親曾經講過她的爸爸帶著馬隊跟土匪槍戰的故事。而我母親也因此從小就會騎馬。

那麼，我的父母親是怎麼結婚的呢？據說我父親曾是我外祖父的學生，外祖父看我父親作文寫得好，身體也不錯，就託人說媒，將我母親許配給了我父親。我父母親都是一九一五年出生的。大約是在一九三六年結的婚。那時，我外祖父已經去世了，不過四十多歲而已。

我母親自小比較聰明精幹，遇事有見解，頗有幾分英雄氣。外祖父在高興的時候，會對母親說：「來，我的參謀長，這事你給爹參謀參謀。」但不高興的時候，又嫌母親意見太多，會說：「去吧！小小年紀就是『知古老人』。」

母親書讀到小學四年級，成績優異；但要讀高小，得進城。進城要過汾河，沒有橋，靠哨公擺渡。水淺的時候，船不能靠岸，就靠船家把人給背上船。外祖父認為男女授受不親，女孩子讓船家背上船，成何體統，於是不讓母親上學。母親大哭大鬧，不依不撓。外祖父說：「你若是個男孩，爹不但讓你進城，還要讓你留洋。可誰叫你是個女孩兒呢？」外祖母也認為女孩子識得幾個字，不作睜眼瞎子即成，不必念太多書。沒有奧援，母親念書的事遂告終了。

然而，世界上的事，禍福難料。據母親說，後來去城裡讀書的同村女孩，十之八九都加入了共產黨，而且其中又多數死於國共鬥爭之中。當年晉省督軍閻錫山反共極為嚴厲，抓到共黨分子，毫不手軟。

抗戰之前，我父親就曾當街見到他的同學被五花大綁押在囚車上，開赴刑場槍斃；當場就嚇出一身冷汗。抗戰初期閻雖與共黨和解，但後來還是分道揚鑣，且國共內戰到後期，各省降共的軍閥頗不乏人，晉省在閻的統治下卻始終頑抗到底，成為共黨最難啃的一塊硬骨頭；而閻本人最後也到了台灣。

但閻之治晉，也是在北方各省之中最有成績的。比如同蒲鐵路的修建、推動「村治」、振興教育、有組織觀念，搞「以主義對主義」等，相對使山西的經濟優於臨近省分。我父母親的家鄉都屬於距晉南大城臨汾不算遠的農村，或因此故，受教育的機會也比較高。

父母親大約在二十歲左右結婚，婚後父親還在臨汾城裡讀書。據我自己的考證，念的應是一九一八年成立的「山西省立第六師範學校」。*平日都住校，只在週末時騎腳踏車回家。當時，能在城裡讀書，也是令人眼紅的。據說父親每次回家，到田間地頭，一看到有叔伯親戚們在田裡工作，立刻將車在樹邊一靠，捲起褲管下田幫忙。祖父說，我父親若是幹了莊稼，也是一等一的好手。

父親有兄弟三人，父親排行第二，其下有一弟三妹。結婚時，祖母已逝，而大伯的長女也在該年出生。一大家人都住在一個四合院中。我在一九九二年回鄉探親，看到這棟建於光緒十八年的百年老屋（正好一百年）之真容，當時是由我的堂哥一家住著。他們指引我看當年我父母新婚時所住的南房，母親陪嫁的衣櫃還在，上面畫有琴棋書畫四種圖案，這是母親常常提到的。房間實甚逼仄，感覺在房裡都很難站直身子。整個四合院也不算大，當時要塞入一個大家庭和兩個小家庭，民國時期鄉間的生活情況，可以想見。

＊ 此校在一九四九年後，改名「臨汾師範」；一九五八年，與新成立的「晉南師範專科學校」合併，一九六四年，改名「山西師範大學」；原在太原的山西師大，則併入山西大學。

老家一直到抗戰，都沒有分家。所以所有的收入，都是交給祖父掌管。每週六，在城裡讀書的父親和叔父回到家，與在家鄉當小學校長的大伯父，兄弟三人晚飯後總是到祖父房裡陪老人聊天話家常，一直到老人說：「我要睡了，你們去吧。」才各自回房。據說家中年輕晚輩若是有個什麼爭執拌嘴，忽聽見祖父的腳步聲，於是會有人說：「噓！咱爹來了。」然後大家都不講話了。由此可見祖父是比較有威嚴的，而孝友之家風在地方上亦頗有聲譽。

忻口戰役

父母親婚後一年多，七七事變爆發。當時中日關係已非常緊張，日本人在華北步步進逼，年輕人血氣方剛，國內到處是要求抗日的學潮。半年前發生的西安事變，所造成「團結抗日」的氛圍讓日本人不能再等了，山雨欲來，眾人皆知，唯大小摩擦事件並非罕見；所以，在七七之後，多數人也並不知道一場關乎全民族生死存亡的歷史性大戰即將開始。直到十天之後，蔣委員長在廬山發表講話：「如果戰端一開，那就是地無分南北，年無分老幼，無論何人，皆有守土抗戰之責任，皆應抱定犧牲一切之決心。……」一場劃時代的大變局，開始了。

僅兩個月的時間，就出現了本文一開始的那一幕。

兩個月，時間非常短促。學校是何時宣布停課的？停課之後，我父親並沒有回家，他報考了軍郵，也報考了空軍，兩者皆獲錄取。我父親是早有規畫，還是臨時決定？現在皆無從得知了。我們只知道，父親將錄取的消息寫三封信報告了祖父、我母親及大伯（顯然彼時他們三人亦不在一處），而三人的回信，不約而同地希望我父親從事軍郵。（這當然是不難理解的。）

以家中的老照片為線索，我父親抵達忻口的日子不晚於八月五日（距離七七事變還不到一個月）。臨去之時，他顯然並不知道那裡即將發生大戰。（如果知道，怎會攜我母親同行？）坦白說，我很難想像，停課、招考、報名、考試、放榜、報到、派任、赴任……，這一連串的事情，都在不到一個月的時間內就

軍郵二〇一局同仁合照。前排右二為我父親。

完成了。這些事是如何發生的？父親當時心情如何？很可惜，這些都無從得知了。

我父親五十八歲就去世了，那時我才十二歲，只有大姊已學成，但人在美國任教，其他兄姊們都還在念書。就如同大多數的家庭，平常大人忙於工作，小孩要讀書上學，並不會有機會專門細講過去的往事。我們會知道一些，多半是大人有朋友來訪，聊天時偷聽來的。

父親在病重之後，曾有意寫下一些過往的經歷，很鄭重的用毛筆開篇，並畫下了家鄉的地圖；可惜病情惡化太快，只寫了三數頁而已。十多年後我雖然有較多的機會與母閒聊，但沒有意識到要做完整家族史的記錄，所以談話總是片段的，很多轉變的細節都不清楚；及今思之，真覺得萬分可惜。

從忻口回臨汾的路，是十分艱難的。母親走時，還通火車，但已經是逃難的氣氛，車站擁擠得不得了。一路上時不時就遇到轟炸，火車要停下來就地疏散。上上下下，都沒有月台，全靠年輕能攀爬。火車是無座的，有敞篷，也有鐵皮車，裡裡外外擠得都是人，沿路只能吃乾糧果腹；平時一日的車程，走了三天三夜才到。

分別時，我母親不放心父親，不捨得留下他一個人在前線。父親說，郵局別的沒有，就是有送郵件的車，到最後我們是一定能走的。但殊不知，到最後只能徒步跋涉而回。

一路上當然少不了轟炸，遇到了，就地躺在秋收後的麥田裡，拿點麥稈蓋在身上，明知是無用，就是求個心理安慰；然後眼睜睜地看著炸彈往下掉。聽見炸彈下落劃破空氣的呼嘯聲，只能閉上眼睛，沒有別的辦法。就在這種恐怖的氣氛下，沿著鐵路一步一步地往南逃。父親說，曾經走到一個村莊，人都跑光了，什麼吃的也沒有。發現一戶門裡有一個大缸，上前一看，裡面是酒，不是水。口渴得要命，但只能聞著酒香莫可奈何。

生死一瞬

我父親回到家後，強撐的身體和繃緊的心情終於放鬆下來，於是生了一場大病。病癒後，二戰區的長官部也退守到晉南的臨汾了。一九三八年的二月，日軍攻陷臨汾，長官部轉入晉西南的呂梁山區，大約在晉西南的吉縣、隰縣、蒲縣、鄉寧等窮鄉僻壤的山溝溝裡與日軍周旋。一度也西渡黃河到了陝西宜川的秋林，但不久又回到晉西南的山區，直到一九四〇年的五月，才定居到了黃河邊上，大約在今壺口瀑布北邊數公里的克難坡。

在這兩年多的時間裡，我想我父母親應該多數時間都是跟著長官部移動的。我父親是在一九四三年三月接任了軍郵二〇一局的局長。在這之前，也應該是一直在二〇一局裡，職務可能是幫辦之類。在抗戰初期的兵荒馬亂之後，稍稍安定下來，所有吃公家飯的人都會希望往後方跑（對山西來說，主要的後方就是西安），在前方危險性當然比較高（所以才會輪到二十出頭的年輕人當局長）。

跟著長官部，長官部是機關，當然也有軍隊，但不是戰鬥部隊。雖然沒有大的戰鬥，但也時常接敵，經常有警報、有戰鬥的。

聽父親說，有一次，一場戰鬥，敵軍出動了飛機投彈，炸彈落點就在父親隱蔽處不遠。父親曾趁著間隙想去撿拾一個彈片，但手險些就被燙傷。我問要撿彈片做什麼？母親說，因為那時她已經有孕，所以父親想給上級打報告，說明此間的危險，希望調到後方。但你越是形容此地的危局，就越是沒有人願意來接任，所以也就越是調動不成。

有一次，據說是一個士兵前一天不知因為何事挨了長官的罵，第二天夜裡輪到他放哨。當時都排有三道哨，這哨兵排到最外圍的第一道哨。他發現了敵情，卻不聲不響地溜走了。等到第二哨發現敵人，情況就非常緊急了。警情傳回，整個機關大隊人馬立刻就亂了，所有人如無頭蒼蠅般作鳥獸散；據母親說，大家飛奔似地逃離駐地，剛才一群一群的好多人，一下子就不知四散到何處，人都不見了。我父親拉著母親沒命地跑，但也不知道敵人在何處？要往哪裡去躲？

到半路，碰到一個熟人，他說：「你們怎麼還在這裡呢？敵人馬上就要過來，快往那裡跑。」於是父母親才按照他指示的方向奔跑。當時母親已懷孕了，實在跑不動，跟父親說：「你別管我了，你快去逃命吧！」父親生氣了：「這時候你說的是什麼話？」拉著我母親拼命跑。

聽到後面有敵人的軍號聲了，實在跑不動，看到旁邊有山溝，非常陡峭，但也只好往山溝裡溜了。

當時人都有一個想法：寧死不能被俘。日本人極其凶殘，被俘的結果，還不如一死。母親說，如果是自殺，那就是頭下腳上地往下跳了。但這畢竟不是自殺，所以是腳下頭上沿著山壁向下滑落，千鈞一髮之際，你說人不死要有神仙救，都不能不信，居然有一個大坑洞，我父母就落入這個洞中，一下子撿回了兩條命（其實是三條命）。

母親說，可能是前兩天剛下過大雨，沖刷出了一個坑洞，就這麼好巧不巧地接住了他們兩人。母親頓時驚呼：「我的老天爺！」父親立刻摀她的嘴，示意不要出聲，然後，就聽到敵人的馬隊呼啦呼啦地在上面飛奔而過。

不久，兩邊山頭開始放砲放槍，一場規模不小的戰鬥開打了。

往外逃的時候，天還沒亮，等到槍砲聲暫歇，太陽都要下山了。我父母親就躲在山溝的半山腰裡，一整天不敢動，一口水也沒喝。

槍砲聲停了，天也快黑了，誰勝誰負亦不清楚。但再不出去，沒吃沒喝不說，怕夜裡有狼。但要爬出去，也是冒險。身上早就是青一塊紫一塊的，擦傷流血的傷口都凝結了，渾身無力，怕一腳踩空，又要摔落谷底。就在這時，聽到上面似有人聲，仔細聽，應是我們自己的人。於是才敢開口呼救。終於，驚險的一天，結束了。

大姊出生

我大姊是在一九四〇年一月出生的。出生的地點，據我推測，可能就在吉縣的縣城。一九三七年的忻口戰役後，經過約一年的時間，山西省的大城市（包括臨汾）都被日本軍占領了。二戰區長官部（含山西省政府）就一直在晉西南的呂梁山區裡面轉。其中比較重要的地方是吉縣的縣城。這裡曾兩度被日軍占領，但又兩次回到國軍手中。個中原因，我個人的理解是：在一九三八年的年底之後，也就是武漢大會戰結束後，日本人的攻勢稍歇，史家稱此後抗戰進入了「戰略相持階段」。

日本人的「三月亡華」之夢已經破碎，廣袤的中華大地拖住了日軍，日軍再無力組織大規模的戰略進攻，於是主要的作戰方針改為固守占領區，強取占領區的各種資源。因此，對於位在山溝裡地瘠人貧交通艱困的吉縣，日本人也就無意長期占領。這也給後退到山區的二戰區司令部，有了一點喘息的空間。

想我大姊也是利用了這個機會，在這個時候來到人間。那時，雖仍在戰爭狀態，但老百姓已經有了一點行動的自由。我母親面臨一個選擇，要回到家鄉娘家待產呢？還是就在山區？那年代的婦女生孩子，其實就是鬼門關前走一回。家鄉有句俗語，說女人生孩子，是「甕殼棱上走馬」（甕口沿上走馬，棱要念四聲）。

那時有消息傳來，說家鄉有個親友難產去世了；母親就不想回去，覺得回去了會有人指指點點，心裡不舒坦。但是，山區的接生婆豈不是更不可靠？所以，父親就在當地縣城裡找到了唯一的念過書、有牌照的助產士，跟人家約好了時間。結果，預產期時間到了，但遲遲沒有動靜。助產士說，如果再不生，她就要走了，因為她還跟別人家約了時間，不能再等。還好，就在助產士要走的前一天，大姊順利出生了。

大姊是在一月出生的，到了五月，司令部就決定進駐到黃河邊上的克難坡（也屬於吉縣），一直到抗戰勝利，都沒有再搬遷了。而克難坡，這個據說原先只有六戶人家的小村莊，也就成了戰時的山西省省會，各路機關人馬群集，沿山坡開挖了無數個窰洞，駐紮了兩萬多人。

父母親在世時，聊天經常會提到「克難坡」這三個字，使我們對此地充滿了遐想。我曾問母親克難坡到底長啥樣？母親說，就沿黃土山坡挖了一排又一排的窰洞，晚上看去，人家說，就像上海的洋樓一般。「現在這些窰洞，恐怕都成了狼窩了。」母親說。

二〇一〇年後，我在網路上發現克難坡已對外開放的消息，還有照片。「居然沒有成為狼窩」，令我頗為興奮。二〇一四年，我終於親身到達了克難坡。此地現已被定為「愛國主義教育基地」，並開發為觀光區。當時的辦公區，以及長官部的主要場所，都整理出來並且開放參觀，裡面有很多圖片展示與說明。但後面山坡上大面積的一排又一排的窰洞，則仍湮沒於蔓草之中。還好展示圖片中有當年的全景照，可供懷想彼時之「盛況」。

根據資料，克難坡在當時能夠提供基本的生活機能。作為臨時省會，再怎麼窮苦，該有的還是都有。所以山西大學也在克難坡復校，而從幼兒園到高中，克難坡都開設了。我大姊就畢業自克難坡的幼兒園，家中現在還保存了她的幼兒園成績單。

歷劫驚魂

大姊出生後，我母親回過家鄉幾次。吉縣到臨汾縣城的距離，有一百四十公里左右。以當年的條件，我想這單趟路程恐怕也要走個四、五天。

母親帶大姊回到家鄉，奶水不夠，要買克寧奶粉。祖父為此不得不唉聲嘆氣進城一回。自從日本人來了之後，祖父就不曾進城了。因為進城要向守在城門口的日本軍人行

我的父親、母親、外祖母與大姊，攝於克難坡。

禮。祖父不願，他說「亡國奴不如喪家狗」。但現在，為了孫女，還是不得不低頭一回。

日本人主要駐紮在城裡，而鄉下地方則出現秩序崩解的混亂狀態。這使我母親經歷了一場想像不到的劫難。

有一回，她抱著我大姊回娘家看我外祖母。但碰巧我的外祖母回她的娘家看她自己的媽媽去了，家中只有我母親的老祖母在。就在這個時候，居然有一夥土匪闖了進來。土匪翻箱倒櫃要找錢，又拿刀逼問我母親錢藏在何處？而母親的老祖母這時已在床上嚇得大哭。在土匪的逼問之下，我母親說了一個藏錢的地方，土匪找到了，又再問，「還有呢？還有藏在什麼地方？」可能母親又說了一、兩處，土匪再問，母親堅持說沒有了。其實還有一個藏錢最多的地方她不敢說，若說出來，家裡以後就沒得吃了。而且，就算說了，土匪也一樣不相信這就是全部。

這時，一個土匪，很可能是頭子，看我媽應對得頗為沉著，就說：「這個女人不簡單，是見過世面、走過江湖的，她沒說實話，放火燒她。」然後，就有嘍囉拿煤油桶對著我媽一頭淋下。

這時候，我媽手上還抱著我大姊，一個土匪一手就搶過，說：「小孩子是無辜的。」我媽也非常的硬氣，立刻就一把搶回來，說：「要死就一起死，我死了，我這孩子怎麼活？」

土匪頭子點了火作勢要燒，另一個好心一點的土匪則推開他，說：「行了行了，拿得也不少了。」就這樣把土匪頭子推出了房間，一夥人才離開了。

我第一次聽到這件事時，大約是十歲左右。也是聽到父母親在與客人聊天閒談時說的。還記得我當時的反應，就是都呆了，覺得這不是電影裡才有的事嗎？怎麼會是真的？用今天成人的話來說，就是：「怎麼不覺得你有創傷後症候群（PTSD）？」或許父母親那一輩的人，一生忙於生計，根本沒有閒工夫來生這樣的現代文明病吧。

當然，長大之後，我有多次的機會聽母親重述這件事。土匪怎麼會挑上我母親娘家呢？因為我外祖家人丁比較單薄，母親是老大，其下一弟一妹，都夭折了，只剩一個最小的弟弟。而我外祖父又去世得早，外祖母頗有理財的頭腦，家中的田地租出去，然後就靠放賬收租過日子，所以在村裡有「女財神」之名。「其實這點錢，若是放在城裡，根本算不得什麼。」母親說。但在鄉下，偏偏就有了這名聲；到了亂世，就害了自己。

故事還沒完。等我外祖母從娘家回來，屋裡已收拾好了，我母親也換洗過了。外祖母知道了情況，就怪我母親說得太多了。她說：「這些地方，你不說我不相信他們找得到。」我母親說：「我的娘啊！你女兒險些命都沒有了，你還在乎你的錢？不給人家拿一點，人家怎麼放得過你？」

外祖母的個性十分強悍，她曾說：「但凡讓我今天把這口氣給出了，明天讓他把我腦袋給砍了也甘心。」由此可見一斑。而這強悍的性格為她的一生帶來了悲劇，也成為我母親心中永遠的痛。

至於 PTSD，坦白說還是有的。在母親的晚年，也是她真正閒下來之後，非常害怕家裡遭人入侵，每天睡前都要再三檢查門戶。白天我們出門，她一定將大門反鎖；她害怕聽到有人用鑰匙開門的聲音。這樣造成很大的不便，我們勸她說：「就算我們可以開門，回來時也會先按門鈴的。你把門反鎖，如果一個人在家裡跌倒了，我們進不去，怎麼辦？」但母親不為所動，仍然十分堅持；她總是說：「你們不懂，你們沒有受過『制』，你們不懂。」

克難坡上

在克難坡安頓下來之後，我父親慢慢地就把他的父親、未出嫁的妹妹，和我母親的母親、弟弟都接到克難坡住下。克難坡雖然簡陋，但相對而言，也算是「城裡」，學校之外，還有澡堂，有照相館。我今天還能看到祖父、外祖母的照片，都是在克難坡的照相館裡拍攝的。

生活當然是艱苦的，克難坡還鬧過瘟疫，可能是霍亂或是什麼傳染病；我母親說，有段時日，每天都可以看到擔架上抬著死人去埋葬。對抗瘟疫也沒別的辦法，父親嚴格要求所有人都要喝煮開過的水。

另外，克難坡的老鼠大得驚人，大概有小兔子那麼大，曾經有嬰兒被咬死了，所以有的人家把嬰兒裝到吊籃裡懸到半空中，而我父母親則是把我大姊夾在兩個人當中，緊緊地保護起來。而大人，也經常在半夜被老鼠咬腳指頭。所以，克難坡的貓貴得不得了，老鼠再大還是怕貓，而一貓難求。日本人所過之處，基本上是雞犬不留的，所以貓狗都十分搶手。

克難坡有個「洪爐台」，閻長官愛訓話，每天都在洪爐台作精神講話，機關裡的人都要在下面聽。冬天下雪，站在雪地裡冷得不得了。就有人問：「那閻長官怎麼不冷呢？」也有人答：「那你就不知道了，閻長官腳底下墊兩塊磚，是有人專門幫他烤熱了放上去的。」

父親在克難坡，除了公務外，經常送往迎來接待親友，也是忙得不可開交。那時，所有要到後方（西安）的，都得要過黃河；而黃河渡口，都有國軍把守，而每個人可以帶出省境的銀錢物資，都是有限制的。所以，要到後方的人，無不想盡辦法託關係，希望能得到通融，盡可能多帶點東西出去。我父親既然在機關裡，照一般人的想法，那你總是有一些關係的，所以七大姑八大姨，認識的不認識的各式各樣的親朋好友都找上門來。來了之後，所託之事辦得成辦不成另說，但千里迢迢、風塵僕僕地來了，你不能不招待人家吃頓飯吧？以至於郵局的大師傅老段都忍不住抱怨，我們的局長哪來那麼多的親戚呢？

除了這些生活瑣事外，還有一事比較特別。有一回，克難坡來了一個演話劇的抗日宣傳隊，團長是位女性。我母親就地就參加了這個團，一起宣傳抗日。母親說，她也不會別的，但就是負責拉幕，打點閒雜，但這樣也覺得是投身抗日了，情緒很高昂。然後，她就跟團住在一起。

有一回，團長晚上出去應酬，臨行前交代了一些事，等到團長回來，所有人都睡著了，只有我母親沒睡，在守門。這給團長留下了比較深的印象。

再一陣子，團要開拔，到臨近的幾個鄉鎮去做宣傳；一天晚上，團長就找來我母親，單獨跟她說：「你就不要跟了，我看你先生人也很好，你們一家很幸福。我們這些，都是混江湖的，身不由己。」第二天，團就走了。走了之後，就再沒回來，原來他們都去了延安。

二〇一四年，我到了克難坡，在展出的照片中，看到了一張某某話劇團到克難坡的合影。照片非常模糊，但在後排邊上，有一個人的身影非常像我的母親（團體照站邊邊，非常合乎我母親的個性）。一下子，我立刻想起了母親說過的這段往事，也遙想著這位人情練達的團長。

抗戰勝利

終於熬到了抗戰勝利。消息傳來，那克難坡也沸騰了。但同時，昨天還貴得要命的窰洞和貓，今天就立刻暴跌也無人問津了。

勝利了，我父親因為一直在前方，成了郵政局裡的「抗戰有功人員」，可以自選今後的工作地點。在父母親剛結婚時，父親就跟母親說道，中國有一個台灣島，被日本人占去了。

這個地方是個寶島，全年都不會下雪。我母親聽到全年不下雪，眼睛立刻亮了；世界上還有冬天不下雪的地方？冬天還有綠樹？太想去看看了。現在，機會來了，台灣光復，可以選擇到台灣去。然而雙方的長輩，都希望我父親能留在家鄉，可以當臨汾郵局的局長；那也是地方的首長啊，多有面子。但我父親最害怕的，就是留在家鄉。在克難坡時，三不五時就有人找上門來請託；如今如果在家鄉地方當了局長，那不知有多少人要來攀關係？哪還能吃得消？所以我父親非常不願意留在家鄉。

勝利後，父親在家鄉沒待幾天就隻身一人到太原去工作了。而我大姊已五歲多，多少也懂一些事；於是心裡就一心一意想要去台灣。她回到家鄉，顯然不太適應，覺得太「土」了。克難坡雖然苦，但小孩不會覺得；且畢竟是軍政、行政的中心，人來人往，也算是菁英薈萃，非常熱鬧。但現在回到家鄉，就是真正的鄉下，這種變化小孩子心裡自然會有感覺。於是，我大姊就整天纏著我母親說要去台灣，「要去太原找我爹去。」我媽媽告訴她說，現在還不通火車呢，沒法去。那時雖是勝利了，但滿目瘡痍，再加上國共的角力已經開始，白天國民黨來拉人去修鐵路，晚上共產黨來拉人去拆鐵路，把老百姓折騰得夠嗆。所以火車時有時無，並不穩定。

據說只要一聽到火車的汽笛聲，大姊就用頭來頂我的母親，說：「你聽你聽，那明明就有火車，我不管，我要找我的爸爸去。」於是我母親只好寫信給父親，把孩子的情況說了一下，商量道：「那你是不是派人來接我們到太原呢？」

其實要不要去台灣，我母親也是有猶豫的。因為她的娘家只剩親娘和一個讀中學的弟弟。我母親是老大，她本有一大弟，但小時候就夭折了。後來我外祖母就收養了一個男孩，但長大了並不是很懂事，不是很管用。而我母親還有一個年齡相仿的妹妹，有一年兩人都得一種怪病，嚴重到下不了床；不久之後，我母親的病好了，但我這位小姨卻沒能熬過來。再後來，外祖母又生了個男孩，但身子也比較弱，從小我母親就非常照顧這個弟弟，以至於這位小舅舅也非常黏我母親，姊姊到哪裡都要跟。所以後來到了克難坡，也把他和我外祖母都接了過去。現在聽說姊姊要到台灣，他也要跟去。但如果把他帶上，那就老母親一個人在家了，那如何是好？

我母親想，既然如此，不如到克難坡的原班人馬再一起到台灣去吧！誰曉得跟外祖母一提，老人家卻說：「現在勝利了，日本人走了，我自己有家，我幹嘛要跟你們到外面去『削涼粉兒』*？」

「聽了這話，我後脊背骨一陣寒意，全身發涼。」母親說。她心想：「媽媽您怎麼說這個話呢？您到克難坡，我和您女婿都把您照顧得好好的，外面的人都羨慕您，我們什麼地方

* 北方土話，意思是死皮賴臉地去沾別人的光。

不尊敬、不孝順了？您怎麼說『削涼粉兒』呢？」

傷心歸傷心，但自己媽媽的個性，自己還是了解的。那弟弟怎麼辦呢？這時，我外祖母就給小舅舅說下一門親事；母親反對，她認為小舅舅還在念中學，年齡太小，不宜結婚。我母親想，還是把這個弟弟帶到台灣，也不過就住兩年，回來之後再結婚不遲。誰知訂下這門親後，小舅舅就不再吵著要跟姊姊了，所以帶他到台灣的事，也就不了了之。

起程赴台

大約是在一九四六年的春天，我父親果然派人來接了。只有我母親帶著我大姊前往。祖父、大伯父、外祖母都反對。我母親除了勸她的媽媽一起去之外，也曾勸我祖父一起去：「爹，你聽這外面時不時還有槍聲，共產黨和國民黨又要打起來，這時局還不知會怎麼變？不如去去台灣也好。」祖父說：「怕什麼呢！共產黨不是中國人？哪個皇帝來了不納糧呢？我跑那麼遠去幹什麼？要去你們自己去。」

長輩們雖然不贊成我父母親去台灣，但想著不過兩年就要回來，所以也沒有強烈反對；連我父親也不曾專門回家一趟來辭行。他們之中沒有任何人想到，這次的分別，居然就成為一生中的永訣了。

父母親一家三口在太原住了幾個月的時間。有一位郵局朋友是天主教徒，他看到我父親一家人，就說真是好，好像是聖家三口，正該信天主教。他說天主就是我們口中的老天爺。而我母親在抗戰期間，真不知求了多少回老天爺，覺得自己這一家人的命就是老天爺救下的，所以很容易就接受了。

但母親還是有點猶豫，她覺得人家的教會也不知道有什麼規矩，你信了教，就要守人家的規矩，不守規矩又犯了罪，豈不是很麻煩？父親說：「這你就不懂了，天主教星期天是安息日，是不工作的。你平常太辛苦了，信了教，星期天就可以休息休息。而且你生活圈子也太窄，信了教，經常有教友來往，也可以有點交際。」於是母親就同意了。因為不久就要離開太原，時間很急，那位教友朋友與神父一說，大約美言了幾句，神父就同意不必聽道理也可以領洗。就這樣，我們家就信了天主教。

從太原到北平（今北京），坐的是火車。在北平，為了要等到上海的飛機，所以盤桓了二十來天。這其間，父母親他們曾去了頤和園及故宮，算是小小地旅遊了一番。

有一天，父母親在北平街上閒逛，看到一個告地狀的，上面寫得十分悽慘，人就坐在旁邊抽抽噎噎地哭。我母親看了覺得甚是可憐，可是自己身上也沒有什麼錢，就想把手上的結婚金戒環抹下來給他。父親立刻攔住了，說：「這是大都市，各種名堂太多了，人可不比我們小地方的老實，你還是多看看再說吧！」又說：「戒指你可是留著，等我們到了上海，吃不上飯，還要靠它呢！」為什麼會這麼說呢？大概我父親已經風聞上海的物價要比北平高出一大截。

北平飛上海的飛機，很可能是軍機改裝的飛機，就是在機艙裡有兩條長長的板凳。母親說，飛機顛得非常厲害，所有人都吐得唏哩嘩啦的，全飛機上只有我大姊一人沒吐。

到了上海，果如父親所說，物價比北平貴了十倍。嚇得我父母親哪兒都不敢去，整天都待在旅館裡。在等船的同時，父親聯絡到了要同去台灣的郵局同事，有楊旭夫婦、何若荀夫婦（帶著長女）兩家，共同向郵局寫公文，請求預支薪水，否則在上海的日子就真的得去當我母親的金戒指了。後來，這三家人終於同船來到了台灣。

抵台生活

在一九四六年的六月，父母親帶著大姊抵達基隆港。來台之後，最早住在台北新公園西側衡陽路上的「三葉莊」旅社，後來找到潮州街的房子住下。據母親說，因為日本人走了，台北空房子非常多，可以隨便住，住下來就是自己的了。等到一九四九年，一下子大陸上來的人多了，台北的房價立刻就漲了；但不叫賣房子，只能算是頂讓（因無權狀故）。很多人拿金條來頂，但我們家沒有多占房子，自然也不會發這筆國難財。

後來，我們家住的這棟房子，也歸了公家。據說本來是可以算成是自己的，但政府遷台之後，郵局建議同仁把房子捐給公家，人可以照樣住，但以後房子的維修什麼的，就全部是公家負責了。日本式的房子經常需要維修，也是一筆不小的負擔，所以很多人都和我父母一樣，把房子給了公家（至少同船來的楊伯伯、何伯伯也都是如此）。後來他們常常開玩笑說，如果當時不省這點小錢，那現在都發財了。然而當時「一年準備、兩年反攻；三年掃蕩、五年成功」的口號喊得震天價響，大家都想著不久就要回大陸；到那時台北的房子反而是個累贅；誰想得到從此就回不去了呢？

父母親來到台北後，最不習慣的就是吃不到麵食。北方人吃米飯一、兩天還可以，時間長了實在受不了；後來總算打聽到太平町有賣麵條的，終於買到了黃色的油麵。雖然不正宗，但也聊勝於無。然而，有麵條就一定有麵粉，不曉得又過了多久，才找到有賣麵粉的地方。

在居住方面，台北已經有了自來水，這就比較先進了。在大陸上，只有少數的大城市才有。至於其他的居住條件，則與大陸相去不大。比如說，也都是出糞式的廁所，街上有拉水肥車的，會定期來掏大糞。而一般出門，就是靠雙腳走，或騎自行車。公車極少，必要時則可以叫黃包車。我父親就是騎腳踏車上班，而我大姊也記得她曾經坐過黃包車。

住的方面，日式房子是之前沒住過的，對榻榻米很不習慣。尤其是在打掃清潔的時候，榻榻米要跪著擦。母親說，她從小做家事很習慣，抗戰時更是吃過各種苦，但還真沒有「跪著」擦地過。有一天突然悲從中來，心想：人家還以為你漂洋過海到台灣享什麼洋福，誰知道你還要跪著擦地呢？感覺非常委屈；為此母親才接受了父親請個幫傭的建議。

天翻地覆

來台後的半年多，遇上了二二八事件；還好在本省籍的鄰居幫忙下，沒有受到太大的衝擊。而就在那段時間，國軍在大陸山東萊蕪戰役吃了大敗仗，不久後，國軍王牌第七十四師在山東孟良崮被全殲，師長張靈甫陣亡。此時，國共全面決裂，胡宗南的部隊攻入延安，陝北的共軍有一大部分轉戰到一河之隔的山西，不多久，整個山西南部都被共軍所占，家鄉臨汾成為孤城。

那時，母親接到來信，說我的小舅舅，也就是本來要跟來台灣的弟弟，在守城時失蹤了。失蹤？母親立刻明白，這不過就是個婉轉的說詞，其實就是死了。他還是個中學生，不是軍人，但戰事吃緊，城裡學生一樣被叫去守城。

這個消息，對我母親的打擊實在太大了，她漸漸不言不語了起來。這可把我父親嚇壞了，於是想盡辦法要讓母親轉移心情，讓她開心。只要看到有好笑的電影上映，就一定帶母親去看；假日也盡可能的出去玩，北投、陽明山都去過。父親一直安慰她，跟母親說：「你可不能這樣下去啊！別忘了你還有個女兒，這樣下去，女兒和我怎麼辦？」又開導母親說：「你不要後悔沒有把他帶出來；你要想想，台灣還有個二二八啊！要是帶來台灣，二二八出了事，那你還不是要懊悔死？一切都是命，只能想開點。」就這樣，不知過了多久，母親的精神才恢復平穩。

到了一九四八年的夏天，父母親來台滿兩年，按計畫是該回去的時候，卻也不可能回去了。在一年之前，國府已頒布了《厲行全國總動員戡平共匪叛亂方案》。而此時，前方戰局早已全面對國民黨不利，後方則人心動盪，學潮不斷，加以通貨膨脹，物價暴漲，經濟與社會皆面臨全面崩潰邊緣。就在這一年的五月，在打了兩個月攻堅戰後，共軍攻占了臨汾城。家鄉肯定是回不去了，連郵件都不通了，而整個大陸也即將不保。

一九四九年八月，美國發表《對華關係白皮書》，台灣也呈風雨飄搖，朝不保夕之態。一直要到一九五〇年六月，韓戰突然爆發，局勢瞬間改變，台灣的安危才終於大勢底定。

於是，再過一年，我的二姊出生了，距離我大姊出生相隔了十一年。為此，我父親特別買了一面大國旗掛在家門口，迎接一個新時代的到來。

再通音信

我二姊出生後的兩年，哥哥出生；再一年，三姊出生，再六年，到了一九六〇年，我又有點意外地來到了世界上。於是，我們家從三人變成了七口之家。

大姊在我三歲時就到美國留學，並很快取得了博士學位，之後在美結婚，並留在美國任教。

一九七〇年，中共與加拿大建立外交關係，中加之間可以通信了。大姊有一位同學住在加拿大，於是透過這層關係，由我大姊具名，試探性地寄出了一封家書。不知隔了多久，也終於收到了我大伯的回信，信中先敘述了家鄉的「進步」，然後也簡要說明了老家親人的情況。那封信，我大姊不敢原件寄回台灣，而是摘抄了其中的主要內容向父母親稟報。

一九七一年，與大陸通信，那絕對是禁忌，父母親當然是不會讓我們小孩子知道的，所以我也完全不知道他們在收到消息後有何反應。但毫無疑問，在得知雙方的老人家都去世，而我父親那時也檢查出罹患食道癌，想與大陸親人寫信，未語淚先流，只能擲筆而嘆，所以通信又中斷了。再過兩年，一九七三年初，父親去世，大姊一家回台奔喪，才將大陸來信的原件帶回。（但她還是十分謹慎地將寫在信紙上方的毛語錄裁去，以防在海關被檢查出來。她那時仍使用中華民國護照；因為父親的教誨，雖在美工作多年，卻遲遲未入籍。）

大姊返回美國之後，母親讓她再給大陸去信，告知父親去世的消息。然後，就再沒有接到回信了。母親說：「可能你大伯看了信覺得傷心失望吧！」

又過了十多年，時間來到一九八〇年代，大陸開始改革開放，而台灣也在蔣經國執政的最後半年，宣布開放赴大陸探親。而就在這之前，我們又透過加拿大友人的轉信，收到了叔父的來信。叔父在抗戰後期曾作過警察局長，所以父親生前一直最擔心這個弟弟。而此時，叔父從被關押的內蒙回到家鄉，看到之前的信，於是也寫信到加拿大試試（此時大伯父已去世），還好未落空，又聯絡上了。

叔父是怎麼看到這封十幾年前的信的？後來據大陸的親人說，大伯在接到加拿大的來信後，那時還在文革期間，所以自己不敢看，交給公家，由上級拆開來看。負責的長官看了，覺得可以讓他帶回家給家人看看，但必須在三天內將原信連同回信一起交上來。於是大伯將信帶回家，從頭到尾連信封都抄了一遍，然後他把抽屜拉出來，將抄好的信伸進去反貼在桌面反面，然後再將抽屜塞回去。就這樣，這封信平安保存了下來。聽了這段故事，我們真是大開眼界，覺得大概只有見識過「抄家」的人，才能想到這種藏東西的方法吧。

代母返鄉

一九八八年，台灣出現了返鄉探親的熱潮。而那年母親卻動了一次膽結石的手術，這是她來台灣後的第八次手術；而手術之後，又出現「心臟衰竭」的情況，在醫院住了三十五天。後來雖然康復，但仍要每天服藥。母親身體向來比較弱，所以，要不要返鄉探親，就成了一個問題。

那時，母親已經知道，外祖母在五〇年代就去世了，而且是被「掃地出門」，最後死在廟裡。這事母親提一回就流一回淚，她無法想像一生掌權且好強的外祖母，最後在小兒子守城而死後，自己又被掃地出門，……接二連三的打擊，是如何使她身心備受煎熬？如何地受盡折磨？她逝世前能平靜嗎？能不含冤懷恨嗎？這一切都不堪細想。

我們都怕母親若是回去，觸景生情，在精神上會承受過大的衝擊，所以都不贊成她回大陸。母親想了想，也打消了回去的念頭；主要是因為長輩都不在了。母親說，如果外祖母還在的話，那就是爬也要回去的。

母親不回去，就由我們這些子女代表回鄉吧。一九九〇年，二姊、二姊夫率先返鄉；一九九二年，我也回去了一趟，在臨汾老家停留了四個晚上，在長治姑媽家住了一晚，在上海表姊家共度了三天，算是停留比較久的一次，也有幸成為台灣出生的家人中，唯一一個在父母親住過的老房子裡度過一夜的人。

凡回去探親者，無不攜帶各式禮物，有所謂「三大件、五小件」，「台北買單，北京提貨」等等，總是想以物質、金錢來彌補失去四十年的親情。媒體上，也充斥著各種近鄉情怯、久別重逢、激動相認、抱頭痛哭的場面；每一個探親者都能說出一大串讓你又哭又笑又驚訝的故事。然而，在充滿眼淚與歡笑的激情過後，很多家庭也傳出了一些異音，主要是有些大陸親友會認為自己的吃苦受罪是受了台灣親人的連累，心生怨懟；或因與金錢分配有關的問題而鬧出不愉快。在感人場面之後，也帶來了不少的考驗。

然而，或是祖上有德，或是內陸地方還是民風純樸一些，我們家居然沒有出現這樣的問題。除了我們返鄉帶回去的，母親也每年透過香港匯錢回去；而大陸的來信也總是感謝，沒有主動提什麼要求。

偶有一次，叔父的來信委婉提到了有關子女城鄉戶口的問題，母親立刻匯錢回去。母親常說：「我們花的錢，都是你爸爸賺下的。」言下之意，照顧父親大陸的親人是理所當然的。到後來，大陸的來信說家鄉地方進步很快，大家生活都好了，不必再寄，才停止接濟。

二〇一四年我帶著剛考上大學的兒子與兄姊們一同回去，家鄉地方已全部蓋了新房，高鐵站就在附近，進步之大，早非當年情況可比。親人照例都在叔父家會合迎接我們。叔父已年近九十，但身體仍相當硬朗。他帶領大家祭祖，然後當著眾人的面，向祖先報告，高聲念誦，細數我母親歷年來對大陸親人的照顧；說起嫂嫂的恩情，聲淚俱下，聞者無不動容，場面十分感人。

血脈相連

我母親在二〇〇二年去世（八十八歲）；大陸的兩位長輩，姑媽在二〇一五年去世（八十六歲）；叔父在二〇二〇年去世（九十六歲）。這似乎也象徵著一個時代的終結。

我們兄弟姊妹，無人經商，無人與大陸的機關、學校、公私團體有任何來往，所以赴陸次數極少，三十年來返鄉不過四次，但居然與大陸的堂、表兄弟姊妹們保持良好的關係，不時透過微信互通音信，甚且與下一代也有一些交情；縱然生活背景不同，但血脈親情連續不斷，這也實在是難能可貴，足以告慰先人。

猶記五十年前的冬天，我十二歲，父親已病重。一日，父親把我們叫去，講述了祖母去世時他自己的心情，意在安慰我們，讓我們對即將發生的事情不要感到害怕；父親又簡述了他一生為人處世的基本原則，神情莊嚴肅穆，至今猶歷歷在目。他又跟母親說：「不要埋怨老天不公，要知足；你總能記得抗戰那些年的情況；如果死在那時候，還不如現在有錢人家的一條狗。」

如今，我已過了父親去世的年齡，縱然我多少知道一些上一輩的故事，也讀了不少的歷史與傳記，對那個時代的曲折多變與複雜艱困有一點認識，但我仍然很難想像父親臨終前的複雜心情。時代的巨浪所激起的哪怕是一滴浪花，落在一個人身上就是一場狂風驟雨；僥倖不死，也是一身的狼狽。

相信有成千上萬的家庭與我們家類似，長輩們也曾有過豪情壯志，但最後只能化為生存的韌性，努力在種種進退維谷又身不由己的困難之中，勉強張羅出一塊可暫避風雨的棲身之地吧！

而我們今天的歲月安好，難道不就是託庇於前人的堅忍奮鬥？我想，所謂「述往事以知來者」，正是為了打通我們的血脈，讓我們的心志與先輩的情感相連貫，對時代的脈動不麻木，則千萬朵浪花所重新凝聚起的力量，或能將國家民族乃至全人類的未來導入正確的方向；若果如此，則或可告慰先人的苦心孤詣，不負這一段波瀾壯闊、悲喜交加的大時代。

步步驚魂，搭上時代的巨輪

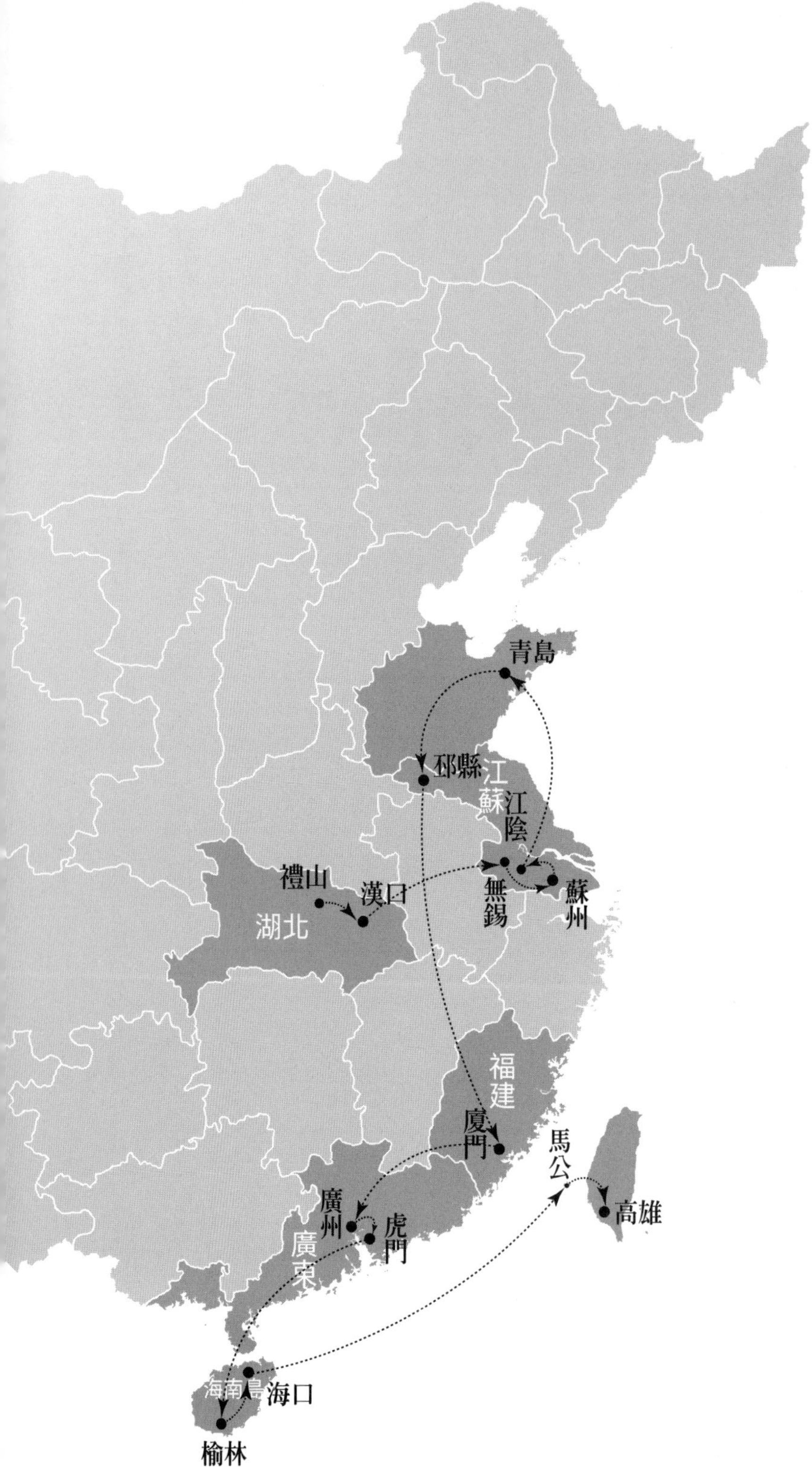

劉幼琍

香港城市大學媒體與傳播系暨國立政治大學廣電系退休教授。生於澎湖馬公，祖籍湖北省孝感市大悟縣，美國印第安那大學電訊傳播博士。研究領域包括人工智能治理與倫理、傳播法規、新媒體策略等。

劉言品先生的遷徙路線

禮山→漢口→無錫→蘇州→江陰→青島→邳縣→廈門→廣州→虎門→榆林→海口→馬公→ 高雄

我的祖籍是湖北省禮山縣（後改名為大悟縣）夏店鄉，在馬公出生，左營的眷村長大。小時候只要是重要的節日，如中秋節或過年，就有很多父親的老鄉來我們家串門子，例如姑爹、郭伯伯、黃伯伯與彭叔叔，也常聽父親或長輩提到他們老家的種種。他們有些人是一起從大陸出來，雖然大家個性不同，但是非常珍惜當兵患難及從大陸來台灣互相扶持的情誼。

父親劉言品先生於一九二八年出生。他和同時代的中國人一樣，成長於一個動盪的時代。從封閉而貧困的鄉間走出來，歷經驚險而詭異的軍旅生涯，終於搭上時代的巨輪，在台灣獻身海軍，並且度過半個多世紀的太平歲月。在那個悲苦的年代，父親很幸運，祖父智勇超群，祖母賢淑耐勞，方得開展出異於同時代鄉親的不平凡人生。

父親的老家是在湖北省大悟縣夏店鄉的九門沖，那是一個小山環抱的小山莊，門前有一口大池塘，小山後有一條貫穿三縣流入長江的沙河。

一年除有短暫的泛水期，長年河水清澈，小魚穿梭不息，沿河居民都是飲用河水，村莊對面遠望是叢茂山，近看是梯田。農人種植任何穀物都不用化肥，更不用農藥。每到春天，鳥語花香，山邊田埂任何野果都可以吃。耕種的農人、過路的行人口渴了，路邊水溝裡的水都可以喝。夏末秋初，稻田旁水溝的小魚很多，尤其是泥鰍肥美。

父親兒時經常捲起褲管到水溝裡抓魚。水快乾時，他就將黑泥巴裡的泥鰍用野草枝幹串進魚的嘴巴，通過魚鰓，提回家交給祖母加菜。

九門沖這個村莊最大的特色是有數十棵百齡以上的大楓樹，高數十丈。春天由枯枝生出大片的綠葉，秋天樹葉變紅。所謂「有土斯有財」，那個時代土地都掌握在極少數富人手裡。他們娶妻納妾，吸食鴉片，從不耕種，卻有源源不絕的田租可收。他們多數終身衣食無憂，整日無所事事，有的讓田地荒廢，最終又將田地賣給了那些大地主，因而形成惡性循環。當時的社會除了貧富嚴重不均，還有一些土豪劣紳為非作歹，魚肉鄉民。

父親曾提到，當時整個社會動亂，鄉村惡勢欺凌鄉鄰的事比比皆是。父親曾親眼看到兩個人用竹竿抬著一個血淋淋的人頭，從父親村莊右邊的山坡抬到前面公路上的涼亭，掛在大門上，那一幕殘忍的畫面很難令他遺忘。

摸索碰撞進入軍旅

湖北省大悟縣夏店鄉是一個典型的中國農村，父親家境堪稱小康，我的祖父母積極奮發，力求改變家族際遇。除了勤奮耕種與從事簡單的商務之外，還將四個男孩當中選一位出來讀書。然而戰亂已經橫掃家鄉，共產黨的新四軍一小部分官兵打破寧靜的家鄉，他們從根據地大別山來到了劉家附近的大悟山。

他們白天是政工人員，從事情報工作，到農村做宣傳，口號是幫助農工打倒惡霸，而且保證不拿人民一針一線，最令民眾震撼的是，在白天他們的便衣人員去探知誰是壞人，哪一家是惡霸，晚上武裝人員就去抓人甚至抄家。那些欺壓鄉人的惡棍，不是被殺就是逃離了農村，因而大快人心，助長了共產黨勢力的發展。

當時的中國處於內憂外患中，時局轉變飛快，一九三七年七月七日抗日戰爭爆發，當時的中國由蔣委員長統領，但軍閥各據一方，還有共產黨紅軍到處流竄，國軍兩面作戰，備多力分，極度艱苦。抗日戰爭把全民捲入救亡圖存的大潮中，全民動員抗日。

一九三八年，父親家鄉的地方政府奉命於三日內完成由黃陂經過父親家門前十字嶺到孝感的四百公里的馬路。地方政府下令以保甲為單位動員全部人力。祖母是甲長，分到五百公尺左右的責任區。完工的第二天就有軍車和騎馬的國軍經過。鄉親不了解情況還在家門看熱鬧。晚上步兵像螞蟻一樣的蠕動著，沒有停過。

第三天中午過後，對面村莊的人傳來一個壞消息，他們見到正在田中工作的祖父被軍隊拉伕抓去了，家中急成一團，孔武有力的人也不敢到正在行進的軍隊那邊探聽，因為恐怕再被抓去，一直到晚上也未見祖父回來。家人只探聽到這一支軍隊走走停停，向孝感方向移動。

祖母急得像熱鍋上的螞蟻，親戚朋友都勸祖母不用太擔心，因為很多人曾被拉去當過挑夫，結果都平安回來了。但是人若沒有回來全家人都寢食難安。如此過了一個禮拜，那支部隊又轉回來了。有人在十字嶺看到祖父就跑到九門沖告訴祖母，她聽到消息後馬上狂奔過去。那時兩旁滿滿都是軍人，祖母一面跑一面向公路兩面看，不時喊著祖父的名字。

此時一位年輕軍官叫住祖母，問明原因後就告訴祖母說，他們的高級長官就在前面涼亭裡用午餐，到那裡去找高級長官才有用。祖母跑到涼亭，守衛舉槍趕她離開，可是她拼了命地哭喊，驚動了涼亭的長官，馬上喊祖母進去問話。

長官問明原因並且看祖母哭喪的情景，就吩咐帶她到涼亭外休息，隨後出來一位軍官帶她沿路指認。距涼亭一公里左右，祖母遠遠就看見祖父疲憊不堪地坐在路邊，手上還綁著繩子，她馬上向陪行的軍官指認。軍官跑步前去將祖父帶來交予祖母。父親說祖父回到家時，滿頭塵灰，滿臉鬍渣，滿身骯髒，那個狼狽的樣子，烙印在他腦子深處很難遺忘。

國軍即便明白規定不得拉伕，但在作戰須有充分兵源的壓力下，拉伕仍是常態。據父親談起，部隊多半是由農村抽壯丁抽來的，他們多數都想逃走，可是軍隊長官看管甚嚴，逃跑被抓回來一律槍斃，所以沒有人敢逃。新四軍到鄉村拉伕就更可怕。

新四軍要攻擊國軍游擊隊時，白天由便衣人員探聽游擊隊的駐地，晚上則進行攻擊。在攻擊那晚的白天，先到鄉村找擔架。由於游擊隊是抗日與大部隊失聯的國軍，遇到新四軍攻擊時，怕傷到抬擔架的民眾而不與其對抗。這些游擊隊抗戰勝利後都編入了國軍參與了內戰。

拉祖父當挑伕的那個部隊南下數日後，又匆忙轉回，車輛人馬更多像螞蟻一樣。他們沿途散發傳單，告訴民眾日本軍隊馬上要來了。當時的民眾深恐日軍殘害，多到對面的叢茅山，全家人躲在石縫裡，肚子餓了則撿拾乾柴，掏山溝裡的水燒開充當乾糧吃。

直到日本人離開了，父親全家才提心吊膽下山，精疲力竭地回到家。所見到的家已殘破不堪，桌椅被燒成灰，屋裡角落到處是大便，到豬柵欄一看，一家全靠起家的那一頭大母豬趴在地上，屁股被日本人用刺刀活生生地挖了方方的一塊肉，死狀極慘。

讀萬卷書尋求出路

戰亂的時日雖然苦楚，但祖父鑒於那時的社會如果家裡沒有人讀書，會被人欺視，所以決定不計任何代價要從父親四個兄弟中推出一人來讀書。父親小時候最受祖父母寵愛，早已盤算要送他上學讀書。

劉家旁邊陳家大廟有一位陳X河先生成立私塾，招收附近孩童讀書。祖父得知即親自帶父親前往拜他為師。入學之後父親從《三字經》讀起，繼之《四書》，讀《四書》時先以《論語》的〈上論〉及〈下論〉為主，讀完後就以《孟子》為主課，附帶有《古文觀止》、《詩經》。《論語》讀完後，每天中午放學時，先生就要出對聯的上聯要學生在回家路上想下聯，回家吃完中飯下午回到學校交給先生批改，當時對聯都很簡單，但對一個十歲左右的孩子仍要絞盡腦汁思索。

父親的私塾老師有吸食鴉片的習慣，有一次因為差遣學生去幫他買鴉片，被學生家長撞見，以為是他的孩子逃學。當他得知是先生派去買鴉片後，非常生氣就將孩子退學了。那時候政府雖然禁鴉片公開販賣，但是夏店的街上連小孩都買得到鴉片。社會上富有人家辦喜事，家中長輩祝壽都有鴉片。那時叫大煙招待來賓，越是高貴的客人一進門就被請到預備好的床上。有的人家還請戲子名妓躺在床上幫客人燒煙。

在發生了先生差遣學生在上課時間上街買鴉片的不體面事件後，未久先生就自行離開了。接著來了一位年輕的陳子宜先生，剛剛高中畢業。他到學校後的教學方式全部改為新式教學，課本也改了，將四書五經改為國語、歷史、地理、算數。

當時家鄉環境變得非常混亂。國民政府在夏店鄉公所的保安隊已隨同鄉公所逃往游擊隊勢力範圍。山區白天新四軍和日本偽軍便衣人員在鄉村穿梭，有時雙方便衣人員在保長家同桌吃飯，游擊隊則於夜間找保長要糧，限定時間數量送到指定地方，新四軍還要徵布鞋。那時候父親家人夜間聽到狗吠聲都提心吊膽，不敢有燈火。不久鄉村的狗都被新四軍毒死，再也聽不到狗吠叫聲。

父親拜別祖母，外出求學

以往祖父健在時，每年都到河南買一擔鹽，可以食用一年。日本人來了以後嚴禁民間販鹽，抓到販鹽者當場槍斃，而日本人也為了討好當地百姓，每逢單日夏店趕集時，在街邊放一張木桌在那裡賣鹽，限定每人買一斤，每斤日幣一元。賣鹽沒有定時間，所以每逢單日鄉親很早就趕往排隊等待。

在戰亂中父親的學業未有中輟，一九四三年冬天快要放寒假時，父親聽說離夏店七十里的地方有一所學校，不用繳學費，有提供宿舍，學生每學期只要繳一斗米和一斤油，他就立刻稟告祖母。

祖母因為祖父在世時就希望他們兄弟能好好讀書，所以欣然同意，立刻為他做了一件短襖。學校要穿黃色中山服，夏店一時找不到做中山服的裁縫，祖母就用一塊未染的布料縫製，也做了一雙新布鞋。因為擔心父親會有急需，就在做好的短襖下角邊縫進一個銀圓。元宵一過，父親拜別了祖母和家人由家裡的長工陪同去學校。

父親因為在私塾讀過書，所以經過鑑定考試直接分到三年級就讀，由於成績優異跳過四年級，直升五年級。他非常幸運，老師非常關心他，幫他補習與複習功課。五年級快要結束時，六年級學生需要參加畢業考試。他們學校有一位畢業生因為自覺成績可能考不過，就放棄考試。校長覺得失去一個畢業生名額甚為可惜，就叫父親頂替那名學生參加全縣小學畢業會考。哪知一考就過了，父親卻陷入兩難。他如果接受小學畢業證書，回家過完暑假後就可考中學，不過他必須改名，如果不接受改名的話，他會辜負校長與老師的美意，並且繼續在學校讀六年級，次年再考中學。

後來他因為想報考嚮往的禮山一中，就接受了改名的現實（他的原名是劉陽卿），也成功被錄取為禮山一中的學生。那時他回到老家，感覺真是走路有風，鄉親也覺得揚眉吐氣。父親說他之所以嚮往禮山一中，除了因為全額公費，學雜費連伙食費都全免，主要是因為校長是縣長兼任，平常大家都很難得見到縣長，但是學生每週都會見到校長，所以他有一種莫名的嚮往之情。

在戰亂中投入軍旅

父親還在學校就讀時，日本投降了，立刻引起他們學校師生歡聲雷動，也顧不得上課了，老師指導高年級學生盛大舉辦慶祝活動，召集學生寫標語紮燈籠，當天晚上就舉行提燈遊行，大家比過年還要高興，三、四天後才恢復平靜正式上課。

抗戰勝利後，父親學校反而處在飄搖中。一九四五年八月的某一天午餐後，尚未到上課時間，還有運動的學生在操場打球，有的在宿舍午睡。有人看到山上從前游擊隊住的碉堡在冒煙，接著燒起大火，馬上報告老師。隨即驚動全校師生跑到校外觀看。瞬間各山頭都燒起大火，濃煙遮天，老師們立即察覺是共產黨的新四軍占領了游擊隊的駐地。

經全體老師開會決議，學校立即疏散，學生即刻整理衣物各自回家。為了安全，住在南方的學生各自走山路，結隊順河而下，老師也一樣和各路學生同行。父親他們安全回到家後，高年級學生並沒有休息，仍相互串聯，並通知大家要到黃陂中學插班。

由於黃陂中學無法容納，後來禮山縣長見學生熱心向學，不畏艱辛，奔波精神可嘉，當即批示教育科督辦在兩個月內裝修完成兩間教室，並派兩位剛從高中畢業的年輕教師分班上課。

父親進入軍校和投入軍旅是一個曲折而漫長的過程。一九四六年禮中三十多位學生在一次廟會穿梭觀賞。那天有一個特別醒目的人，名叫韓X忠，身穿一套整潔的軍服，衣領上釘上陸軍少尉官階標章。

他主動找學生攀談，並像老師一樣訓斥學生，說父親家鄉是一個閉塞的社會，年輕人沒有發展的機會。他們這些年輕學生沒有出過遠門，韓X忠口沫橫飛的言論讓他們簡直佩服得五體投地。韓X忠說可以帶他們去考軍事學校，將來可以光宗耀祖。父親將此事稟告祖母，她欣然同意，並且賣了家中花生油和兩頭肥豬，籌措了法幣七萬元給父親，父親從此走上不歸路。

父親走了八十里路，夜宿長興嶺，在飯店遇到一位由武漢返鄉的大學生。他問父親等人來此住店的原因後，立即教訓了他們一頓。他說父親他們那麼年輕，就跑到遙遠不知未來的地方實在太危險了。他說如果要考軍事學校，難道不知軍校也有招考時間？他說現在抗戰勝利不到一年，國家百廢待舉，求學環境哪有那麼快就改善？父親他們應該趕快回家免得後悔。父親和他家鄉的同伴好不容易由家裡出來，哪能聽他的教訓就回頭。所以他們還是跟隨韓X忠上路了。

拉伕與騙徒橫行

韓X忠帶他們到了漢口，就去找到南京的船。父親因為不知何時開船，到了碼頭沒有趕上。船剛離岸，船長雖然看到他也不願停，韓X忠也沒幫他喊停。還好江中有一條小木船，掌舵的老人見他還是一個孩子，就好心幫他送到了對岸。父親追上大夥兒後，就隨著他們到了無錫。後來他們發現一個多星期下來，身上帶的錢差不多都用光了，結果無錫並沒有韓X忠說的軍事學校，而且發現他只是一個勤務兵，他們感覺被騙了。

幸好他們遇到一位中校，他知道父親一夥的遭遇後，就向一位馬營長提起。馬營長說他有一個同學在蘇州砲兵學校任職，他可以寫一封介紹信讓他們去蘇州砲兵學校找他。父親他們喜出望外就前往蘇州。他們在路上看到有軍隊在出操，就前去問路。其中一位軍官見到他們都是穿著學生服，看起來都是十六、七歲的孩子，就說他們也是軍事學校，在他們這裡受訓後，就保送陸軍軍官學校，並要他們跟他去看看他們的營房。

父親等人不想去，他就半勸半勉強地拉著他們其中一人的手。其實那時他早起了歹心，沒走多遠就是一條小溪，過了橋就是一面石牆，右轉不遠就是營房。大門有持槍的衛兵。那位軍官帶著父親走進營門後，就將他們帶到隊長室。隊長告訴他們，沿途的軍隊都在抓兵，父親他們幾個學生那麼年輕到處亂跑很危險，不如就留在他們營裡。隊長說願意幫他們寫公文聯繫砲兵學校，聯繫好了再去比較安全。

此時正要午餐，隊長叫那位軍官帶他們去吃飯，每人發了一個鐵碗，並順口說其他的衣物下午就發給他們。他們聽到後面那句話，簡直嚇壞了。不過當時大家實在餓了，還是勉強蹲在地上和他們的士兵圍著一盆菜吃了那餐飯。飯後那些官兵都在睡午覺，隊長也關上了房門。

他們走出門外坐在大樹下的石頭上商議如何脫險，適時有一個年輕人走出來小聲地告訴他們，這些人是鐵路警察。前幾天有一個士兵偷跑了，結果沒有幾天被抓回來，在他們官兵面前被槍斃了。父親等人聽到之後嚇壞了，就不顧一切跑到隊長室敲門。隊長開門後，為了留住他們，仍然和顏悅色地要他們留下，但是他們意志堅決請隊長放行，最後隊長還是讓他們離開了。

走出營門後，父親等人加快腳步，傍晚即到了蘇州。他們沿路問人砲兵學校在哪裡，有人告訴他們說車站不遠處有一個軍營，但是不知是否是砲兵學校。當時雖然蘇州河兩岸華燈初上，美景當前，他們卻無心欣賞。等他們到了營房之後，前去問守門的衛兵這裡是不是砲兵學校。衛兵回答說，這裡從前是陸軍砲兵學校，不過砲兵學校已經遷走，他們是鐵路警察。

父親等人聽到後腿都軟了，定神後驚覺又遇到了鐵路警察，於是拔腿就跑。

在走頭無路之際，幸運之神降臨了。一位家鄉長輩介紹父親去梅園軍官第二十四中隊當傳令兵。營中每天的報紙都是由父親送到值星官室。一九四六年七月，有一天早上父親拿到報紙在送往執星官室途中看到一則醒目的廣告——「海軍招考學兵」，他便去告訴同鄉夥伴，大家都喜出望外。他們就請假去江陰報考，結果四人都被錄取，在找到保證人及交了保證書後，就到江陰海軍教導總隊報到。從此父親走上了後來在海軍軍旅三十七年的崎嶇之路。

走上海軍軍旅崎嶇路

一九四七年農曆年前不久，海軍要訓練一批人到美國接收一批艦艇回來充實海軍兵力，總司令桂永清親自校閱海軍教導總隊，看到海軍士兵基礎訓練不夠，就選派了一百二十五人一艘驅逐艦的兵力，先委託空軍特務旅幹部訓練班軍士大隊嚴格基礎訓練，再到青島海軍軍官學校的軍士訓練團接收由美軍顧問團協助的艦艇，並分科技術訓練。

父親等人被選中，海總部派車將他們送到通濟門外七里街秦淮河邊幹部訓練班軍士第一中隊，第二天就展開讓父親終生難忘也受用無窮的嚴格訓練。那時天下大雪，天上飄著雪花，操場蓋滿了皚皚白雪，他們還在操場上正式訓練，沒有半點鬆懈。

一九四七年農曆年沒有放假，只是在營休息，班長還帶他們坐在床邊讀軍人守則。除夕晚上父親和一起出來的同鄉坐在中山室，遙望天空都想念老家過年的情景，不僅熱鬧還有滿桌的年夜飯，他們就決定想法跑到營外買點食物回來當年夜飯。

由於大門口的衛兵不敢放行，他們決定由父親和姑爹兩人爬過鐵絲網，由通濟門進城買食物。他們運氣不錯，遇到一個賣夜食的將推車停在路燈下，就買了四長條滷肉及一些滷蛋、豆干，再爬鐵絲網回到營區，大夥兒在中山室享受得來不易的年夜飯。

體檢不合格，晴天霹靂

經過兩個多月的嚴格制式訓練，父親等人被派到青島接受艦艇技術訓練。他們先搭火車到上海，由於調度的原因，他們等了一個多月才到青島的海軍官校接艦訓練班報到。訓練快結業時，美軍顧問團在學校的醫務所對受訓學兵做體格檢查。

父親自信過去經歷嚴格的訓練，身體也很好，認為體格檢查只是一個過程，所以毫不在意，哪知檢查後的三天，父親遭到晴天霹靂的打擊，他接到總部一紙人事命令，父親因為體檢發現有砂眼，被視為不及格，要他立即退訓到警衛營報到。父親一時六神無主，如果不回警衛營也沒有其他出路，但是又不甘心就這樣回老家。

在前程茫茫之際，突然想到一位曾經幫他當海軍教導總隊保人的劉漢民分隊長，已調到江蘇邳縣當自衛總隊副總隊長，並且還升了上校，父親當即決定去投效他。他背著一個水手袋走出海軍官校大門，一路問人，幾經波折終於到了邳縣。

不到一週，總隊就任命父親為陸軍少尉，並派到第五中隊任分隊長。當時蘇北地處貧瘠，軍隊軍糧不足，他們居然要到保甲事先派好的村莊吃飯。做軍人還要討飯吃，實在不是滋味，父親就寫信給在廈門當兵的同鄉夥伴。他們告訴父親，南屏砲艇艇長王啟茂上尉應允父親，如果到了廈門可以到該砲艇工作。

父親欣喜向單位請假，輾轉到了廈門並且和艇長一見如故，當場就遞補為南屏艇艙面上等兵。在父親換好軍服後就帶他到巡防處去面見康肇祥上校。父親本來有點忐忑不安，可是見到康處長後，他雖然莊嚴，但是卻平易近人，簡單問父親一路是否順利，到了廈門安頓好了沒，並勉勵他好好工作。

一九四八年南屏砲艇報廢，父親被調往廣州，因緣際會轉往軍艦當槍砲下士，每月薪水十三銀圓，每個月海總部、艦隊司令部、四軍區司令部都發薪餉，他一個月可領三十九銀圓。快到農曆年時，父親因為離家多年，實在太想家了，就向艦長請了一個月的年假。

艦長當面交代，因為時局不安定，如果時間不夠可以寫信回來續假。在他們啟程的前一晚，艦長有一位朋友是湖北人，剛由湖北過來。他說共產黨的軍隊已打到了禮山縣，他們可能回不了家，即使回去了，也可能出不來，於是父親只好放棄返家計畫。

接著全國局勢巨變，各大報紙每天頭條新聞都是國共內戰的戰況與國共和談的進展。國軍節節敗退，共軍站在贏面。此時廣州海軍奉命將重要軍需物資運到台灣。海軍存放的物資如汽油、柴油、大米都儲藏在海軍第四補給總站。那時青島、上海、福建同時也有很多軍需物資要撤到台灣。海軍運艦艇加上國營招商局商船根本無法在那麼短的時間完成任務。最後國府定了一個不得不然的政策，就是能搬動的物資儘量運到台灣，不能搬動的軍事設備於撤退時全部炸毀。

撞針拆卸，防範叛變

當時父親所服務的軍艦主機零件壞了，因為是日本製造，倉庫裡找不到零組件只能停靠在碼頭上等補給。一九四九年廣州撤退前一天下午，第四軍區擔心父親的軍艦反叛，將槍砲掉頭打自己人去投靠共軍，於是派了保防官到艦上，持著第四軍區司令部的密令，要求把全船所有槍砲的撞針拆卸帶走。當時父親是槍砲中士，艦長派他祕密執行任務，將艦上卸下的撞針用擦槍布包好，由艦長親自交給保防官。可憐全艦官兵並不知道艦上的槍砲連梯口值勤的手槍都只是玩具罷了。

第二天父親的軍艦和往常一樣照常起工收工，早上揭砲衣，日落蓋砲衣。有一天在大退潮之際，他們的船終於在艱困中駛出了虎門。江中有艘船的人告訴他們，那天他們的船已站砲位，並在練習向父親他們的船瞄準，天亮後如果父親他們的船沒有啟動的動靜，就會開砲將他們的船擊沉。

父親所在的船開出虎門後，機器實在不能再開，船上也需要淡水，就開到離虎門最近的大鏟島。島上漁民缺柴油，父親他們缺淡水，在相互交換下停了兩週後，由招商局拖船在大浪中把他們拖到海南島的榆林港。

一週後，港務局通知並協助他們將船停靠碼頭，並說有上級長官要上船校閱。令人驚喜的是校閱官竟是他們的老長官康上校，時任海口秀英巡防處處長。當他走到父親面前表情非常親切，事後交代艦長叫他與另一位同鄉到他住的招待所，除了詢問他們的近況，並問他們兩人是否願意隨他到秀英巡防工作，如果願意去，每人升一級任用。父親當然願意，就跟隨康處長擔任副官室文書上士。

從海南島撤退到台灣

時局惡化飛快，整個大陸除了長山八島、舟山群島、海南島外，都被共軍占領了。海南島中央山脈早有共軍的部隊，祕密發展已成氣候。一九五〇年元月起，共軍已在沿海徵調漁船，向海南島進攻。

海南島撤退前三天，海軍總司令桂永清上將、美國海軍退役柯克上將率海總部作戰署後勤署署長等十餘人前來海南島，要與海南島防衛司令部研討防衛作戰計畫，暫住空軍招待所。康處長緊急派父親帶三個士兵前往負責清潔與伙食等工作。父親等人到了空軍招待所，總司令的黃副官交代他們長官們要吃西餐。

父親等人就到海口市找了一家西餐店連人帶料到招待所廚房現場調理西餐。每天早上天還沒亮，他們就去海口載西餐店人員與食材回招待所準備早餐。早餐後總司令等一行人匆忙出門去防衛司令部開會，一直到很晚才回招待所晚餐。

第三天也就是一九五〇年三月十五日早上，父親正要到海口去載西餐店人員與食材時，總司令等一行人也驅車出門，父親曾與黃副官照面，他並無任何吩咐。他們把早餐做好等總司令一行人回招待所用餐。等到快九點，總部一行人匆忙下車回各自房間提著行李箱未見相互交談，就往外走。

父親問黃副官早餐準備好了，何時用餐，黃副官慌忙地說他們不吃了，叫父親他們自己吃。不明就裡的父親很高興地叫招待所所有人員來用餐。當他們開動不久，父親接到海軍巡防處康處長電話，命令他們除了隨身的武器外什麼都不要帶，立即跑步回巡防處，他已派吉普車來中途接他們。說時遲那時快，他們幾人跑出招待所，不遠處有一個小湖，正不知要朝哪個方向走時，處長派的吉普車由湖的左邊開來。

他們快速抵達後向處長報告，街上還有船上放假的官兵。處長立即叫吉普車司機去告訴大卡車司機去海口街上接人。他們被告知撤退搭乘的是中字號軍艦。碼頭上的人非常多，都上不了船。處長派了一條小船專門在大木頭碼頭下等他們。他們幾人由人堆中擠上了丁字碼頭，由人牆中穿過。父親他們到甲板上一看，那萬米寬的沙灘上的人黑壓壓的一片，像螞蟻一樣的蠕動。他們都是要到台灣去和他們的家人或親友相會，可是卻不知再也沒有船來接他們了。他們與他們家人雖不算是死別也算是生離，父親感慨萬千，懷著感恩的心，如果不是康處長，他們可能還在招待所苦苦地等待伺候長官用餐，而錯過撤退到台灣的機會。

少小離家竟和祖母永別

父親於一九五〇年來台灣的時候才二十二歲。他最遺憾的是從大陸出來之後，和老家失去聯繫。每逢佳節倍思親，他最思念的是我的祖母，祖父在他七歲時就去世了，祖母非常疼他，並鼓勵他離開家鄉，到外面的世界闖蕩與學習。哪知道父親離家之後卻和祖母變成永別。

在台灣開放民眾回大陸探親之前，我曾當過父親的祕密信差，幫他從美國寄信到大陸。那是一九八一年秋天，我初次出國讀碩士。出國前一天晚上，父親交給我一封信，告訴我要收好，到了美國後第一件事就是幫他寄信給老家的祖母及大伯。我那時年輕，又是第一次出國，擔心過海關時會被檢查，就把信封上的地址用拼圖的方式分開收藏。其實是我想太多了，出境時哪會做文件的檢查。

到了美國，我把收信人地址還原後寄到大陸，奇妙的是大伯他們真的收到信了，並且也回信到我美國的住址。等我把信轉寄給父親之後，父親非常激動地打國際電話告訴我，老家來信了，信上說大家都很想念父親，希望父親有空的話可以回老家參加祖母的忌辰。

原來祖母早在我出國的半年前就去世了，這對父親而言簡直是晴天霹靂。父親念茲在茲的祖母相隔三十多年，哪知從離開家的那一刻竟成了永別。他的痛苦我們做子女的很能感受。我讀完碩士回到左營家中，進門第一件事就是拈香祭拜未曾謀面的祖母。

一九八七年十一月二日政府宣布准許在中國大陸有三親等內的民眾登記赴中國大陸探親，父親喜出望外，盼了多年的日子終於來臨。他特別趕在第一梯次返鄉探親。我當時因為在電視台上班走不開，父親就和姑爹帶著大弟一起回老家。

他們當時先在香港住一晚，然後到廣州，接著坐飛機到武漢。父親買了很多戒指及黃金當回鄉的見面禮，也把藏在腰帶的三千美元換成一萬多元的外匯券帶回老家。當時武漢有些地方交通不便，所以他從機場包了一輛車子回家。當時沒有柏油路，山坡小河沒變，但是路上涼亭拆了，廟的標記也拆了。夏店鄉修了水泥橋，他居然找不到家門，便在路上停下來問人，就這樣邊搭車邊問路終於回到九門沖。

返鄉探親解思鄉情

父親回老家的消息傳遍鄉里，老家的親人非常興奮。大伯、二伯、二伯母及他們的女兒、女婿都來迎接。大家見面哭成一團。父親在香港買了兩個名錶給大伯與二伯，也買了化妝品、戒指及耳環送給其他親戚。當時因為老家親人不知道共產黨會如何對待由台灣返回來的父親，所以找了一些年輕壯丁，晚上就睡在門口，以守護父親及大弟。第二天天亮後，父親他們去夏店鄉公所報到，意外的是縣政府派人來表示歡迎，還要請他們吃飯，那實在是一個意想不到的經驗。

我在一九九四年的暑假陪父親回湖北老家，那是父親的心願，因為老家的親人知道我在美國讀了博士又在大學教書，很希望見到我。父親也希望我在他身體健康還能長途旅行的時候再陪他回老家看看。回到老家，遠近的親人都很熱情地跑來歡迎，不認識的親戚鄰里鄉人也跑來圍觀。記得那天下著雨，地上的黃土路變成了泥巴路。我穿了一雙黑絲絨的高跟鞋，親人好心背我走過泥巴路，以免我的鞋子泡湯，令我非常感動。

父親今年九十七歲，除了有高血壓以外，身體還算健朗，只是並不適合出外長途旅行。我曾經想用家用攝影機把他從軍及來台的故事與經歷拍下來當作紀念，很可惜只做了一點沒有繼續。父親近幾年來自己陸續寫了一些回憶錄。我很驚訝他的記憶力驚人，居然可以詳細刻畫離家及從軍的種種，讓我有機會藉由這篇文章走進他的時光隧道。

老兵父親與教授兒子

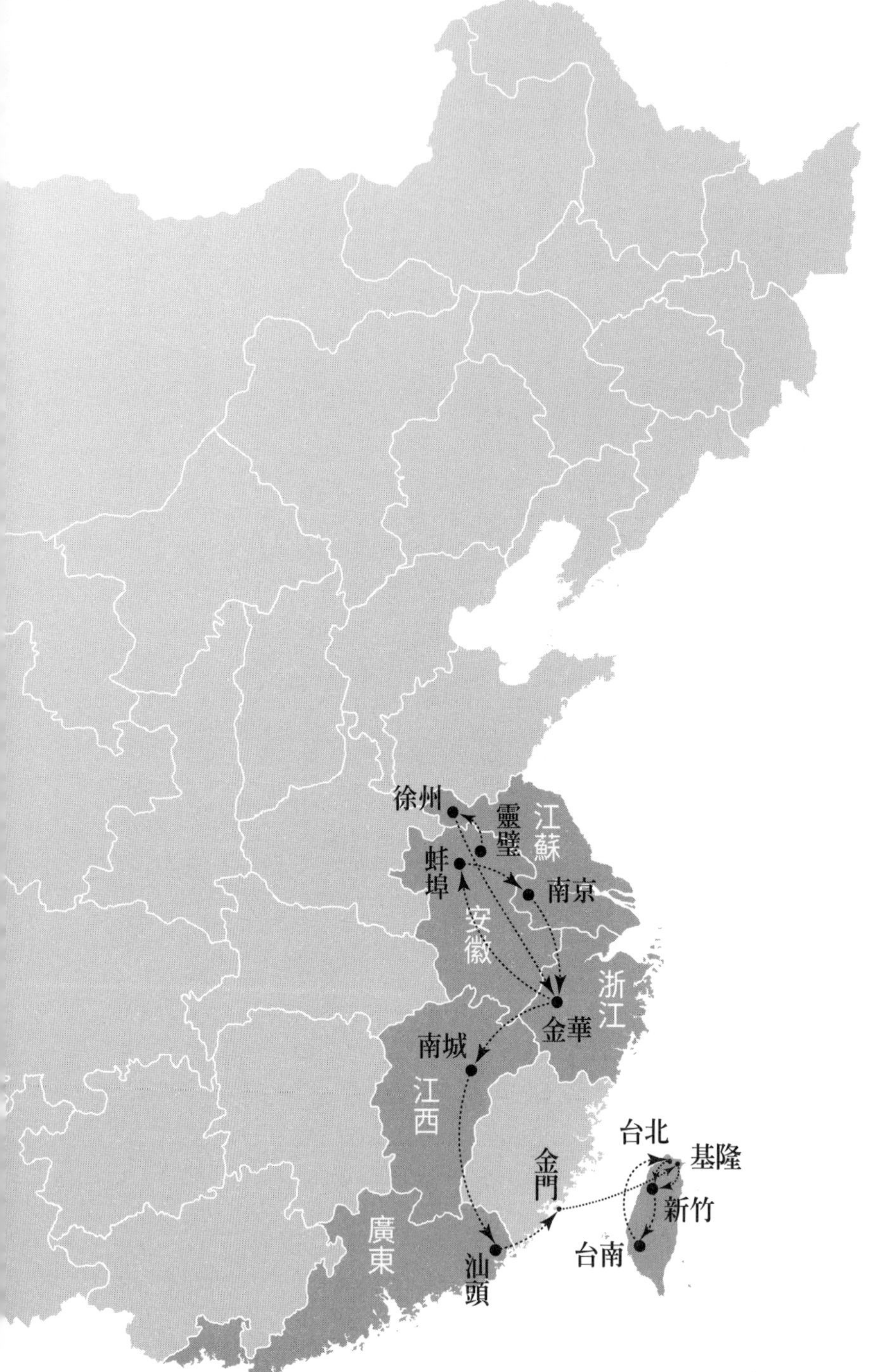

王鳳奎

東海大學 EMBA 專任教授，亦為亞太產業分析專業協進會院士。除學術研究教學工作，曾任美國多家財富五百強公司的資訊系統顧問，在台灣工研院和媚登峰集團擔任高階職務。主要教授數位轉型、科技創新與創業、與領導力發展等課程。

王鴻祥（王翔）先生的遷徙路線

靈璧→徐州→金華→蚌埠→南京→金華→南城→汕頭→金門→基隆→新竹→台南→台北→新竹

父親從軍只有短短的六年時間，但這六年所造就的老兵精神卻是深遠地影響他自己及他的教授兒子。像父親這樣在戰亂時代加入軍隊多如螻蟻，而像我這樣的博士教授也比比皆是，但一個孤苦伶仃跟隨國軍來台的無名基層老兵，退伍後大半輩子都是在台灣最窮困艱難的社會底層生活，卻能夠教養出四個大專畢業的孩子，尤其有一個美國大學教授的兒子，絕對是老兵父親最引以為傲的人生成就。

父親雖是所謂的外省老兵，就像許多凋零殆盡的老兵一樣，對來台超過七十年的父親而言，台灣已變成家鄉，老家已成為再也回不去的客鄉。曾問過父親，離世後是否要落葉歸根，葬在老家，父親搖頭說：「他希望留在離他兒子最近的地方。」而我也矢志在離父親最近的地方照顧他的餘年，老兵父親與教授兒子的骨灰罈也會放在同一個地方。

父親從軍的起源

父親從來沒有想要當軍人，會從軍是生命的偶然，或許就是那麼幾秒在腦中閃過的選擇，卻成為他後續人生一連串的偶然，也造就他與兒子生命至今的必然。父親當年在安徽蚌埠若是沒選擇加入流亡中學，應該不會有今天的我；若是沒選擇在江西南城加入胡璉的軍政幹部訓練班，應該不會有今天的我；若是胡璉選擇幹訓班的學生投入古寧頭戰役，應該不會有今天的我；父親當年若是沒選擇離開胡璉的部隊，應該不會有今天的我，若是一九五四年沒選擇退伍，更應該不會有今天的我。

人生就是一連串偶然的選擇與被選擇所成就的必然結果，每次在看父親這一輩老兵的命運，經常感嘆每一個老兵的命運多舛，造化弄人，在他們人生的每一個十字路口，往往幾秒鐘的選擇或被選擇，就決定他們之後的命運，無論是選擇或被選擇，他們也要承擔命運的安排與結果。小時候不懂事，經常怨嘆父親的工作卑微，覺得明明父親可以選擇更令我們孩子抬頭挺胸的職業，但是：

父親為什麼放棄當軍官而選擇退伍做工？

父親為什麼放棄當老師而選擇拉三輪車？

父親為什麼放棄當警察而選擇當清道夫？

父親的老家地屬安徽省靈壁縣，盛產靈璧石，曾被乾隆皇帝封為「天下第一石」，傳聞鍾馗也是靈璧縣人，鍾馗畫在此地非常流行，或許因此許多朋友都誤以為我名字的「奎」是「馗」，又或許我因長得魁梧，而誤以為是「魁」。而靈璧最有名的就是劉邦與項羽最後大戰的垓下，因為靈璧地處中原核心地區，所以常有戰亂之禍，許多歷史上有名的大戰役，包含徐蚌會戰都在此發生過。

父親成長在動亂的時代，而地處窮鄉僻壤的老家更是土匪的溫床，老家雖然是地主，父親從小卻沒有因此受到庇佑，反而地主的身分為老家招致更大更多的苦難。因為是地主，祖父在家裡設私塾，從小父親就飽讀詩書，也因為父親是家中長子，從小就被叫是「小老爺」。

一九四五年對日抗戰勝利後，位於窮鄉僻壤的老家戰亂未平，土匪依然肆虐，由於老家是地主，二十三歲的父親被鄉親選為保長（相當於鄉長），當起重整家園、保鄉衛民的地方官，然而不到四個月，共產黨打著解放的名義，勢力進入老家地區，身為地主又是地方官的父親為免於共產黨的鬥爭迫害，只好告別父母及家人，先逃到離老家最近的城鎮「固鎮」，因為那裡有市集，比較容易生存，父親決定報考當地的流亡中學，以當學生作為求生方式。

因為父親從小上私塾，具有國學底子，老師見他對詩書琅琅上口，不用考試就讓他進入初中就讀。

據父親描述，當時抗戰勝利雖已一年，城市百廢待舉，且北方國共內戰再起，老百姓也只能自求多福，即使住在學校的學生一邊上課，也必須一邊自謀生計。

一九四六年，二十四歲的父親是一名在固鎮讀書的初中生，也是那年祖父因肺結核離開人世，因為共產黨勢力已經占據老家，父親連祖父的最後一面都沒見到，在老家還留有他的母親、一個妹妹、兩個弟弟、結縭四年的妻子與三個年幼的小孩，後來兩個孩子也因病死亡，只剩一個女兒。而目不識丁的祖母因身為長子的父親逃命離家，在四十初歲就得撐起老家大大小小的生計。

這是為什麼父親在離家三十年後，一九七六年透過海外轉信才與老家聯繫上，收到老家書信告知祖母在文革期間餓死，掩不住內心對祖母的愧疚而嚎啕大哭。

而父親整整三十年對老家音訊全無，老家親人都一直以為父親早已在戰亂中死亡，殊不知父親離家後從流亡學生變成流亡國軍，隨軍來台後，經歷無數苦難，提早選擇退伍，最後在台北市安頓成家，成為台灣的退伍老兵。

從流亡學生到流亡老兵

流亡學生一詞原是在對日抗戰時期，國民政府為救濟因戰亂離鄉背井的學生而設置流亡學校，無奈抗戰勝利後，國共內戰接之展開，流亡學生變成跟著國軍或政府到處「流亡」的學生。

每一位老兵加入國軍的動機與際遇都是獨特的，「你要緊跟著流亡學校走，如果學校散了，你要跟著國軍走，國軍不回來，你千萬不要回來！」這是在抗日戰爭及國共內戰期間，許多地主一旦無法逃離家鄉戰火，對小孩說的話，也因此許多在戰亂逃難的流亡學生變成國軍老兵，父親就是其中一例。

一九四六年當時父親與一群在逃亡路上認識的朋友決定加入國軍的流亡學校，一方面避難，一方面繼續讀書，由於當時安徽並沒有流亡學校，他們這群患難相交的朋友決定逃到離皖北最近的徐州，申請就讀河南第十一聯合中學，並加入國民黨，為了符合中學生的資格，父親除了改名，也將自己的實際年齡少報了七歲。

一九四八年初，國共雙方在老家的皖北開啟最大規模的徐蚌會戰，沒想到國軍失利，局勢演化太快，到一九四八年中，流亡學校已撤退到浙江金華，但學校已名存實亡，無法再照顧學生的生計，大部分的學生都得自己想辦法討生活，父親說有些學生甚至病死及餓死。

由於父親在蚌埠曾經為求生存，靠買賣香菸過活，在金華當流亡學生的兩個月期間，就搭火車到上海買香菸及銀洋，再搭火車回金華賣賺取約百分之十五的差價，父親很得意地說其他學生沒飯吃，他是有錢賺，還可以請同學吃飯。

據父親的描述，在戰亂時期，搭火車都是免費的，只要你爬得上火車廂頂，而且敢坐在車頂搭火車，經常是火車快到站時，大家就蜂擁搶上火車占位置，那個景象就是很多戰爭電影所描繪的畫面。父親笑說當時呂伯伯（父親的結拜兄弟）就因個頭瘦小，個性膽小，好幾次想跟著父親搭火車做生意都沒成。

一九四八年末，父親見戰事惡化，就與同鄉的呂伯伯相約回靈壁老家探親，沒想到戰火已波及老家，在老家那一個月期間，每天清晨五點圍擊黃維部隊的砲聲就隆隆響起，父親認為再不離家就來不及了，那是他在流亡期間最後一次回老家。父親偕同呂伯伯就先逃至蚌埠，再由蚌埠搭火車到南京，在南京一個小學待了近一個月，依然以買賣香菸維生，最後還是決定回浙江金華。

一九四九年五月，父親與結拜兄弟一行八人到江西南城加入由胡璉將軍整編的十二兵團，後成為胡璉創辦的「怒潮軍政學校」第一期學生。當時十二兵團一路南下轉進到廣東汕頭待命。

一九四九年十月，金門古寧頭大戰前夕，胡璉重建的十二兵團已編練成十萬大軍，但大部分是新兵，許多甚至是抓丁捉伕而來的「少年兵」及「學生兵」。十月下旬十二兵團所屬的第十九軍奉令從汕頭登船出發，十月二十四日登陸金門，二十五日凌晨就投入古寧頭戰役馬上接敵，死傷慘重。

我知道父親是跟隨胡璉的部隊來台，雖然父親曾在金門待過，但一直不解為什麼父親沒有投入古寧頭戰役。後經了解古寧頭戰役的朋友解釋，十二兵團的第十九軍是軍事部隊，被指派投入戰場。但怒潮一期當時尚是接受幹訓的學生，雖然也是從汕頭登船，不過是派往台灣，在基隆上岸，後行軍到台北縣的新莊，休息一晚，隔天乘車到新竹縣的新埔紮營，並在新埔小學設立怒潮軍政學校，因有人將新埔譬喻「新的黃埔」，後來衍生「新埔對抗黃埔」之爭，新埔畢業生不得以軍官任用。

又據父親的描述，古寧頭大捷後，當時的陸軍總司令孫立人欲將怒潮一期改編為陸官二十四期以少尉軍階分發部隊，未獲胡璉同意，經蔣宋美齡出面協調，由怒潮學生自己選擇出路，因此有學生報考官校二十五期，也有報考政工幹校，但父親則決定留在胡璉部隊，分發到五十軍通訊營擔任少尉通訊官，直到一九五四年父親決定退伍，退伍令到一九六〇年才下來，退伍軍階卻是准尉。

一九五四年的一日，一位剛下部隊的官校年輕軍官，在軍訓課程當中不明就裡地辱罵大家，父親挺身而出仗義執言，與軍官發生爭執，揍了這位軍官一拳，代價不輕，被判了二年半軍刑。父親被關進新店溪旁的一個軍監，每天要到河邊找石頭、搬石頭，再交由軍監拿去賣。父親反而覺得如此日子過得比較自由，伙食也比較好。

就這樣過了四個月半，剛好遇上蔣中正總統連任而獲得特赦。放回部隊後，即使眾多長官及同袍勸說，父親認為待在軍隊的人生無望，就毅然辦理退伍，他是同時加入國軍的八位結拜兄弟最早脫離軍旅的一位老兵。

退伍後的父親

選擇退伍的父親在無親無故的台灣開啟孤苦無依的人生，他剛開始到新竹尖石山區砍竹子，然後徒手徒足肩扛著竹子到集散區，父親說這是他人生最痛苦的工作，而且一天只能賺取六塊錢的微薄收入。

有次在搬竹子的路程累到失神，差點失足掉落山谷，驚嚇後回神的父親遠望著蒼天，心想橫跨天空的老家及親人，可能一輩子再也見不到了，不禁孤淚縱流，人生至此，一向刻苦耐勞、不向惡劣環境低頭的父親，竟萌絕生的念頭，想往山谷一跳就一了百了。

父親在尖石山區砍搬竹子不到兩個月就受不了這種苦力生活，只好回到新竹嘗試其他的勞力工作，但辛苦的勞力付出總換不得應有的溫飽，所以父親決定到台北市找工作。原想都會地區比較容易找工作，可是萬事起頭難，父親在台北無依無靠，找到的第一份工作是在煤球廠當搬運工，像搬竹子一樣的苦力工作，雖然一天有二十塊錢的工資，但是工作環境非常汙黑髒亂，父親笑說搬煤球最辛苦之處是下工後把身體及衣物洗乾淨。

父親在煤球廠當搬運工約一個月，一日在煤球廠的大門口遇見一位來等客人的三輪車伕，父親認定此人是外省人便上前攀談，一談之下，發現他的名字是李光耀，原本在大陸也是軍人，曾在對日抗戰擔任國軍團長，後以上校退役，國共內戰時輾轉從香港逃到台灣，來台灣後便以拉三輪車為生。父親原本對拉三輪車很歧視的，但與李光耀的一番對談對他啟發很大，當天晚上躺在床上就不斷思考：「李光耀做的官這麼大，學識比我高，年齡也比我大，他都能彎下腰拉三輪車，我也能拉啊！」

於是隔天父親就向幾位朋友湊借了六百元，買了一輛二手三輪車，開始拉三輪車，每天早上固定九點出門，通常晚上到九點才回家，有時會載客到舞廳，順便在舞廳等散場客人，拉到十二點才回家。如此拉三輪車超過十二鐘頭，每天可以有七、八十元的收入，父親有點得意地表示，那時簡任公務員一個月的薪水才三百元，而父親扣除所有費用，每個月還可以存個一千元。

父親靠著自己堅強的生命力，退伍後孤苦伶仃地漂泊做苦工，兩年後在台北市以拉三輪車辛苦攢了一筆錢，買下台北市仁愛路三段一處違章建築區的六坪木拼屋，才真正想安頓下來，有了落地生根的念頭。

在台灣落地生根的父親

所謂「金屋銀屋都不如自己的小屋」、「大宅豪宅都不如成家的小宅」，當初父親買下的這間違章建築屋不僅簡陋，還破爛不堪，但畢竟是父親在台灣第一間自己擁有的房屋，對他而言，有種「斯是陋室，惟吾德馨」的感覺，於是找人幫忙修補改造一番，並加搭不到一坪的空間為廚房兼浴室。有了安頓自己的房子，父親的心跟著安定下來，就有了成家的打算，約三年半後父親娶了母親，這間木屋成了父親的「起家厝」。

一個因戰亂離家多年的遊子總算在台灣安頓下來，產生落地生根的念頭。後在隔壁鄰居戴太太的介紹，認識了在五股一家紡織工廠做女工的母親，經過將近兩年的追求，連手都沒牽過，卻因老兵的誠意感動重病在床的外祖父，將母親許配給父親。父母結婚兩年後大姊出生，又接連生了我與兩個妹妹，那個年代都是由產婆到家裡接生，而且鄰居的大嬸也會來幫忙，所以我們家四個孩子都是在老兵的起家厝出生的。

起家厝的違建區位於仁愛路三段三十一巷，環繞違建區的大馬路為仁愛路、新生南路、濟南路及建國南路，這塊當時由公寓及日式房屋所環繞的違建區共四百二十二坪，卻擠進至少六、七十戶人家，全是當時社會最底層的外來居民，全區沒有任何住家有自己的廁所，只有一間公共廁所供所有住戶使用，也成為小孩在街頭玩樂的社區中心點。扣除巷道及公共設施的空間，平均一家住戶面積是六坪不到，而我現在住家的主臥房都比當時我們一家六口「吃喝拉撒睡」都在一起的老家還要大，難怪這個貧民窟被周遭其他有身分、地位或財富的同里鄰居嫌棄，早欲拔之而後快。很多朋友難以想像我們一家六口是如何在此簡陋且擁擠的小破屋過活，但對我而言，特別是在五歲後的成長記憶，這是我最刻苦但也最溫馨的人生經驗。

這間陋室是父親找了一群朋友用木頭及木板拼拼湊湊建起來的，而屋頂鋪疊一片片由防水瀝青材料做成的「膠布」，早期是由磚頭壓在上面，後來用木條釘住，在交疊的膠板空隙再塗上瀝青，不過日曬風吹雨打一陣子就往往「漏洞百出」。因此只要刮風下雨，就很擔心屋裡跟著下雨，特別是颱風來襲，屋頂的瀝青膠布就有翻頂之虞。

我小時候記憶最深刻的經驗之一就是下雨天的晚上，經常睡覺時要聆聽在睡鋪旁水桶滴滴答答的滴水聲，很有催眠效果。而颱風來的前後，屋頂總是有好多地方需要修繕補洞，年紀漸長時有時會跟著父親爬上屋頂，看著父親一面補瀝青膠板，一面用黑色的瀝青塗抹屋頂漏水的空隙。

因為屋子只有六坪大，原先我們一家六口就睡在占室內空間一半的一個大床板，但孩子年齡漸長，需要更多的活動空間，於是父親找人在屋頂下方架了幾根橫樑，鋪建了一層木板，形成我們家六個人睡覺的隔間，隔間的中間高度大約一米，又架了一個木梯，每次睡覺時都是六個人爬木梯鑽進去平躺開來。我們一家六口每天就如此睡覺，直到一九六八年三輪車淘汰，父親轉業到台南安順去當警察。

一九六八年我五歲多，也是我開始有比較多童年記憶的年紀，台北市決定淘汰三輪車，因為不能再拉三輪車，父親必須重新擇業，在通過警察丁等考後，被分配到台南安順當鹽警，月薪只有新台幣五十五元，其他的生活所需都是靠公家配給、補助及加給，由於父親個性耿直，不願有不義的外快收入，所以我們一家六口在台南的生活確實困苦，但對我們剛啟蒙的孩子而言，卻是我們記憶最深刻的童年時光，那是沒有物欲需求且自由自在的快樂生活。

因為父親是鹽警，所配給宿舍是雙拼且前後有庭園的磚瓦房，當年的這些宿舍現在還保留著，有些因年久失修而顯得殘破不堪居住，有些留給藝術工作者進駐成為文創基地。宿舍前的廣場就是小學的操場，操場的一座石泥溜滑梯及盪鞦韆已經不存在，剩下的是一棵大榕樹，應該有五十年的樹齡，因為我的童年記憶並沒這棵大榕樹，操場旁就是只有幾間教室的學校，好像改建成現在的台江鯨豚館。

一九七〇年，父親在台南安順當鹽警的待遇實在養活不了四個「芋仔蕃薯」，再者，我也已到上小學年齡，重視教育的父親認為窮鄉僻壤不利孩子的教育，所以決定搬回台北市。具有榮民身分的父親接受退輔會的輔導去清掃馬路，從此職業從警察變成清道夫，並且買了一台「鐵馬」，每天清晨四點多就得起床，五點前騎著鐵馬出門上工。等到我們四個孩子都上小學後，父親上工前一定會叫醒我們起來讀書，讓我們得天天目送父親騎鐵馬上工的背影。這種目送父親背影的場景並非朱自清所描述的那麼溫馨感人，對我的成長經驗卻是異常地刻骨銘心。

老兵父親的第一次歸鄉之途

一九八七年我剛好在總統府的一個電腦中心服預官役，每天都進出總統府辦公，當時已聽到許多人開始臆測蔣經國總統之身體狀況，也嗅到台灣的政局會有劇烈變動的氣息。果然在我五月退伍不久後，蔣經國宣布解除戒嚴，緊接開放台灣民眾到大陸探親，而我同時出國留學，變成異鄉遊子，開始感受到父親的離鄉之愁。

兩岸隔離經過近四十年後，大部分期盼可以在世見到親人的老兵終於盼得歸鄉之路，但有很多等不及的老兵帶著人生最大遺憾離開人世。開放探親後，大部分老兵迫不及待地踏上歸鄉之途，然而當時兩岸並沒有直航，必須透過第三地如香港、澳門等地轉機，除此之外，到了內地又要輾轉搭車，甚至騎驢或步行才能回到老家。加上老兵的行李通常會塞滿給老家親人的用品，來個「滿載而歸」，其實對許多已是年邁體弱的老兵而言，歸鄉之途猶如當年被迫離家之途一般，也是一路顛簸，非常辛苦的！

一九四九年初國軍在皖北老家附近的徐蚌會戰告急，原在外地「流亡」的父親特別回老家一趟，見了家人最後一面，隨即輾轉逃難到江西，以流亡學生身分加入胡璉將軍整編的第十二兵團。來台後，從此與老家相隔千里，再一次回老家竟是四十年後一九八八年的夏天，那年父親六十七歲，雖過花甲之年，身體還算硬朗，加上小妹在旁細心照顧，一路雖然辛苦但還算順利。

老家因地處皖北偏鄉僻壤，交通非常不便，一趟返鄉之路往往都是舟車勞頓，要花上二十四小時以上。先從台北飛香港或澳門，再轉機到上海，如此就花掉七、八個鐘頭。有時要在上海過夜，隔天早上再從上海搭火車八、九個鐘頭到蚌埠，然後在蚌埠轉火車到固鎮縣，在固鎮縣得搭公車到靈璧縣城，從靈璧縣城回老家沒有公共運輸，不是搭牛車就是驢車，一路泥濘小路顛簸難行，要四小時才能到家。

兩岸分離近四十年，一九八八年父親第一次回到老家受到英雄式的歡迎，地方官員幾乎全來迎接，而當年在縣城的同學及朋友只要在世，幾乎也都趕來相見，而同村的鄉親不論老少，傾巢而出，而且時刻圍繞著父親，期盼可以沾點光外，更想從父親帶回來的禮物中分杯羹。令人不禁感嘆，一個在文革期間不在家鄉卻受到批鬥而家破人亡的黑五類，再次出現在家鄉時竟變成人人擁戴的「紅五類」，老兵的際遇是如此的曲折，不勝唏噓！

然而分隔四十年後的家鄉真的是景色依舊，人事全非，老家就像是被時間遺忘的村莊，在共產黨解放後近四十年，生活環境不僅停滯而且倒退，比他離家前還窮苦困厄，但家人死的死，離的離。原本地主的身分變成自耕農，自有的農地被沒收為國有，倖存的大叔只能分租到一小塊農地，那時農耕年收入只有三百元人民幣。

如同大部分回鄉探親的老兵，父親立即伸出援手，拿錢改善老家的生活環境。住房從泥瓦房改為磚塊屋，耕田由老牛變成鐵牛，家裡多了電視冰箱，卻是經常沒電可用，老家依然與家畜共生，沒有自來水，只好挖井取地下水，沒有廁所，只能「隨遇而安」。

另外，為了讓老家的耕作更有效率，父親特別買了一台牽引機給大叔，平常用於耕田，要搬運東西時就變成拖拉機車，也就是台灣農村早期常見的鐵牛車，後來父親每次回鄉時，最後一段路就可以坐著拖拉機車回老家，不用再搭牛車或驢車了，也省了兩小時的路程。但在泥濘崎嶇的田間小路上坐個兩小時，那種上下左右、顛晃震蕩的顛簸，一趟下來絕對是頭暈眼花、腰酸背痛。

父親從一九八八年起連續六年都回老家，而且都會結伴同行或有家人陪伴，一路才能相互有所照應。否則對這些上了年紀的老兵而言，如此的歸鄉之途，每走一趟就像是去了半條命似的，但我知道再辛苦的歸鄉之途，都無法壓抑兩岸分離四、五十年的思鄉之情，尤其是老兵那份老家因已受到迫害的愧疚之心。

老兵歸鄉之路終究是異鄉客途一場

幾乎每一個隨國軍來台老兵的老家因為受老兵身分的牽連，都有著悲慘的下場。在開放老兵回鄉探親，大部分的老兵期盼四十年的歸鄉路除了濃烈的思鄉思親之情外，許多歸鄉老兵更是滿懷對老家的愧疚之心，愧疚的是因為自己的國軍身分讓大陸老家親人受到批鬥及迫害，因此在回到家鄉後總希望能彌補受害的親人，這種「欠債還債」的心理作用不時與老家親人產生親情矛盾，許多老兵認清兩岸分隔四十年不僅是地理距離，也是親情距離，朝思暮想的歸鄉之途終究換來異鄉客途一場。

在共產黨解放大陸後，開始清算鬥爭有地主身分及國民黨關係的家庭成員，如果親人無法與來台的老兵劃清界線，基本上都會受到坐監、勞改甚至處決的迫害。尤其在文革期間，共產黨統治下的老兵親人都非常悽慘，單是有國軍關係這條罪名就讓老兵親人遭遇地獄般的虐待。而父親來台前在老家不僅是地主，還擔任國民政府的保長，又加入國民黨軍隊，自然被共產黨批鬥得家破人亡。在文革期間，祖母因饑荒而餓死，父親的妹妹不堪受辱而上吊自殺，大弟代替父親到北大荒勞改，父親的小弟因病身亡，而父親的元配被迫帶著女兒改嫁，但最慘的是死去家人被亂葬在不同的地方。

當時父親第一次回老家就是因此而滿懷愧疚之心，特別是他最懷念的祖母。因為祖父早逝，老家一直都是祖母一手持家，而身為老大的父親後因國共內戰而必須獨自離家，根本沒有機會孝順祖母，而祖母後因父親的身分而受害離世。所以父親一回到老家第一件事就是開始尋找所有親人的葬身之處，最後找到散落在十一個地方的親人屍骨，遵循家鄉的古禮，將找尋到的屍骨集中存放，焚香叩拜，立碑追念，讓後人有憑弔之處，也算對死去親人有所交代！

再者，父親深信教育是讓窮人翻身的最好方式，所以凡事省吃儉用，就是對孩子的教育絕不吝嗇。一九八八年回到位於窮鄉僻壤的老家後，發現同村的大部分鄉親還是文盲，沒有接受過教育，村裡的小孩要走路兩小時以上才能上小學，因此大部分的家庭都選擇放棄送小孩上學。

父親於是決定出錢在家鄉設立一所小學，估算要花五萬人民幣，在一九八九年這是一筆相當大的錢財。這件事卻引起老家親人的一致反對，他們認為這五萬元應該給他們，用在改善老家親人的生活才對。

即使所有家人反對，父親依然執意在家鄉設立小學，小學蓋好後，有六間教室，也找到願意到如此偏僻地方教書的老師，大叔閒暇時也充當學校的工友，經常到學校巡視及修繕。

如此經過三年，因為當地政府在離老家不到一小時路程的另一村設立正式的小學，家鄉所有的小孩都被規定要到新小學接受義務教育，父親蓋的學校因而作廢，教室後被當成村裡農作的倉庫使用。

家人反對蓋學校之事反應出當年許多台灣老兵回鄉後親情矛盾冰山一角，原因是老兵親人常因為老兵的關係受到共產黨的鬥爭與迫害，老家因而變得家破人亡，老兵存在讓親人受害的愧疚心態，而許多老兵親人在看到老兵「衣錦榮歸」後，便也有要老兵補償的「還債」心態，但不知也不管許多老兵在台灣的境遇其實也是相當辛苦與窮困的，於是老兵親人經常寫信向老兵要錢，回鄉的老兵也常被當成財神爺對待。

錢被親人要多了，要久了，許多老兵最後看清楚人的本性後，索性就開始與老家保持原先兩岸分隔的那份距離，甚至不願再踏上返鄉之路，或許如此心理不會持續被那份愧疚所折磨！

我伴老兵父親的歸鄉之途

我於一九八七年到美國留學，那一年台灣政府宣布解嚴，同年也開放老兵到大陸探親，父親於一九八八年開始連續六年都回老家探親，而那幾年我因為在美國就學及就業，一直都沒有陪伴父親返鄉探親，直到一九九三年我取得印第安那大學的ＭＢＡ學位，父母來印大參加我的畢業典禮，之後我們一起回台就轉往大陸老家。

一九九三年大陸經濟尚未崛起，許多老兵的大陸親人要依靠老兵的經濟資助來改善家庭生活條件及環境。那時也是「台灣錢、淹腳目」的時候，許多台灣人都是一副財大氣粗的「土豪」模樣，到那裡去都很容易被人當成「盤子」看待，無論是回鄉探親的老兵或者到大陸觀光的台客經常發生被欺騙的事件，因此到大陸的台胞變有了一個「呆胞」的稱號。而我當年與父母從上海回老家的一些境遇至今記憶猶新。

當時我們是在上海虹橋機場入境，在通關時，發現海關官員似乎特別喜歡檢查台胞的行李，也會假借一些名義沒收台胞帶去的用品或禮物，像我當時從美國帶去的一把多功能的瑞士刀就被海關沒收，官員說那是違禁品，其實根本不是。

出了虹橋機場大門，立即有一群人向我們蜂擁而上，有的人要換美金，有的人拉你去搭車，有的人要介紹賓館。是的，那時的酒店或旅館都稱為賓館，而且大部分是國營的。

當時新台幣不能用，我們帶去的美金也不能用，只能用所謂的「外匯卷」，一美金才兌換四塊多人民幣的外匯卷，但是在黑市交易，一美金可以換到九塊多人民幣，所以我們無論到哪裡，都會有大陸人想來換美金。

當時大陸國內航班的客機大部分是蘇俄製的螺旋槳飛機，由於我們聽了太多大陸許多恐怖的飛安事件，我們決定寧可多花一點的時間，搭火車從上海到蚌埠，也不願搭飛機！

到了上海火車站，映入眼簾的盡是如戰亂逃難的民工，他們背著或用扁擔擔著所有的行囊，或坐或臥在火車站前的廣場。我們正在觀望牆壁上的火車班次時，突然有幾個人咆哮閃過我們身旁，喊著「那是小偷」，追逐著前面一個年輕人，但在場幾乎所有的人無動於衷，依然或坐或臥，動也不動！

上海火車站很大卻是很混亂的感覺，父親很熟練地帶著我與母親到一個專門招呼「呆胞」的地方，父親出示台胞證件，購買了火車票後，便被引導進入一間只有少數人的貴賓候車室，而不用與一般乘客擁擠在候車大廳。

「呆胞」當時可是受到特別禮遇的，可以比照高級軍公人員，購買「軟臥」的車票，所謂「軟臥」就是火車上有鋪軟墊而且可以關門的房間，通常四人一房。

火車到站後，只見候車大廳的乘客如逃難般的狂潮，急湧向火車的登車門，而許多在月台奔跑不及的人乾脆從窗口爬入火車，或將行李就直接丟入火車占位置，而我們在貴賓室候車的一群人是由列車長導引我們上軟臥車廂，列車長甚至主動向我們問候示好。

進入我們的車臥後，母親就開始打點床鋪及行李，準備就寢，而火車也行駛了將近三十分鐘，突然列車長出現在臥房門口，邀請父親到他的列車長室。由於父親累了想休息，就由我代替父親前去，列車長親切地請我坐下，一陣寒暄後，就直接問我們身上有多少美金，他要全換。我告訴他我不知道，而且我們在機場已經換成外匯券，錢全在父親那裡，我必須回去與父親討論。

我回到臥室，告知父親列車長的意圖，父親似乎已經有類似的經驗，拿出一百五十元美金，要我告訴列車長，這是我們僅存的美金，我以一美金兌換五塊人民幣與列車長交換，後來父親告訴我，光是這一次的交換可能讓列車長賺到相當一個月的薪水。

第一次隨父母回皖北老家時，我們從台灣輾轉顛簸超過二十四小時才到老家所在的村莊，從縣城回到老家要乘坐拖拉機車兩小時！搭鐵牛車快到老家前，父親指著眼前的一大片麥田對我說：「你現在所看到的田地以前都是我們家的。」一到老家，便見莊裡的鄉親幾乎傾囊而出，幾十個人蜂擁而上，左一聲：「大爺好！」右一聲：「大媽辛苦了！」而每一個見到我的大人，都不免趨前握手探問：「這就是鳳奎吧！」

那天晚上，大叔在老家的大院擺了兩桌，由父親做東宴請鄉親，桌上有大魚大肉，還有不知哪裡來的烈酒，但是每道菜都奇鹹無比，我簡直難以下嚥。晚上洗完澡後，就開始鬧肚子，幸好有帶正露丸，加上晚餐吃的不多，很快就撐過去。

往後的每一餐我都只吃麵飯等主食，要不然就煮自己帶去的泡麵，沒想到第三天早上起床後，全身奇癢無比，發現長滿疹子，就知道是因為水土不服而過敏，後來實在是癢得受不了，疹子愈來愈多，所以就與父母商量提早一天離開老家，直接上北京。

到了北京，問到香山有一所軍醫院，聽說原來那家醫院在清朝是達官貴人養生度假的地方，我們就在那裡住了四天，每天早晚吃膳食，我們白天就搭車到北京觀光遊玩，例如紫禁城及長城。那時候因為我們是台灣來的「呆胞」，觀光景點的門票費比照外國人，都是大陸人的七倍，幸好父親鄉音無改鬢毛衰，還是保有大陸人的氣質，我們都是讓父親去買票，才不會成為真的呆胞！

我伴父母第二次回老家是二〇〇〇年，之後我們就再沒有回老家過了，而上述的境遇沒再發生，代表一九九三年後大陸整個經濟條件已有相當的改變。二〇〇〇年剛好象徵大陸經濟開始快速起飛的一年，大陸經濟崛起至今超過二十年了，父親與我相信老家現在應該不再是一九八八年那個被世界遺忘的窮鄉僻壤，但我們對老家經濟的改變並沒有太大的興趣，只是在我們心中老家依舊是老家。

父親作為第一代移民至台灣，決心在此落地生根。令人驚嘆的是，他最初在台灣第一個駐足之地是新竹，而新竹也將成為他安息之所。秉持傳統觀念的父親深信「人不可忘本」，因此對王家後代而言，無論身處何方，皆應具有慎終追遠的精神，緬懷先人、傳承家族價值。

不死的老兵精神

父親自幼成長在中國近代最苦難的時期，因為看到太多沒受過教育的百姓在戰亂中命賤如螻蟻，雖然只有高中的學歷，深信知識可以改變命運，特別是一九四九年後台灣物資貧乏的時代，教育似乎是窮人家翻身的唯一機會，而對大部分孤苦伶仃、一無所有的來台外省士兵，結婚生子後更是如此，幾乎我所認識的父親同袍都是以孩子的教育為重。所以父母結婚後，兩人以異於常人的勞力打拼賺錢，即使父母都是非常勤儉樸實的人，所賺的辛苦錢什麼都要省，唯一捨得花的就是小孩的教育。

父親四十七歲時開始幫台北市清掃馬路，時值人生的頂峰期，卻選擇最辛苦最卑微的清道夫工作，直到七十歲退休時，那年我在美國印第安納大學讀博士班。台灣的博士何其多，有博士文憑的我當然沒有任何驕傲的理由，但我的父母絕對有。我常告訴孩子：「爸爸的這個博士是阿公掃馬路、阿嬤當傭人得來的。」我的父親犧牲自己，奉獻家庭一輩子，為的只是成就孩子的未來，只要提到自己的兒子是台灣工研院從美國延攬回來的美國大學教授，眼睛就會閃閃發光，驕傲之情不言而喻。

父親已是一百零五歲的人瑞，大半身歷經戰亂年代的種種苦難與試煉，卻孜孜肩扛對家庭的重責大任，即使患有重度失智症，臥病在床，至今對家庭的責任感自始至終未止，已成為生命的本能，這份堅韌的生命歷程，人性光輝的呈現，就是老兵精神的實踐，也讓我這個博士兒子終身銘心感念。

我們家的滿漢之爭

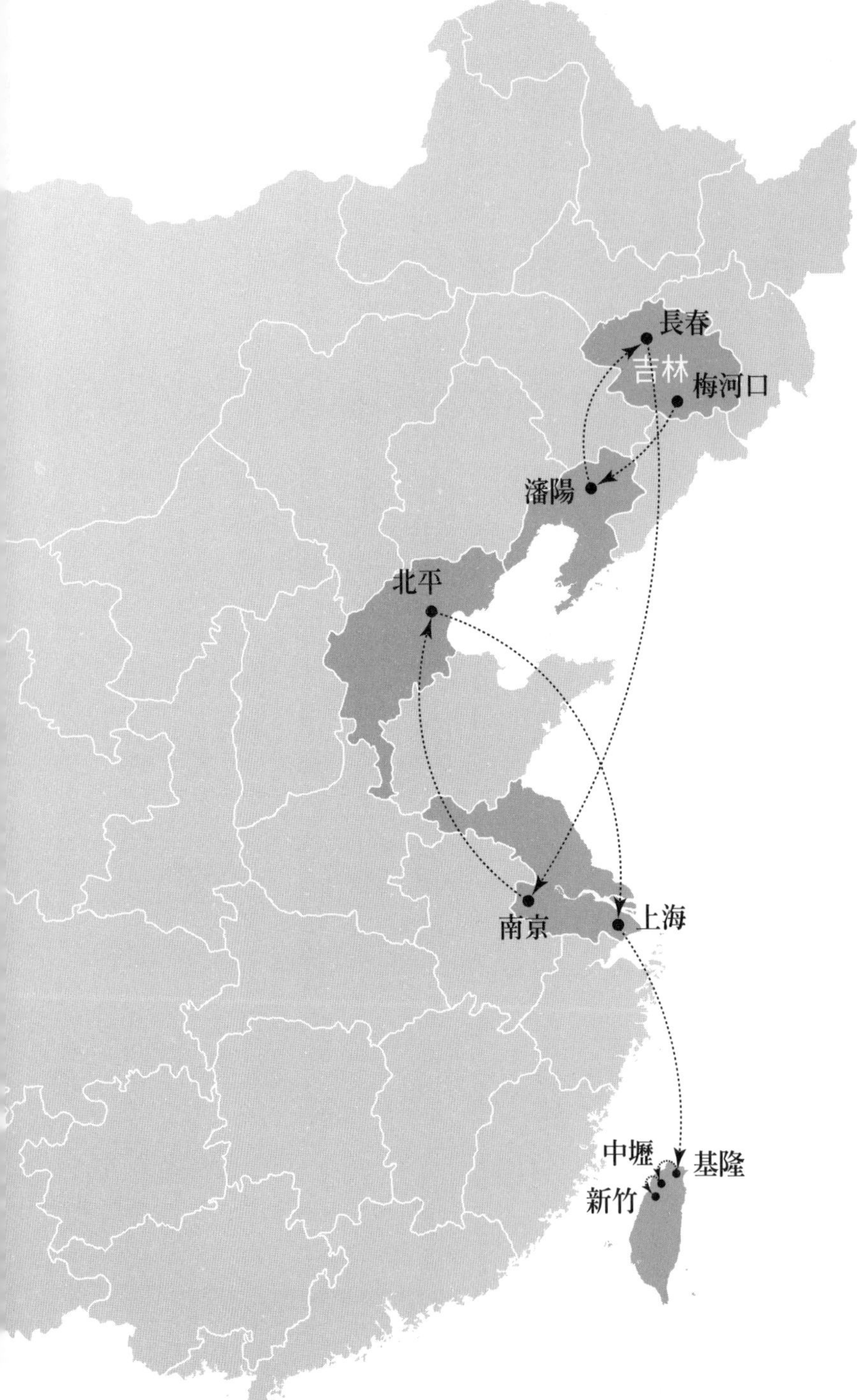

劉美君

現任香港城市大學語言暨翻譯學系教授，前系主任，香港人文學院院士及執委。生於台灣新竹市，祖籍安東省海龍縣。台大外文系畢業，美國科羅拉多大學語言學博士。研究領域為功能語法學、認知語言學、詞彙語意學、語料庫語言學及中文語言學。喜好書法、詩詞、運動及大自然。

劉建平先生的遷徙路線

梅河口→瀋陽→長春→南京→北平→上海→基隆→中壢→新竹

父親是出了關的漢人，成長在北大荒，勤懇老實的農家子弟，承傳了祖輩闖關東的堅韌與智慧；母親是入了關的滿人，八旗之首鑲黃旗瓜爾佳氏之後，在家道沒落中飽嘗父母不和的爭吵不安，養成機敏好強，永不妥協的生存本能。一九四八年，高瘦帥氣的空軍新兵受訓途經北京，邂逅了開朗美麗的官家少女，一見鍾情，互許終身，亂世中匆匆成婚，隨軍來台，從此我們家的滿漢之爭在台灣拉開序幕。

父母個性迥異，剛柔分明，是極端的反差互補，既相剋亦相生。有趣的是兒孫們都一面倒，全是駙馬爺的粉絲！

駙馬平身

爸爸名叫劉建平，一九二六年生，家中排行老三，有一位大六歲的哥哥，一位溫柔的姊姊，一個不太說話的弟弟。祖父劉興業，祖母王氏，都是忠厚單純、待人和睦的老實人。祖父為長子，家中六兄弟一起闖關東，從山東蓬萊移民到東北旅順，然後到了鴨綠江邊的梅河口落戶。山川無垠，家業待興，爸爸五、六歲時，父輩六兄弟因各有盤算，決定分家。

祖父吃齋念佛，與世無爭，家境貧寒。哥哥到外地做學徒，家中只有父親能幫忙農活，耕地除草，搬運扛重，都是爸他一人承擔，小小年紀透支太過，導致肺傷吐血。後又得過傷寒，忽冷忽熱，鄉下沒有醫生，只能聽天由命，糊裡糊塗地活了下來。他常說起生病時的一件心酸事：他在病中好想吃蘋果，但蘋果貴，買不起；祖父好不容易湊了點錢，到鎮上買了一個回來，卻發現是個爛了心的蘋果。

生活的艱辛與無奈，父親很早就體會到了。日子雖苦，卻也有許多溫馨時刻。父親常提起自己姊姊是如何忍讓包容他幼時的調皮搗蛋：「她從沒對我皺過眉頭……，做姊姊的就是要這樣愛護弟妹啊！」他語重心長地勉勵我。我沒見過姑姑，她在大陸開放前就因乳癌去世。但在爸爸的描述中我似乎看到遙遠的農家小屋裡，姊姊看著弟弟那溫柔的眼神和笑盈盈的臉龐。北大荒雖然寒冷蕭瑟，但父親一家人勤奮實在，以溫暖的心彼此守護。

父親小學畢業後，沒錢升學，也沒錢送禮求職，即使離家很遠的另一小鎮有所新開的中學，一簍雞蛋就可抵報名費，但家裡也出不起。升學的希望落空後，只好到他六叔開的照相館去做學徒。

六叔當年學照相賺了錢，就自己開了一家照相館。這家梅河口僅有的照相館可是小有名氣，新式設備，門面闊氣，又碰到要換新身分證，所以生意很好。這段學徒經歷，讓爸爸學會照相沖印技術，身懷一技之長，這也是他後來能在眾多報考人中脫穎而出，考上空軍照相技術隊的最大原因。升學無望下，無心插柳的一段學徒際遇卻為他的人生鋪開了一條新路。

往後的日子中，父親也頻遇貴人。那時他大哥在瀋陽一家公司幫忙管賬，算是多年學徒熬出頭了。大伯很照顧弟弟，為了替爸爸找出路，堅持要他到瀋陽來，介紹到一家公司做學徒。原本猶豫的爸爸，聽到大伯的一句話才答應去瀋陽。當時大伯說：「就是要飯也要到大城市去要！」這句話帶他來到了大城市，眼界見識也跟著開闊了！

爸爸工作表現不錯，不久後被派調到長春。在去長春的火車上結識了一對夫妻，彼此聊得很愉快，他們讓爸爸住在他們家，工作生活都有個照應。而後日本戰敗，公司結束營業，爸爸失業了，但領到一筆遣散費。他是聰明肯動腦的人，就用這筆錢和一位朋友做起皮革生意。

東北出皮革，但皮革須經一種特殊藥水處理，才能防腐軟化。當時吉林很多皮革廠都需要這種藥水，爸爸就和朋友一起跑單幫，從長春坐貨車把藥水帶到吉林去賣。但路途凶險，常有土匪出沒，爸爸幾次在驚險中逃過一劫。有一次，就差一頓飯的空檔，爸爸審度情勢，提早出發，所坐的車輛躲過攔截的土匪，可後面的車隊全被洗劫一空。他是在兵荒馬亂，土匪出沒的危險不安中，學會如何在巨變下鎮定以對，運用智慧，險中求生。

這樣的驚險跋涉中倒賣幾回，父親又賺了一些錢，本想回家探母，但國共戰起，鐵路不通，他又滯留長春一陣子。在這期間，音訊阻斷，祖母思念兒子心切，命大伯到長春來找弟弟，但爸爸前一天去了朋友家，大伯撲個空，兩人失之交臂。

正當大伯一籌莫展，坐在小飯館食不下嚥時，爸爸剛好踏進飯館，兄弟相見，嗟嘆欣喜，不在話下。

「這是冥冥中上帝的恩典啊！」爸爸總愛加上這句。兄弟一同返回梅河口，抵家後才知道老母因兒子渺無音訊而病倒了，但是一看到思念的兒子出現在眼前，居然就不藥而癒，這是母子連心的明證。但誰會想到沒多久兒子又要再次離家，而且一去就是四十載，母子永隔，兄弟白首。

父親經歷抓兵僥倖逃出後，就決定離家報考空軍，從此再也沒見過父母。聽說共產黨來了以後，把修佛行善的祖父抓起來，找不到把柄，就給他安了個「善霸」的罪名，祖父鬱憤難抑，病死獄中；祖母也不久於世；大伯則長居瀋陽，幸免於難。

一九四七年國共交鋒愈烈，雙方都在四處抓兵，爸爸也躲不過，硬是被抓了一次。但他靈機一動，謊稱母親重病，懇求回家最後拜別，藉此逃脫返家。但他心知肚明，抓兵是常態，既然躲不過當兵的命運，索性自己主動報考軍校。

剛好當時空軍照相技術隊要招考新人，爸爸憑著早已熟練的照相技術，成為東北僅僅錄取的三人之一，也是錄取人中年齡最大的。此後他們一行人到南京受訓，聽說學員中有個高階將領的弟弟，所以在南京時也受到些特殊關照。每逢放假日，其他人不顧長官告誡，跑去江邊游泳，但幾個東北子弟不敢亂跑，彼此督促要守規矩、聽命令，不給東北鄉親丟臉。這是亂世中離家遊子自我期許的家園情懷，一種化了妝的思鄉情結吧！那年受完訓，經過北京時，他的人生又無預警地翻開了新頁。

格格駕到

母親是熱情執著、精明能幹的滿清皇族之後，出生官宦世家，有著格格的嬌氣與霸氣。她的熱情好強是造就全家族不斷前進的推手，但有時也是壓力與問題的來源。

她生長於父母失和、爭吵不休、家道中落的年代，雖貴為鑲黃旗之後，卻乏人關愛呵護，從小烙下不安的陰影。記憶中媽媽老愛不斷重複提到她的悲慘童年，如何不受父母寵愛，如何被忽視冷落；當父親回家時，如何心驚膽戰，東躲西藏。一個受傷的靈魂，缺乏家庭本應給予的安全感，即使成年後，依舊在努力走出兒時不被接納的陰影，療癒尚未完全復原的傷口。

母親的悲劇要從她的名字說起。她名叫關仲樑，家中次女，只有一位多病羸弱的姊姊。官宦之家重男輕女，姨媽出生前，兩個男孩都夭折了，所以姨媽從小備受呵護，生怕養不大。但第二胎懷上媽媽時，大家一心期盼是個兒子，不僅可傳宗接代，也可彌補夫妻不睦的裂痕，所以起了個男生的名字——仲樑，國之中樑砥柱。

沒想到盼來盼去，還是個女娃，眾人失望之情溢於言表，常忍不住戳著媽媽的頭，恨惡地說：「你為什麼不是個帶把兒的（男的）？」這種輕蔑否定的言詞，在母親心中烙印下不小的傷痕。

外公因工作常年在外，鮮少回家。偌大的四合院，人丁稀少，清冷孤寂。偶爾外公回來，竟是人人自危，沒多久可能就聽見夫妻爭執，罵聲雷動，古董瓷器也隨之遭殃，摔得一地，有時還殃及下人。外公是大學畢業，才高志大，能雙手寫梅花篆字，但思想守舊，不近人情，看到要出門上學的母親，竟然把她的書包扔了，不讓上學：「女生上什麼學，女子無才便是德！」這讓年幼的母親傷心氣結，卻又無助害怕，索性變本加厲，時常翹課遊蕩，在外尋釁滋事，就是打架也不遑多讓。她的叛逆不羈似乎就是對威權的挑戰，對外公的抗議！

我的外公、外婆（北方稱姥爺、姥姥）都是滿清皇親貴族，隸屬八旗之首的鑲黃旗。姥爺屬瓜爾佳氏，祖輩世代為官；姥姥也是家室顯赫，父親和四位兄長都身居要職，聽北京的表哥說她年輕時還曾隨太姥姥進宮陪慈禧太后打牌。姥姥出嫁時排場很大，坐八個人抬的豪華婚轎，並有隨身的陪嫁丫鬟和廚師。但婚後兩人性格不合，經常吵架，薄弱的感情在經歷兩位幼子夭折之後，漸行漸遠，姥姥沉迷牌桌不顧家，姥爺任職在外不回家。

那時家裡生活尚稱富裕，不愁吃穿，用度闊綽。性情剛烈的姥爺，有次不知何故和姥姥吵架，一氣之下把剛燉好的一鍋肉倒在大街上，有野狗見了趕上去吃，結果把狗牙都燙掉了。

姥爺最疼愛長女，聽姨媽說愛吃核桃，就花錢買回一大堆核桃，長長一簍簍排到了門口。姨媽與我父親同年，天性溫婉，柔聲細語，她一直住在北京東直門外，本是父母那一輩唯一還在世的親人，新冠疫情前每次我到北京開會時，總惦記著去看看她，風雪無阻。我們第二代表兄弟姊妹們也保持聯絡，還建了一個微信群，就叫「官二代」（官、關同音）。不幸的是，在疫情接近尾聲，大陸無預警突然開放後，姨媽感染了新冠，因醫療體系癱瘓，未得及時救治而與世長辭，享年九十七歲。

父母相識與遷台

在北京這座前朝古城，父親遇見了芳華正盛的滿清格格。他和其他年輕人一樣，在古都好奇地四處蹓躂賞景，當時媽媽在北海附近一家彈子房做出納，美貌出眾。爸爸和一群夥伴為了一睹美女，跑去打彈子，兩人一見如故，互有好感。爸爸單純老實，說話誠懇，帥氣高大的外表下帶著遊子離鄉背井的孤單落寞，引起媽媽無限的愛意與同情。

母親在娘家雖未受寵，但出落得美麗大方，身材姣好，身邊不乏追求者，親友也忙著做媒，但她獨獨看上離鄉背井，隻身在外的東北鄉巴佬，雖然家族不悅，姥爺反對，但當時姨媽已嫁人，外公長年在外，紛紛亂世又能如何？

兩人交往一陣子，因時局動盪，匆忙在一九四八年十一月初成婚。這婚事得來不易，外公姓關，關老爺身為滿族親貴，又是保定軍校第一期的高材生，才高氣傲，能雙手寫毛筆字。他曾說過：「我女兒丟去河裡餵王八，也不嫁給軍人！」誰知亂世紛擾，由不得人，父親給老丈人行過跪拜大禮，好不容易定到飯館請了幾桌客，總算抱得美人歸，那年父親二十二歲，母親十五歲。

但新婚不到兩個月，甜蜜未艾，北京即面臨失守，唯一的路是隨軍前往上海，為了逃難，就變賣家產，帶著外婆跟著父親同行。

這是大時代的變局下，小人物、小夫妻只能任由滔天巨浪推壓著，隨之載浮載沉，毫無選擇地且走且行。唯一安慰的是身邊還有位相依相伴的人，一起踏上輾轉他鄉、彼此守護的流浪之旅。共軍南下，戰爭的變奏曲震耳嘎響，無處可逃，只能跟著變調的旋律，繼續旋轉前進。

那是一九四八年底，這趟撤退之旅，波濤洶湧，驚險萬分。行前，爸爸因新婚在外，未收到上級指令，但直覺有異，趕回部隊才發現第二天下午就要撤離，匆忙返回通知母親和外婆，速速收拾行囊，三人坐上派來接駁的吉普車，趕往人潮洶湧的車站，在共軍人員隨時可能接收車站的威脅下，搭上最後一班從北京開往上海的火車。

下了火車又攜老扶妻奔向碼頭，擠上一艘兵民雜處，人滿為患，艙底滿載彈藥的運輸船。好不容上了船，但船上人多超載，吃水太深，無法出港，幾經折衝，終於排除萬難鳴笛出港。

但剛出海不久，就遭到叛軍射擊砲轟，意圖攔截船隻，投共邀功。千鈞一髮之際，幸好有海軍驅逐艦即時出現，砲火回擊，保護運輸船出海，至此總算又逃過一劫。

那段乘船逃難的經歷也是母親經常提起的夢魘，看到一對夫妻並排坐在甲板上，結果一個砲彈炸開，就一人失去一條腿，她不忍再說：「戰爭太可怕了！你們要好好珍惜得之不易的平安啊！」

十一天的海上波濤，人人如驚弓之鳥，愁雲慘霧，飢寒交迫，再踏上土地時，已是在陌生的台灣基隆港。

亂世求生的驚濤駭浪是父母這一輩人共同的創傷，他們是怎樣復原重生，又繼續往前走？

來台後的第一站是中壢龍潭，臨時搭建的隔板小屋，幾家擠在一處，雖是克難居所，但總算安然無恙，各家設法安頓，又不忘彼此照應，建立起患難友誼。

後來為了更好的生活，爸爸勤奮苦讀，考上空軍軍官學校，入校受訓兩年成為正式軍官。從新竹調到台南，又到屏東，做過照相分隊長，補給大隊長，聯隊參謀，後勤指揮官，一路從上尉升少校，再榮升中校、上校。爸爸的照相技術一流，當年雷虎小組有名的國慶表演「炸彈開花」就是父親負責統籌拍攝的。

父親和母親的合照。

親人重聚

兩岸敵對四十年後，漸漸解凍，但八十年代仍無法直接通信，一九八五年我和老公到美國俄亥俄州攻讀碩士，就開始擔任台陸雙方信件往返的轉運站。台灣的父母把他們寫給大陸親人的信件夾在給我們的家書裡，再由我們轉寄到大陸。

記得爸爸要我寄出第一封信時，忐忑難安，電話裡喃喃說到：「也不知地址對不對，還能找到人嗎？」所幸透過當地領導的協助，輾轉找到了大伯，兩人開始通信，至此爸爸心中的一塊大石頭也終於落下了！

原來這四十年父親心中一直記掛著一件事，就是他的姪子，大伯的兒子志清堂哥回家了沒？當年北京失守前，志清堂哥得了痢疾，爸爸寄錢讓他來北京治療，一位老神醫開了幾帖中藥，居然藥到病除。但時局緊迫，爸媽匆忙撤離前沒能聯繫上堂哥，這些年過去，不知他是否安然，回老家了沒？人生的際遇就如落水浮萍，且行且止，堂哥因為到北京治病，後來就留了下來，成了一名機電工人，如今一家大小都在北京落戶，孫子也上大學了。

幾次書信往返後，一九八六年哥倆約好在香港見面。我本以為他們兄弟重逢，恍若隔世，必然當場抱頭痛哭、涕淚縱橫。但卻忘了他們都是從滔天巨浪中走過的人，爸爸設計的見面場景，比我的有創意多了：在機場見面的一剎那，他故意弄翻手中的行李，製造個小插曲，藉此轉移大伯的注意力，只為不想大伯太受刺激，他心臟不好，禁不起情緒激動。

其實，我曾想，爸爸是不是也在轉移自己深埋的悸動，害怕見面太感傷，情緒一發不可收拾？

一九八八年政府開放赴大陸探親後，妹妹陪父母返回東北老家，探望陌生土地上血脈相連的劉氏宗親。當時對岸接待台胞返鄉多有禮遇，在東北老家這可是鮮有的大事一樁，統戰部特別派車接送，安排親人相聚，並且批准為祖輩修墳。

爸媽行前絞盡腦汁準備了各樣大禮，特別是數不清的金飾，爆滿的行李箱，承載了多少載不動的鄉情。此行賦歸，畢竟是四十年後首次衣錦還鄉啊！當時大伯、三叔還在，姑姑的孩子也都趕來探望，這位少小離家的二叔，歸來仍是少年否？東北人熱情好客，即使是剛開放，大鍋菜一盆盆也不能少。最後一晚爸爸設宴款待鄉里親友，席間杯觥交錯，不勝唏噓，走過千山萬水，只見鄉親土親人親，這是多少年的困頓煎熬換來的一場盛宴？

東北團聚後，一行人又坐臥鋪到了北京，拜訪媽媽唯一的姊姊，我的大姨。當姨媽見到媽媽那一刻悸動地叫出她的小名：「小樑子回來了？」姊妹相擁而泣。媽媽也忍不住心中的疑問：「我們家的大宅院呢？院子裡的杏桃樹呢？」魂牽夢縈的家園，再見時卻景物已非。

久違的返鄉行之後，兩邊就經常聯絡走動，年節時電話問候，出差時趁便拜訪。

姨媽家在北京東直門外，六個孩子各有成就又熱情開朗，和我們家四姊弟個性相投，相處特別融洽。一九九〇年代初二表姊剛到美國時，還在我們家住了一陣子；妹妹在一九九二年結婚時，大伯和大姨都申請來台祝賀，兩岸相親，其樂融融。

由於兩岸交流頻繁，大陸的親人也樂於到台灣旅遊，東北的幾位堂姊和姊夫都隨團來過。最難忘的是二〇一一年春節，兩位定居國外的表姊和北京的大表哥、大表姊，一起聯袂來台，四人突然到訪，驚喜之餘，我們上山下海，去清境看雲，到梅峰賞梅，吃遍大街小巷，好不愉快。臨走前他們語重心長地說：「台灣最美的風景是『人』，一點也不錯！」

二〇一三年，為了實現老爸的心願，我帶著祖孫三代共九人再次回大陸謁親尋根。我們從大連進，參觀了新建的海洋世界和海星廣場，只見老爸在張開的巨型書雕前拄杖望海，凝視遠方，久久不動。

親友聚首，品嚐了東北各式餡料的餃子

祖孫三代返鄉探親合照。

後，我們坐硬臥火車趕到梅河口，留在老家的劉姓宗親早已等待多時。大伯、三叔幾年前已離世，老爸以族長之尊宴請大家，席前發表感言，情詞殷切，叮囑勉勵清白傳家，勤勉立業的劉氏家風。

之後姑姑的女兒派車接我們到吉林，松花江蜿蜒依舊，但兩岸盡是高樓聳立。之後又送我們到瀋陽，大伯的兩個女兒都在這，二堂姊精心打理好所有房間，自己睡客廳地上，讓我們同住家裡。知道媽媽是滿人，堂姊夫特別帶我們到瀋陽故宮，又稱盛京皇宮，一覽八旗雄風，在鑲黃旗營帳前我們駐足許久，細細體會這遙遠卻又切身的血脈淵源。

此行的主軸其實是帶台灣的孫輩回老家謁祖掃墓，在梅河口滿山遍野的青色玉米田中，我們一個跟著一個，一步一腳印，踩出一條沒有路的路來，伸手撥開眼前比人還高的玉米稈，踏著腳下泥濘的玉米埂，爬上山丘，祭拜隱身在山頂高壓電塔旁的劉氏祖墳。在祖父六兄弟和祖母、姑姑的墓前，我們深深三鞠躬，獻上一束花。

後記

我第一次知道自己有滿族血統，是在小學一年級時。颱風天，我們蜷在家裡吃零嘴聊天，媽媽揚起聲說：「都怪你爸爸這些漢人，沒事亂鬧革命，害我們大清亡了。要是清朝還在，你們就是格格、阿哥啊！」

這是我第一次聽到「格格」這個詞，後來在電視演播的清宮劇裡又看到，喔，原來格格就是這樣的，原來我也是格格。

老公和我談戀愛時知道了我的滿人血統，就開始叫我「君格格」。既然有了小格格，那老格格應該已晉升為皇太后了吧！而母親這位滿清格格也的確有種悲天憫人、心繫蒼生的情懷，她對日軍占領北京時漢奸帶著日寇專門欺負中國人的行徑深惡痛絕，也對戰後政客分贓，政局紛擾，社會上貧富不均的亂象都忿忿不平，「那真是朱門酒肉臭，路有餓死軀啊！」

父親在戰亂中必須自立自強，練就了一身做菜的好本事。他自己醃東

父親做菜的好本事。

北酸白菜炒肉絲、淋兩個鐘頭醬汁才起鍋的獨門醬鴨、蒜香炸醬麵、酥皮咖哩餃和燒餅、酸辣泡菜，都是人人想念，百吃不厭的劉伯伯美食。經由孫子牽線，父親在九十四歲高齡還應「食憶」邀請，表演拿手絕活，成了最老的帥哥主廚。

我們家的滿漢之爭至今已七十餘載，纏鬥未歇，勝負難定，但近年已大致休兵。爸媽都享高壽，寫這篇文章時父親九十六，母親八十九，雖有小病小災，行動不便，但基本上都健康清朗。家族旅遊時，兒孫前呼後擁推著輪椅，青山綠水間，兩老的背影在茜色夕陽下緩緩挪移……。雲彩斑斕，黃昏已近，這溫馨而幸福的畫面就是爸媽一生的寫照。

二〇二三年十一月二十八日家父在兒孫環繞下，安詳地走完這一生。從東北到台灣，踏過隆川峻嶺，歷經冬雪春雷，歲月沉澱下那俊挺溫柔的身影，終將永留在每一位家人的心中。

雲彩斑斕，黃昏已近。

遙望故鄉暮雲遠

廖遠光

現任中國文化大學師資培育中心教授兼教育學院院長。生於桃園市桃園區，祖籍福建省龍岩市永定區。美國休斯頓大學教學科技博士。專長為學習科技、資訊教育、後設分析。喜好球類運動、中國文學及古代文明探索。

廖美東先生的遷徙路線

永定→梅縣→梅列→福州→基隆→台北

我的父親生於一九二三年，今年已逾百歲，邁向人瑞之尊。我們家人深感幸運的是，父親雖行動稍緩但思維清晰、條理分明，晨昏準時上香禮佛並祭拜祖先；聽力雖減但眼力極佳，每日裸眼讀報並用 iPad 觀賞新聞節目。

近十五年來我與父親同住，就近照顧其生活起居。為撰寫此文，我多次在晚餐後訪問他，諸多人生大事他大致仍能侃侃而談，然而畢竟年事已高，許多事情也已淡忘了，特別是來台之前的往事，終究那已是七、八十年前的事了。

本文的資料來源包含與父親訪談的內容以及自我有記憶以來父親日常閒告訴我的，加上母親生前不經意提及的。而為了驗證這些資料的正確性，我也透過與大姊、兄、弟間的對話討論，並參考二〇一一年我們兄弟三人回老家尋根的記錄。因此所有事件的發生以及前後順序應當是正確無誤的，只是時間點可能會有些誤差。

本文的撰寫一方面是希望能盡可能地記錄下有關父親的生平過往，作為家人未來的念想；另一方面也是嘗試理解父親這一世代人，在歷經時代變局、顛沛流離的苦難後，如何看待自己的人生。

出身微寒，志在四方

父親生於福建省永定縣（現改隸龍岩市永定區）洪山鄉嘉禾石。永定縣位於福建省的西

住家後方大石之一。

住家後方之大石之二。

南區，洪山鄉則在永定縣的最西角，而嘉禾石更是洪山鄉最接近廣東省的一個小村。

據福建老家的親戚說，只要翻過一座小山（玉壽山）就是廣東省了，可見其偏僻之狀。有關家鄉的景物父親最常提及的就是住處後方一塊又平又大的石頭，他說年少時常在上面曬蘿蔔、穀物，嬉戲遊玩等。我們一直無法想像那塊大石的樣貌，直到二〇一一年八月，我們三兄弟第一次回老家探親，才真正見識到這塊大石，它位在住處後方的小溪邊上，以目視觀之大小約長十到十一公尺，寬五到六公尺，微微地從住處斜向小溪，確實是一塊天然大石。

老家住址為嘉禾石，無路名也無巷號，想必是以此石命名；而取名「嘉禾」是否也有祈求「家和萬事興」之意就不得而知了。

父親年幼失怙，因此對我的祖父的印象頗為淡薄，記憶中父親終身常提及的皆是祖母。也由於祖父早逝，致使原以務農維生的家庭頓失依靠。父親上有兩兄長，但顯然年齡也不大，難以撐起家計，於是當時約十四、五歲的大伯父在祖母同意下，變賣其嫁妝當作基金，開始做起小買賣，透過微薄的利潤維持家計。

或許是因為家人皆識字不多，學歷不高，在宗族中頗受輕侮，因此祖母認為家中必須有一子能精於讀書，方能改變未來。於是父親在大伯父的堅持與鼓勵下始能專心求學，不需分擔家務。

父親初中畢業後，因村中並無高中，他即以十五歲之齡，翻山越嶺，單身赴廣東省梅縣就學，並租屋於其同學家，獨立生活。父親嘗言第一次離家時，挑著扁擔，一邊是書籍，一邊是米袋，由大伯父陪同相送。

之後，每過一段時間大伯父即須從老家挑著食物至父親住處，然後再獨自回家，如此整整三年，直至父親高中畢業。常言道：「長兄如父。」想必在父親心中早已視長兄為父了。父親曾多次提及，若非大伯父的全力支持與協助，他不可能有後來的成就，每每談起無不眼淚盈眶。二〇一一年我們第一次回福建老家探親，堂兄弟們轉述老一輩族人的說法：父親年少時經常日夜苦讀，挑燈夜戰，其為不負祖母與大伯父之期望而專志於學可見一斑。

於是，我終於理解從小到大為何父親如此重視我們的學業成績。大哥是家中長子也是學業表現之佼佼者，因此格外受到父親鍾愛，為了大哥的就學方便，父親比照「孟母三遷」，在兩年間我們搬了兩次家，盡可能住在離校最近處。

父親平常雖頗嚴肅但甚為慈藹，極少責打我們，記憶中我只被打過兩次，每次以戒尺打手心三下，而這兩次皆因學業成績表現不佳。大哥與二哥大學聯考都毫不意外地進入國立大學，然而當我出乎意料地考上國立大學時，確實讓他驚喜萬分。

猶記得放榜當天中午，我從學校取回成績單並將喜訊告知父親，他欣喜若狂，連午餐也無暇享用，立刻衝到他服務的單位向同事們大事宣揚，母親說，這是他最感驕傲的時刻。

一九九〇年六月，我在美國通過博士論文口試，當晚以電話向父親報喜，他非常高興。

過了兩週我收到他的來信，信中言及「……家中有一兒能攻取博士，我已心滿意足，此生無憾矣」。

二〇一一年我們三兄弟回老家省親時赫然發現有一匾額，上刻有「美國休士頓教育學院博士廖遠光題」，顯然這是父親提供給老家親人的資訊，也透露出這是父親引以為傲的一件事。這些點滴往事在在說明父親對我們學業表現的重視，而深究其源，其實是來自於祖母及大伯父對他的期望。

父親高中畢業後曾在洪山鄉的小學短暫擔任教職。之後考取中央警官學校「台灣警察幹部訓練班，簡稱台幹班」，並在福建省梅列受訓，但到底訓練了多少時間，父親已淡忘。他印象比較深刻的是一九四五年奉派來台接收警政事務。當時學員大約八百到一千人，在福州

回老家省親時發現的匾額。

市馬尾港等待美國的軍艦來接人，總共等了十七天，於一九四五年十月二十四日抵達基隆港。

我猜想這個任務應當是很急迫而突然的，因為一九四五年日本戰敗後，於當年八月十五日裕仁天皇發布〈終戰詔書〉，正式宣布日本無條件投降。十月二十五日，中國戰區台灣省受降典禮在台北舉行，台灣、澎湖正式回歸中華民國，中華民國政府開始有效行使對台灣、澎湖的主權。這說明十月二十四日必須有一批警察幹部來台接收警務以穩定隔天光復後台灣的治安，而父親正是其中之一。

我推想，當時他們在福建的訓練應該是即將完成（後經我多方查證資料，始知福建的「台幹班」於一九四五年十月十日畢業），但突發日本投降之事，國民政府立刻結束訓練，由福建派他們來台。後來在一九四九到一九五〇年左右，這些人才再去台北市廣州街的「台灣警官訓練班」補訓十多個月，由原台幹班轉為正科班十七期畢業生。

鄉音不換，來處莫忘

父親的鄉音一直困惑著我們。福建老家是客家庄，因此父親的母語是客家話，這是理所當然之事。但是他與同事及我們交談卻從不使用客家話，而是另一種我們無法分辨的鄉音。

直到我開始工作後，遇到一位會講湖南話的朋友，他聽了父親的鄉音後判定是不甚準確的湖南腔。原來福建梅列的台幹班，是一九四四年從湖南省的「東南警官訓練班」遷到福建的，當時的教官多來自湖南，訓練的用語自然是湖南話，於是造就了父親融合著客語的湖南鄉音。

我從大姊的出生年月日回推，父親與母親的相遇以至結婚大約僅一年。母親當時只懂閩南語及日語，而父親不識這兩種語言。我們一直很好奇，他們是如何溝通，進而相戀成婚，廝守一生，所謂「有緣千里來相會」正是他們的寫照。印象中，家中一直以「雙語」溝通，父親完全懂得母親說的閩南語，母親也完全懂得父親說的湖南鄉音。愛，超越了語言的隔閡。

母親一生篤信佛教，家中長年供奉觀世音菩薩，所有祭拜諸事皆由母親一手操持，父親從不插手。但自母親過世後，父親開始接替祭拜之事，每日晨昏上香禮佛，從未間斷，或許這是父親紀念母親的一種方式吧。

父親深信木柵指南宮諸神明，每年春節必定親自上山祭拜，而自我一九九一年回國後，即一直由我開車陪同前往。指南宮並不高，從停車處往上大約有百來階梯，但最後登頂的三、四十階卻相當陡峭，即便是一般正常人也稍覺吃力。早年父親雖已屆七十之齡，但身強體壯，健步如飛；過八十歲之後爬梯速度漸趨緩慢；九十歲之後已頗感吃力，常需扶著側邊欄杆，費力且緩慢地拾階而上，中間尚需短暫停留數次，以緩氣息。

父親九十五歲那年，祭拜諸神明後，站在大殿外的觀景處，俯視著台北盆地，對我說：

「這是最後一次了，自今而後由你代替我上山祭祀。」這正是父親一生為人處世的基本原則：盡最大的努力，做該做的事情。

父親極度重視祭祖一事，家中佛桌除了供奉佛座，側邊即是祖先牌位。除了每日晨昏的禮佛祭祖，一年中的重要節日，家人皆須共同祭拜祖先，尤其是在除夕夜，必定是由父親率同一家大小，人手一炷香，虔誠祝禱，從無例外。父親雖不曾明言但卻以身教昭示我們：不要忘了自己來自何處。

午夜夢迴，無盡遺憾

父親自離家赴警校受訓以及之後匆匆登艦來台，應該無暇回老家探望祖母及家人，思念之情自是不在話下。確切時間已不可考，但我估計應當是一九四七至一九四八年間，父親曾搭船回福建老家探望家人，而這也是他最後一次與祖母及兩位伯父的會面了，因為一九四九年大陸變色，從此音訊斷絕。

母親生前不只一次提及，父親常午夜夢迴，放聲痛哭，其思念家鄉及家人之情不言而喻。大陸淪陷後由於信件往來也被禁止，父親只能想盡辦法輾轉透過香港友人與家人通信，並從微薄的薪資中挪出部分，不定時地寄回老家，這是作為人子在莫可奈何之時唯一能盡的孝道。

然而，友人並非親人，能有多少接濟的金錢真正到達家人手中，其實是難以確認的。一九八一年二姊與其夫婿赴美深造，這項轉寄金錢的任務就交到二姊手中，但每次金額多少，我當時並不清楚。

直到一九八五年我也赴美就讀研究所，有天接到大哥來信，並附上一張美金一千兩百元的支票，要我依所附地址轉寄給老家親人，我才知道父親已將這項任務交付與我，且由於當時家中兄姊皆已成家立業，經濟較為寬裕，因此得以有較多的金錢接濟家人。

想到父親自一九四九、五〇年起，數十年來透過各種管道不定時的匯款回家，無非是為了彌補無法親侍尊前、承歡膝下的遺憾。據母親說，某日當父親得知祖母已逝的噩耗，整夜嚎啕大哭，悲傷不已，時間點大約是大陸進行文化大革命之時吧。然而父親仍持續匯款接濟家人，並未因祖母之逝而終止，反映出他內心深處對於無法與兩位兄長共同奉養慈母的歉疚與遺憾。

故里重返，回饋以償

一九八七年政府宣布解嚴，十一月正式准許國人可返鄉探親，但父親仍服務警職，屬於被管制的類別。直到一九九一年父親正式退休，立刻偕母親整裝回老家。這是離家四十多年第一次踏上返鄉之途，也是母親第一次踏上大陸，其複雜激動之心情可想而知。

據母親回台後描述，從廈門機場入關後，老家親人來接機，之後整整經過八小時的顛簸車程方抵老家。當時尚無高速公路，而母親素有暈車之疾，途中甘苦滋味實難以想像。其實當時大伯、二伯早已作古，與父親同輩份者僅剩大伯母，見面相擁，不勝唏噓。

隔天到祖母墳前祭拜，父親長跪不起，嚎啕痛哭，累積數十年思念之情，全然釋放。「樹欲靜而風不止，子欲養而親不待」，對於像父親這樣因為戰亂而無法親奉爹娘，克盡孝道的遊子，是如何刻骨銘心的寫照啊。

二〇一一年我們三兄弟受父之命回老家祭祖暨探親，這是我們第一次造訪父親經常談起的家鄉，心中既是興奮也很忐忑。八月二十八日上午我們同樣在廈門機場入關，一出機場大門已見十來位鄉親來接機，有的遠從福州趕來、有的是廈門在地人，而更多的是從嘉禾石老家來的，他們已提前一宿住進廈門的酒店了。

之後，我們分乘三部車開往老家。當時從廈門至老家已大部分可行高速高路，唯接近洪山鄉時須改搭小艇，橫渡一個人工湖（龍湖），船程約四十分鐘。上岸後再由鄉親開車接我們到洪山鄉。

總括來說，回老家需用到水陸空三種交通工具、約五個小時的行程，方可到達，其位置之偏僻可以想見。回想當年父親隻身一人，翻山越嶺、跋山涉水地從老家走向中央警官學校訓練處，其歷程之艱辛與險峻真是難以想像。

唯父親能堅忍不拔地完成使命必然是下了很大的決心，然而他或許沒有想到，當時的這個決定也造成了後來他必須與娘親及兩位兄長永久分離的結果。如果，父親能預知這個結果，他是否還會如此果決地跨出這一步呢？

在老家盤旋三天，期間的活動包括到祠堂祭祖、到祖母墳前上香祭拜等等，這些都是事先安排好必須要做之事。令我特別詫異的是，在宗祠、家廟裡有許多功德碑（刻錄捐款人名單之石碑）上皆有父親之名，如：廖氏宗祠之重建、祖母陵墓之重修等，甚至父親還捐資籌設旅台鄉親獎學基金。

後來經堂兄弟告知，我才得知原來他們現在居住的「長安樓」，主要的建築經

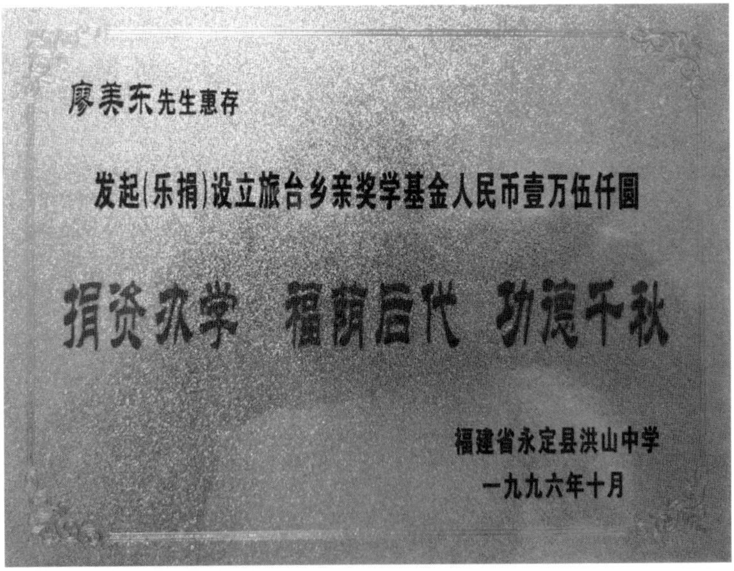

父親捐資設立獎學金之紀念牌。

費也是父親所捐，目前樓中還住有約十來戶人家。可想而知，父親在台灣家中經濟稍微寬裕後，不但陸續接濟老家後輩的生活，甚至將大愛擴及同宗族人。或許吧！在父親內心深處對於無法輔助兄長、克盡孝道終究難以釋懷，於是以盡其所能回饋鄉里的行動作為補償。

他鄉故鄉，故鄉他鄉

撰寫此文的過程中，我一面整理資料，梳理事件的邏輯順序及前因後果，也不斷嘗試從並不完整地素材中推測當時父親的想法，有時甚至還需將這些推測與大姊及兄弟互相討論印證。

也許我的推測不全然是正確的，但卻是我人生第一次感覺到我能設身處地、將心比心地理解父親。在那個兵荒馬亂的時局裡，人人都是戰亂的受害者，而父親所處的世代更是悲劇中的悲劇。當時無論是選擇留下，或是選擇離開的人，其實都是受害者。

我想起早年看過的一部由三毛編劇的電影《滾滾紅塵》，印象最深刻的一幕是，當時由林青霞主演的沈韶華將僅有的一張可逃離大陸的船票塞給了由秦漢主演的章能才，在慢動作播放中只見兩人本來相攜的手被簇擁的人群擠散，最後沈韶華在岸邊淚眼目送章能才的船漸行漸遠，從此音訊斷絕。戰亂中，選擇留下者何辜？選擇離開者又何辜？

而時代的變局，讓整個世代的人都成了受害者，前者是政治（文化大革命）下的受害者，後者是背負著無盡思念與遺憾的受害者。相較於其他逃難來台的人而言，父親算是較為幸運的，畢竟他是奉派來台述職的警官，然而作為因為戰亂而需離鄉背井、飄洋過海、遠赴他鄉的遊子而言，他們的終生之痛是相同的。

父親二十三歲來台，至今已逾百歲，生命中有超過四分之三的時間是在台灣度過；他身在台灣，心繫家鄉，而這也正是他們這一世代人共同的宿命啊。

夕陽西下，清風徐徐，遠處的暮雲緩緩下沉，蒼茫中我彷彿看見點點歸雁向西飛去，朝著海的另一端……

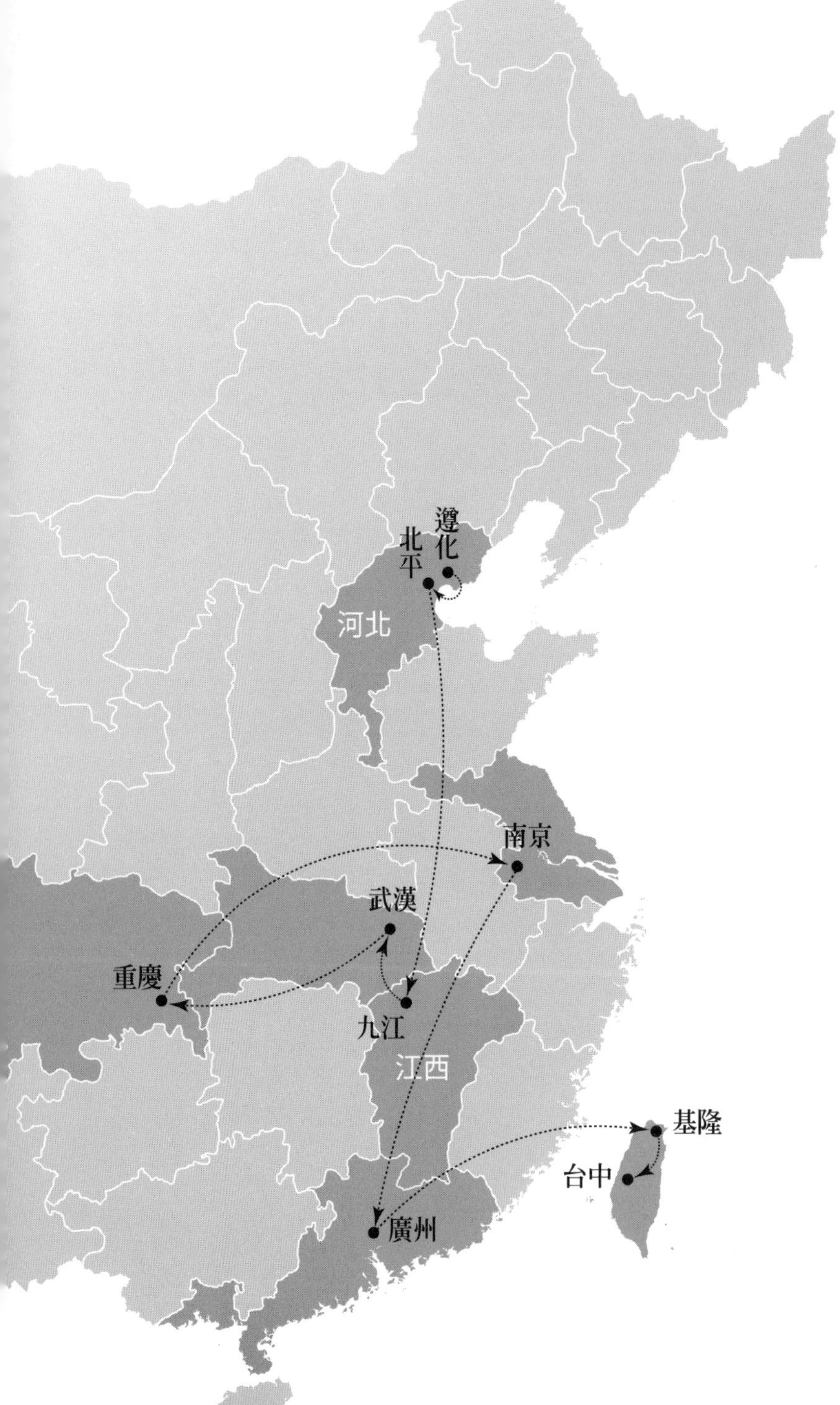

記一位九十九歲老教授跨時代的回憶

徐漢昌

祖籍河北省遵化縣，動亂年代出生於廣州市遷徙途中。國立政治大學中國文學博士，曾任教中興大學、靜宜大學、中山大學、高雄師範大學，目前已自文藻外語大學退休。專攻先秦諸子學、兩漢學術思想、中國文化與社會、跨文化研究。

徐文珊先生的遷徙路線

遵化→北平→九江→武漢→重慶→南京→廣州→基隆→台中

我的父親諱文珊公，生於清光緒二十六年庚子，民前十二年，公元一九〇〇年，十九世紀末一年，當時由於義和團之亂，引起八國聯軍入北京，是國運最低潮的時候。家鄉直隸省遵化州，*因為曾有義和團騷擾，引來了外國兵，燒、殺、搶、掠，大家逃難。我的祖母，帶著我父親這剛剛彌月的嬰兒，騎著騾子，逃到八十里外的親戚家。我父親可以說百分之百生於憂患時代。先父在一九八九年他的〈九十自白〉中說：「一九〇一年我算兩歲，今年一九八九，九十歲。再過十年，一九九九倘仍健在，便成第二個奇蹟！全始全終，貫徹到底，一人占滿整個二十世紀。**……由五千年歷史全程看，這一百年實可說是不尋常的一百年。前所未有，後亦不會再有。險惡、艱難，內外夾攻，根本動搖，但都被我們一波一波的克服了，闖過了。由過去證面前，我們有信心。像一齣戲，像一部小說，主角就是我們自己。」

清末民初的教育

我父親在新舊交會的時代，最初是讀我祖父教他的《史鑑節要》、《地球韻言》。拋開了《三字經》、《百家姓》、《千字文》等等照例的啟蒙書不讀。原因是我祖父雖然八股文出身，考中舉人，但是富有新思想，要實行新教育。特別出重資，禮聘志同道合，富有新思想的劉蔭軒老師，在家教孩子與鄰家的附讀生。設家塾，取名「民立初等小學堂」，是遵化州第一所新式學校，完全教新功課。

國文用商務出版的第一部國文教科書，全部十本，開頭第一課是「天地日月，山水土木」，第二課「父母男女，井戶田宅」。第四冊已是成篇文章，第十冊比台灣教育改革前的國中國文還要深。此外算術、歷史、地理都有，也念古文。後來年齡稍大，念《四書》、《左傳》、《戰國策》。這是十一歲前我父親所受的教育，那時還是民元前的科舉時代。

民初的學制，初級小學四年，高級二年。中學四年，不分高初中。大學預科二年，本科四年。

一九一八年我父親中學畢業，一九一九年的五四運動，一陣狂風刮到我的家鄉。在民主、科學、新文化浪潮下，反對讀古書，不能讀古文。我父親於是放下古書不敢讀，怕人家罵他「腦子都臭了」。後來我父親進了燕京大學，發現讀的經、史、子、集全是古書，他在〈八十自述〉中說：「人家已在研究問題，我則許多書還未讀過。上了當，急起直追，一部一部讀，偷著讀，怕人家笑我太差勁。」

我父親最常跟我們兒孫輩們提到的老師，一位是顧頡剛先生，一位是錢穆先生。他當時選讀顧頡剛老師在歷史系三、四年級開的上古史研究選修課，硬著頭皮念！

* 今河北省遵化，清朝時因東陵在此，為直隸州。

** 先父於民國八十七年，一九九八年壽終正寢。

他在〈八十自述〉中回憶說：「到了第二學期考，交了卷，老師叫我去，嚇一大跳，不敢去，怕是闖了禍，要挨罵。結果適得其反，老師笑盈盈的誇獎我一番，認為我用功，有心得，自此賞識我這失學多年的老學生。暑假到了，我提出工讀計畫，顧老師立即說道，可以為我工作，點校《史記》，已與書局定約，由他們預先墊款，即作你的工作報酬。天大的喜訊，自此學費和生活問題解決了，不必求人，可以自給自足了。並且同時也讀了書，作了功夫。一舉兩得，皆師恩所賜。」

我父親十一歲時母親去世，十二歲時父親去世，家道中落，靠二嬸母教養。二嬸母送自己的兒子去學商，供我父親繼續讀書到高中畢業。畢業後在家鄉工作，過繼出去的胞弟大學畢業，可以負責養家了，我父親才考進大學。

顧老師既照顧了父親的生活，又在讀書做學問上有所啟發。父親回憶說：「在學問上，老師教育我三個要點：第一，我曾引《資治通鑑》。老師說，引書要引原始書，《資治》是二手貨；第二，說我不夠細心，常出小錯，以後要小心；第三，作學問寫文章要小題大作，不可大題小作，你太貪多，自己出大題，難於做得充實，以後要作小題，求充實。這三句話，我都牢記在心，時刻不忘，受益甚多。」

至於錢穆老師，給我父親的教育是：「讀書！再讀書！再三再四讀！從頭到尾讀！見解、學問自己從書裡挖。這又給我一項成功的基本訓練。最最拳拳服膺，行之有效的，是見解、學問自己挖，不吃人家現成飯，挖出來是自己的收穫。讀錢師著作、聽講，深深佩服，他的學問都是自己挖出的，讀了舒服、受益。我自己也是自己讀，自己挖，挖出了才敢發表，不抄襲人家。這不僅是要訣，也是學術道德。」錢老師回台灣定居，我父親隔一段時間就會帶我去外雙溪請益，父親後來的許多著作都是錢老師題的封面。

對日抗戰、國共內戰

就個人生活而言，我父親幼年家遭不幸，艱苦備嘗。稍長就業，僅能餬口。抗戰前夕，他一個人到江西探望弟弟一家人，結果盧溝橋事變，回不了北方，在武漢考進教育部，派到重慶編中學國文教科書，由流離失所而入於吃霉米、穿粗布的公務員生活。

編書告一段落後，轉到中央文化運動委員會編《文化先鋒》雜誌。抗戰勝利，因張繼（溥泉）邀約，進國史館、中國國民黨黨史會擔任徵集處處長，專責接收各機關抗戰時期檔案。六個月後回到南京。政府為保存抗戰與革命史料，我父親隨史料於一九四九年一月由南京坐火車遷往廣州，再由廣州乘船遷台，在基隆上岸，機關駐在台中，史料存放草屯。

抗日期間，不識字的家母一人帶子女留在遵化老家，為免日軍搜查，日軍入城前，我母親燒掉了一批書籍，為人縫補衣物度日，備嘗艱苦。

抗戰勝利，家父馬上滙錢回家，要母親南下團聚會合。母親離開前，因為無法攜帶，再將家中書籍全部拋棄。母親離開時，共產黨軍隊已經進入遵化縣城，最後在半夜時，乘坐運送水果進北平的騾馬大車，躲過檢查，平安到達北平。一路輾轉南下，到重慶一家人團圓。

父親接收檔案工作結束，再一起前往南京，而我長兄則留重慶繼續讀大學。母親最辛苦的事，是肚子裡懷著我逃難，在由南京往廣州的火車上，擁擠不堪，三餐不正常，父母最不能忘的事，是車過湖南時候，在車上吃的那一大碗麵，很實在。到了廣州，父親的單位被分配在中山堂的圓型迴廊上，暫時安頓候船。我就是那個時候出生的，我幼時多病，父母常說我是先天不足。

父母在廣州的日子，最常提到的事，是貨幣的貶值，當時所領的薪水是金圓券、銀圓券，由於貶值速度極快，上午薪水一到手，馬上跑到銀樓換港幣，或購買物品，到了下午，已經貶值，市場上物價一日漲價數次。每次提到都不勝感嘆，因為幣制的貶壞，在逃難的日子裡，迄未過到正常公務員生活。

綜計父親的一生，一半在大陸，一半在台灣，是他作夢也夢不到的事。前五十年家難、國難，轉徙流離，生活不得安寧。初到台灣，驚魂甫定，國家元氣未復，仍然過苦日子。後來才逐漸穩定，經濟復興，生活改善。

香港會親

一輩子穿中山裝的父親，在一九八三年，第一次也是唯一的一次，穿上西裝，應同學鄭德坤教授之邀，到香港中文大學中國文化研究所演講。而主要的目的，是和大陸親人透過香港友人書信聯絡幾年以後，與陷留大陸的家人在香港見面，那年他見到了中科院物理所退休的弟弟文承、弟媳、大姪女徐星；在四川擔任總工程師的文祥大哥長子嗣晟；在天津擔任職工大學講師的我哲昌大哥、大嫂和次侄光現。戰亂闊別，哀傷中有歡樂，感慨中有慶幸。

一九八五年，父親帶我二哥力昌*、二嫂和我們一家五口，在旅遊泰國之後，停留香港，再次會見了文祥大哥長子嗣晟；我哲昌大哥、大嫂和光理、光現兩侄。這兩次見面，勉強撫慰了父親對親人的思念。後來他資助了次孫光現到澳洲讀書，並在當地娶妻成家。

一九八七年開放赴大陸探親，父親因為年紀大，河北遵化老家已無親人，什麼都沒有了，而未返回大陸。我哲昌大哥、大嫂，在父親最後一年，來台隨侍，父親逝世後返回天津。

從清末到台灣變化驚人

他在〈九十自白〉中回憶說：

* 力昌二哥先後任教於台中美國國務院外交語文學院、台大史丹福中心、逢甲大學華語中心。

我雖出生於九十年前，再上推十年，雖未眼見，但由歷史和前輩口述，以及事理推論，可得一概略。國家大事不多講，講社會現象、人民生活、一般風氣。只閉目一想，已經笑煞人、嚇煞人、也氣煞人！這一百年，中國各方面的變化是多大？誰也說不出。國家大事，有正規歷史記載，父親回憶了他所經歷的一些歷史所不講的種種，可以看到由滿清到民國的一部分社會變化：

光緒三十二年，最後一次科舉考試，頭名狀元劉春霖。字寫得好，名字取得好，乾旱時期得「春霖」，好運道，占了便宜。八股文改策論，講政治。十年寒窗苦的舉子怨聲載道。我家藏書有一種《考卷探新》，是選策論中優秀作品作為應考範文。其中作家以谷鍾秀為代表。這是清末革新措施的一項。我家遵化州有貢院，大門外兩旁鐘鼓樓，到時候吹吹打打，敲鐘、打鼓、吹喇叭、放大炮。我在孩提曾去看熱鬧，到現在還記得很清楚。

一次州官（知州）到家拜會先父，執帖人前導，頂翎袍褂迎接，每進一門，必相互一揖。客廳入座奉茶，少頃辭去。出門，仍然行禮如儀。次日回拜。人家坐轎來，前呼後擁，現任官的排場。彼時家父在候補，未有實缺，無轎可坐，坐車。楊文表叔權作當差執帖。人家擋駕，禮到為止。後來父親每一、兩年回家一次，出門拜客，或在家會客，也是頂子、翎子、袍掛、補子等等，穿戴整齊，恭恭敬敬。坐轎、乘車、跟班的執帖，或請或擋駕。請進來的，每過一門必相對一揖，入座奉茶，照例幾句官場應酬話。不過十分鐘左右，即辭去。明天一定回拜。當時年紀雖小，看過多次，印象特深。這是我親眼所見當時官場一部分現象。

衙門審案，州官大老爺坐在上面，驚堂木一拍，跪下！問來問去，又一聲：「打，二十板！」執刑的衙役把特製木凳，搬在罪犯面前，將手扣在凳上，然後拿竹板打手心，一呀，二呀，……二十，轉面向大老爺回命。

這也是我親眼所見實景，印象好清楚。

衣服：男的長袍馬褂，頭上梳辮子，帶帽盔（又稱瓜皮帽），白布襪，黑布鞋。女的半長襖，到膝蓋，肥大，寬袖，袖寬約一尺，袖必加黑緞邊，半尺寬，下面黑色百摺裙掃地。頭上，已婚的梳盤頭，未婚的梳抓髻。帶花，簪子，耳環，手鐲。這是禮服。兒童服，為準備人長大，一定要放長。好幾年過去，還是長，始終穿不到合身衣服。再加上肥大，一個活潑潑兒童，打扮得就像個小老頭，一點活潑的氣象都沒有。本人就是由這樣一個小老頭，變成今天老老頭的。出門作客，穿外出服。回到家，立刻要脫要換。脫慢了要挨罵，「沒省沒費！」

吃的，夏日三餐，冬日兩餐。天短，省一餐。餓了，早睡，就不餓了。粗糧，蔬菜，平時雖中等人家不動葷。孝順的兒子孝敬父母，吃小飯，有麵食、有葷菜。家人吃「大家飯」。熬白菜，是菜，也是湯。小米或高粱米、玉米飯。偶爾加豇豆，好吃多了。北方白米貴，過節或奉客才能吃。早晨，照例是玉米渣粥。偶爾加豇豆、老鹹菜或加豆腐。一年到頭，大略如此。

走路，兩條腿。近程無車可坐，遠程騎毛驢、坐轎車。郵電，好像入民國才逐漸普及到各縣。汽車更晚。抗戰開始，外縣還沒有自用小汽車。

民初，還不懂什麼叫「革命」和「民主」。還在憧憬著「真命天子」。講自由，就是無拘無束。平等，就是不分尊卑長幼。

工業，只有手工業，簡單紡紗織布機。沒有大工廠。外國貨來了，才有洋布、洋貨。外國人叫洋人、洋鬼子。銀圓從墨西哥來，叫洋錢。人力車從日本來，叫東洋車，簡稱洋車。天津叫「膠皮」，上海叫「黃包車」。

鄉下人對世界知識、現代社會，根本談不到。交通閉塞，教育不發達之故。這是民國初年的一般現象。大家循規蹈矩，奉公守法，社會安定。

八十年前，親眼所見，親身所經，就是這樣社會。

他在〈九十自白〉中比較說：「到今天，民國七十八年，一切都變了。七十年光景，變成兩個世界、兩個時代。好的一面，知識發達、政治民主、經濟繁榮、生活幸福，不平等條約完全廢除。抗日戰爭勝利，創立聯合國，國際地位一度達到顛峯，雪盡次殖民地之恥。論知識能力，我們能有多種可貴的發明。論工業製造，我們能自製高性能戰機、戰船，以及電子、機械精密科學產品。論科學研究，我們有多人榮獲諾貝爾獎。論商業，我們的商品大量行銷全世界，每年有出超，累計外匯存底達七百餘億美元。高雄、基隆兩港，居世界前三、五位。在重現實的國際社會中，不敢小覷我中華民國。此皆政府四十年建設之果。……

回過頭再閉目一想，在這百年大變亂中，我卻領悟了許多道理：最重要是文化，是思想，是學術。平常人忽視，傑出人士才真正了解，緊緊把握，善為利用。說到此，我深深佩服古先聖哲，早已為我們指出道路，立訓垂教。不只憑眼看得見的力氣，也知道看不見的文化力、學術力，才是根本力。此一根本力，不僅能支配有形物質力，勝過物質力，更能及之遠、行之久。尤其是救國家民族的大事業，豈僅匹夫之勇、槍砲之力所能濟？就近百年往跡，透過表面看裡層，當可看出其中一條思想線索，無形力量，支配著行動，走向理想的前程，才有今天的效果。這是一項事實，不容我們忽視。」

跨世代老教授願做「代橋」

從滿清到民國，從大陸到台灣，既跨時代又跨地區。對我父親來說，民國、台灣是要適應、融入的，對現在的台灣人來說，清末民初、大陸地區是要瞭解的。父親教過中學、大學，他感覺有些年青人喜歡講「代溝」的話，認為像他那樣的老年人都是思想落伍的人，思想陳舊，跟不上時代。

他反對這話，而且是堅決反對。他認為說他學問淺薄，他承認，說他落伍，他不承認。他認為說這話的人，以自命不凡的心理罵老年，在態度上不恭敬，在思想上反而是落伍。知今而不知古，不知自己的來歷，是不應該的。不問是非、可否、利害，把老人一概推到溝的裡面，就是思想攏統、不科學。與五四運動時罵舊禮教為吃人的禮教，犯同樣的攏統病。

他不承認有代溝，假如有，他要填平它，或架設一座橋樑，叫「代橋」。他一生從事文教工作，他認為老師就是橋樑，知識的橋樑、生活和生命教育的傳授者，所以他認為他就是代橋。

他在一九七六年寫了一本《八十載滄桑》，台北維新書局出版。他在序言中說：「站在今天的立場，為青年朋友設想，大家只看到今天的現象，未看過八十年前的現象，自然會想對自家的過去略有所知。又加今天的現象，並不是原來的面目，而是由過去演變來的。也就是說，我們中國，本來不是這樣子，大大的不是。今天的現象，是一點一滴逐漸變來的，並且今天仍在繼續演變中。欲知今天之所以為今天，要先知道過去。欲把握今後的變局，更須知道這一演變的趨勢和方向，乃至於得失利弊。則此書對青年友確有其需要。」

自許願做「代橋」的父親，一生勤儉度日，教書終老，可以說是平凡的人，生存在不平凡的時代裡。

離家遠遊的人——為了能夠歸來而遠行的少年遊子

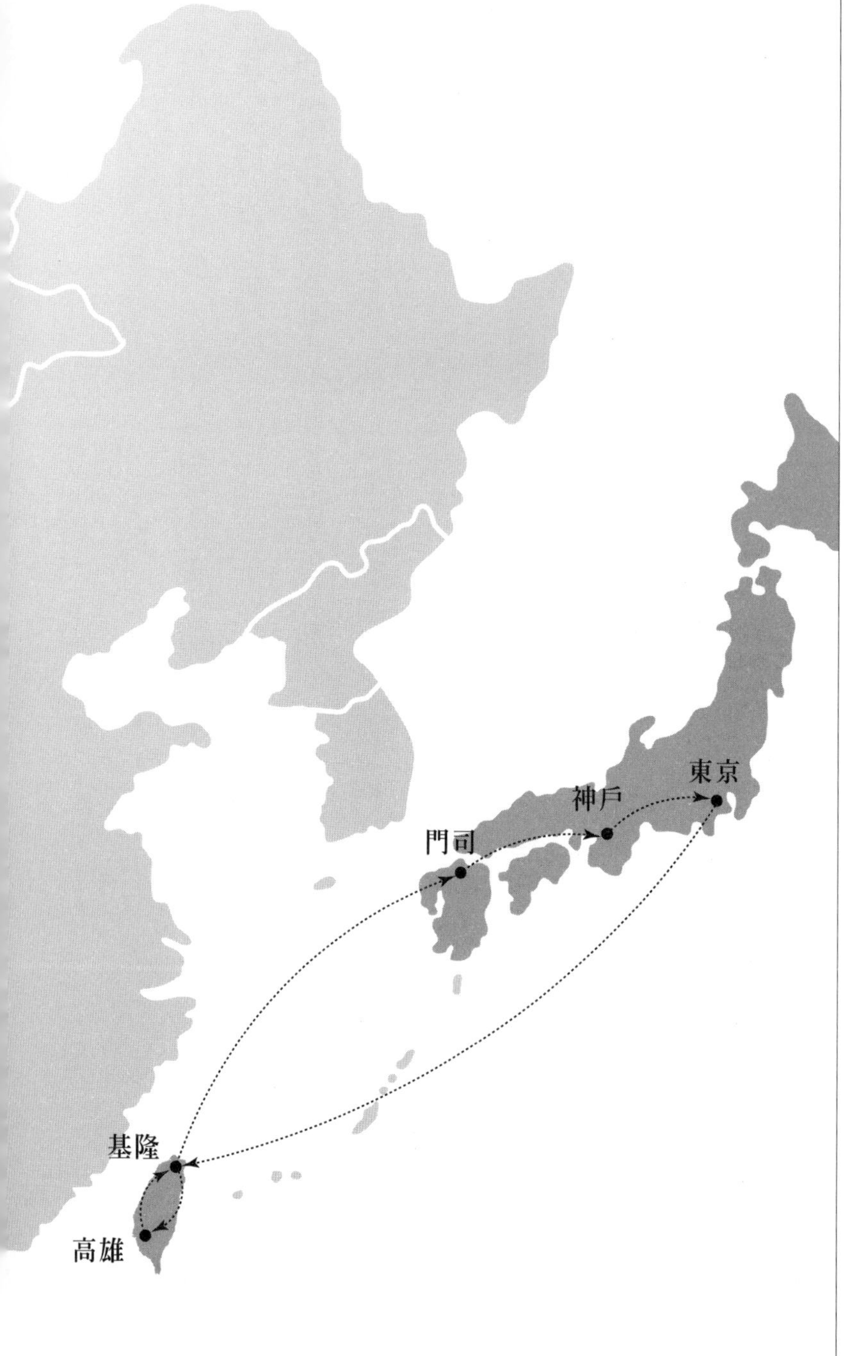

林季苗

法國里昂第三大學語言學院副教授。父母皆為高雄人。高雄出生，新北長大，現居巴黎。專業為外語習得與教學理論及實踐，副修精神分析。興趣是閱讀與聆聽有溫度的人、事、物。

李鬧定先生的遷徙路線

高雄→基隆→門司→神戶→東京→基隆→高雄

《國語辭典簡編本》釋「遊子」：離家遠遊的人。例：唐．李白〈送友人〉詩：浮雲遊子意，落日故人情。

一直就十分陶醉於聽長者講古，講故人。

然而開始注意到大舅公的故事時，我已經遠到法國讀冊、工作，或無顛沛但可謂懂得流離幾多年了。等到我大到（老到）快為人母的時候，才聽父親說，阿嬤有個曾經旅日的弟弟。

我們這一輩出國求學不是什麼稀罕的事，但是對於出生及成長於日本時代的長輩來說，若曾離開台灣求學及就業，就屬特別的故事了。雖然嚴格地講起來，在日本時代離開台灣前往日本發展，某種程度算不上是完全離境的概念。甚至頗讓我有種卡繆（Albert Camus）於二戰期間離開阿爾及利亞，前往巴黎生活的對比感。

然而卡繆抵達巴黎時已二十六歲，但大舅公離開南台灣故里時才剛自四年制「公學校」*畢業，年約十或十一。

我的大舅公李鬧定

大舅公李鬧定出生於日本時代，依當時的日本年號計算是大正十二年，以現在的說法是民國十二年，或是西元一九二三年。「高雄州岡山郡彌陀庄」**頂厝人，為農家子弟。

他的父母親，我的曾祖父母，都出生於清領末期。曾祖父李困出生於一八九四年。曾祖母孫郭纏更早，於一八八八年。曾祖父出生的那一年，正是清廷與日本在中國東北發生甲午戰爭那年。這場戰爭帶來的影響我們都知道：隔年的《馬關條約》使得台灣澎湖成了日本屬地。我的曾祖母有纏足，代表她的原生家庭可能不需要她幫忙從事特別勞役的工作，應有一定的經濟能力。

我的曾祖父母於日本大正八年、中華民國八年、西元一九一九年結婚，並生了兩男兩女。本篇追憶錄的主角李鬧定是兩男中的長男。我的內嬤林李衛是李鬧定的大姊，是我曾祖父母的長女。因此我稱呼鬧定舅公為大舅公。

我父母曾帶著我，拜訪住在高雄澄清湖旁的大舅公，當時的大舅公已屆八十高齡。印象中的大舅公是個健談的長者，活力有勁、說話鏗鏘、氣勢十足。我知道父親一直和他這位大舅保持著聯繫。但是就在我終於要著手整理大舅公的旅日故事，為他執筆追憶錄時，才得知他已在二〇二一年，新冠疫情肆虐全球的期間逝世，享耆壽九十七歲。

擁著無法再次親訪大舅公的遺憾，我只能發揮在學術領域習得的本領：文獻閱讀、田野實調、訪談記錄，透過父親的協助，一一聯繫上我阿嬤原生家庭那方的遠親們。

---

* 日本時代，台灣的小學被稱為「公學校」。公學校的制度最初是四年制，一九三七年才改為六年制。

** 中華民國政府接管台灣後改為高雄縣彌陀鄉，二〇一〇年高雄縣市合併後改為今天的「高雄市彌陀區」。

層層地整理，收集線索及訪談。主要透過年少時與大舅公一起近身生活過的父親對他的回憶，與大舅公的子女們口述他們父親曾敘述過的往事。遙想、閱讀、對比、拼湊、抽絲剝繭，試著重組那個時空背景。構思當年還只不過是個囡仔的大舅公，在什麼樣的時代氛圍，離開故鄉，前往日本。在日本半工半讀，苦學打拼了十年，經歷了在那個歷史點上也動盪、也戰亂的日本。然後在日本戰敗前夕，在他也才二十歲時，離開了東京，上了返鄉的船。

我想像著，那個農村社會裡的一個庄跤囡仔，在什麼機緣與什麼動力的推進下，踏上別離家鄉父母和手足，遠行赴日求工、求學的漫漫路途。

一則徵人啟事

兒時的大舅公，在故里有個大他十歲的同鄉。跟我說故事的父親跟舅舅們稱他為「醫生囝」，口吻帶著傳奇，我從他們講古時的口氣略感一二。

也因為大舅公旅日故事的起源，正來自於這個似乎裹了層傳奇色彩的同鄉，這個也來自岡山的陳丁財。可知的是，「醫生囝」陳丁財在他年約二十歲的一九三〇年代就已在日本醫科大學求學。*

一日，醫生囝在東京一間古貨店(舊貨店，賣二手衣服舊物等)櫥窗讀到一則徵人啟事，徵求「長工」。陳丁財寫信回台，向家鄉父老提到這一則招聘啟事。我曾祖父母聽聞，提供了一張大舅公當年才十歲大的照片，寄回給人在東京的陳丁財。我因為這條線索，還特地查找了一九三〇年代台灣的照相文化。那個時代，拍一張相、洗一張照，肯定仍是一件非比尋常的事。

尋求聘用長工的日本雇主看過了大舅公的照片，應允雇用當年年僅十歲多一點的大舅公。日本雇主如何憑藉一張相片同意雇用呢？我顯然無從考證起，但情不自禁地想像著，當年才十歲的這個囡仔，在相片上的神情會是怎麼樣的呢？

我想像著當年，醫生囝與南台灣的家鄉父老，透過書信一來一往地交流東京的招工訊息。在那個年代，從日本寄一封信到台灣需要多長時間呢？我在上世紀末前往法國留學時，一封平信就可能需要一到兩週才能從巴黎寄達台灣。一九三〇年代的台灣跟日本之間的郵務往來，或許單趟寄送估計個七天都不為過。那麼執筆寫信、等候答覆、再次回函，一來一往的郵件寄送、聯繫、討論所下的每個決定，前後花上各把個月的時間就變得不無可能。

於是乎，年紀輕輕的大舅公展開了一段少年遊子，啟程赴日的生命之旅。我想像著年幼的他，帶著父母賣地換錢，幫他買的一張所費不貲的「岡山—東京」單程旅票就出發了。

---

* 陳丁財醫師（一九一三—二〇〇一），日本醫科大學畢。戰後回台在岡山開元街開設「陳產婦人科」，該址位於岡山舊城「中街」。岡山「中街」在舊時曾經是熱鬧的商貿區域，現今還保留了許多日治時期的西洋式建築和少數清代中式建築。

但他走的路程可沒那麼簡單，我依照二舅的敘述模擬路線：從高雄出發坐八個小時台鐵火車到基隆，在基隆港上船，走內台航路一路往日本航行。抵達日本門司港換小船，小船再於日本內海中航向神戶。到了神戶後下船，再從神戶換乘火車進入東京。估計光是乘船的部分就需至少五天，再加上前後火車的部分，抵達目的地東京，可能需要至少整整一個星期的時間。

大舅公的父母親，帶著什麼樣的心緒、陪著他乘台鐵到基隆，看著他上船了嗎？大舅公帶了什麼樣的衣物和行李遠行呢？離開的時候知道自己會再度返鄉嗎？當時預計多久才能再返家呢？

海上航行多日的他，下船後大抵就是一個人吧。同鄉的「醫生囝」會在東京車頭（火車站）等他嗎？第一次踏在日本土地上，身處與南台灣濕熱氣候迥異的門司，心中是什麼樣的感受呢？還是囝仔的遊子，隻身在火車頭提著行李，等待他的那班火車——那班即將載著少年遊子，抵達充滿未知的東京的列車。

＊　＊　＊

二十歲的我初次抵達巴黎留學時，拖著大行李，聽著聽不懂的法語找路，彷徨是我能下的形容詞。那十一歲的大舅公呢？他在港邊等待上船下船的當下，心境也是彷徨的嗎？我一廂情願地想，一定也還有著勇氣。

＊＊＊

一九三四年，二戰還未開打。是什麼樣的動力，讓大舅公的父母決定送稚子隻身離家前往日本，去東京擔任家庭長工，做打雜及炊煮之工？除了希望他離開當時物資肯定貧乏的農村，以尋找更好的發展機會之外，我想不出其他更合理的解釋。

我經調查知道，日本時代的「長工」是為農業社會在農場、工廠或家庭中，聘用從事長期勞動的勞動者。家庭長工在雇主家庭中，從事家務或照顧工作，雇主一般支以低薪及提供住膳伙食作為回饋。大舅公當時極可能面臨著長時間工作、低薪酬和社會保障不足的困境，也可能面臨著生活文化和語言上的挑戰。

儘管台灣在日本統治之下進行了日語教育，但生活在親人不在身邊的遠方，絕對可能存在適應上的困難。又雖然打工可領薄薪，大舅公在日本期間還是會經常面臨沒有生活費而拮据的狀況。聽阿姨和舅舅們說，大舅公在家鄉的大姊（我的內嬤）和妹妹，會利用做工存錢，以寄到日本給他經濟上的援助。但他依舊遇到，貧困到必須前往當鋪，典當衣物以換取生活費的窘境。儘管如此，大舅公最終仍然成功地半工半讀「讀苦學」，完成日本帝國大學商科的學業，並取得文憑。

大舅公同時還見證了一九三〇到四〇年代，日本從無戰的太平盛世、開戰後的戰爭時期，到快成為戰敗國時的家園變色。第二次世界大戰結束前兩年，一九四三年，他與「醫生団」及一高雄橋頭同鄉，三人從日本同行共同搭上了返台的船。大舅公回台時年約二十歲。他的青少年時期，從十一歲開始都在日本度過，約在日本停留了十年左右。因為旅途耗時且旅費昂貴的關係，當中肯定也從未返台過，只能依靠書信往來與家人聯繫。

遊子歸鄉

日本時代，台日間往來商船盛行。然而二戰

在日本求學期間的李鬧定。

期間，許多商貨船都被日本軍方徵用。三舅說，大舅公原本返台應該搭上的那艘船，在海上被擊沉。我尋著這條線索，查到了兩艘那段期間在太平洋戰爭中被擊沉的，從日本出發到台灣的船隻：船名「高千穗丸」與「富士丸」。它們分別在一九四三年的三月和十二月，在航向台灣的途中遭美軍擊沉。大姨說，不只前面那艘被擊沉，大舅公搭的後面那艘也是。他們說的前後兩艘會是我查到的這兩艘嗎？還是九月時也被美軍擊沉的「大和丸」呢？

人在台灣引領企盼遊子歸返的曾祖父，聽說孩子搭上的船被擊沉，以為他的長子已不再，悲慟欲絕。他手揮白幡，在海港邊行招魂儀式，哭喊痛失愛子的名。誰知，彼時，靠岸的隔壁船上走了下來他思思念念，時年二十的青年遊子闊定。

據聞，大舅公的船沒事，是因為船上懂得收聽軍用廣播的藝妓，收聽到（用日語、漢語或是英語通訊？）美軍的轟炸計畫，通知船長巧妙地繞道航行、避開轟炸，躲過一劫。

大返台後，也因著日本各帝國大學學生之學歷，於一九四六年夏天後在台被相繼承認，大舅公先在高雄的農會工作，然後任職了一陣子小學教師。之後他成家，與妻共生了七名兒女，有四女三男。結婚後他改行從商，在岡山和高雄經營南北雜貨批發生意：買賣香菇、蝦米、木耳、金針等乾貨。晚年退休後，住高雄鳥松區澄清湖旁。據父親轉述，大舅公生前喜看西洋片，老年多以觀賞ＨＢＯ頻道的電影為樂。他還喜愛繪畫，留下了多幅珍貴彩繪。

大舅公的幾個女兒、即我的阿姨們則說，大舅公其實非常傳統，非常地重視長幼有序，甚且還會重男輕女。比如他認為，讓女兒們讀冊是無用的一件事，因為女兒們終究會成為別人家的媳婦。他甚至會為了阻擋女兒們上學，而把她們的書包藏起來！幾位阿姨們同時還必須從少女時期開始，就幫忙家裡顧店、作賬。

三舅說，他父親過世前大約五年，當時已九十多高齡的大舅公，有一日，領著小兒子三舅他，去高雄橋頭尋找當年同行的第三個同鄉，想要向他謝恩。未果。說當年他們偕同返鄉的三人，上船前臨時因為橋頭同鄉的緣故而更改船票，才沒搭上原本要上的那艘、後來被美軍擊沉的船。

李鬧定結婚照。

旅日這件事，以及這之間經歷過的點滴事件，肯定對他意義甚大。若真如此，今天我這個甥孫女替他把故事寫下來，他在地下有知，或許也能含笑？

夢裡說的語言

大舅公離開台灣前往日本時，台灣由說日語的日本政權治理。返回台灣後，台灣成為由說漢語的國民政府治理。

那大舅公自己說什麼語言呢？印象中，我與父親去拜訪他時都是以台語進行交談。那麼，台語是他最私密的語言嗎？在日本求學工作而使用的日語呢？回台以後才學的漢語，又對於曾在小學任教過的他，有著什麼樣的輕重呢？

如果大舅公還在世，我最想問他的問題之一會是，他在夢裡說的話會是日語嗎？還是台語呢？

語言是我的專業，對我來說，語言的問題還最能言語。

閱讀故人的意義

這份追憶錄我以長輩們的敘述作為行文主線，透過口述、轉述的方式記錄上上個世代的古事。部分還未能深入探索的細節，尚有待我們後生繼續努力。我相信，經常，我們不（輕易）說的事，不（輕易）提的人，不會就是不重要的。往往相反。

閱讀歷史、閱讀故人，最吸引人的地方或許正是，它能夠讓我們在探索的過程中，「忽然地就懂了」。懂得為什麼誰執迷了、誰憤慨了、誰傷慟了、誰在乎了：所謂豁然開朗。

就像我因為追尋大舅公的故事，而間接地像是，忽然地就懂了，台灣幾個世代間的差異是怎麼形成的。

＊　＊　＊

行文到此，我也豁然領悟，自己深深地被這段古事吸引的原因。我自己年輕時就離家遠行法國、當遊子的經歷，是不是就在大舅公的旅日故事上得到了呼應與共鳴。

當然，我遠遊留學的時代條件，與鬧定舅公的當年無法比。但是，我們都曾是那個，為了能夠歸來而離家遠遊的少年囡仔。

＊　＊　＊

我跟父親說，舅公鬧定這個名字真好：人生走一遭，可鬧也可定。*

* 特別感謝大舅公的子女，對於本文寫作的傾力相助：阿姨們李碧珠、李碧寶、李碧玉、李碧足，舅舅們李誠輝、李誠豪、李誠財。

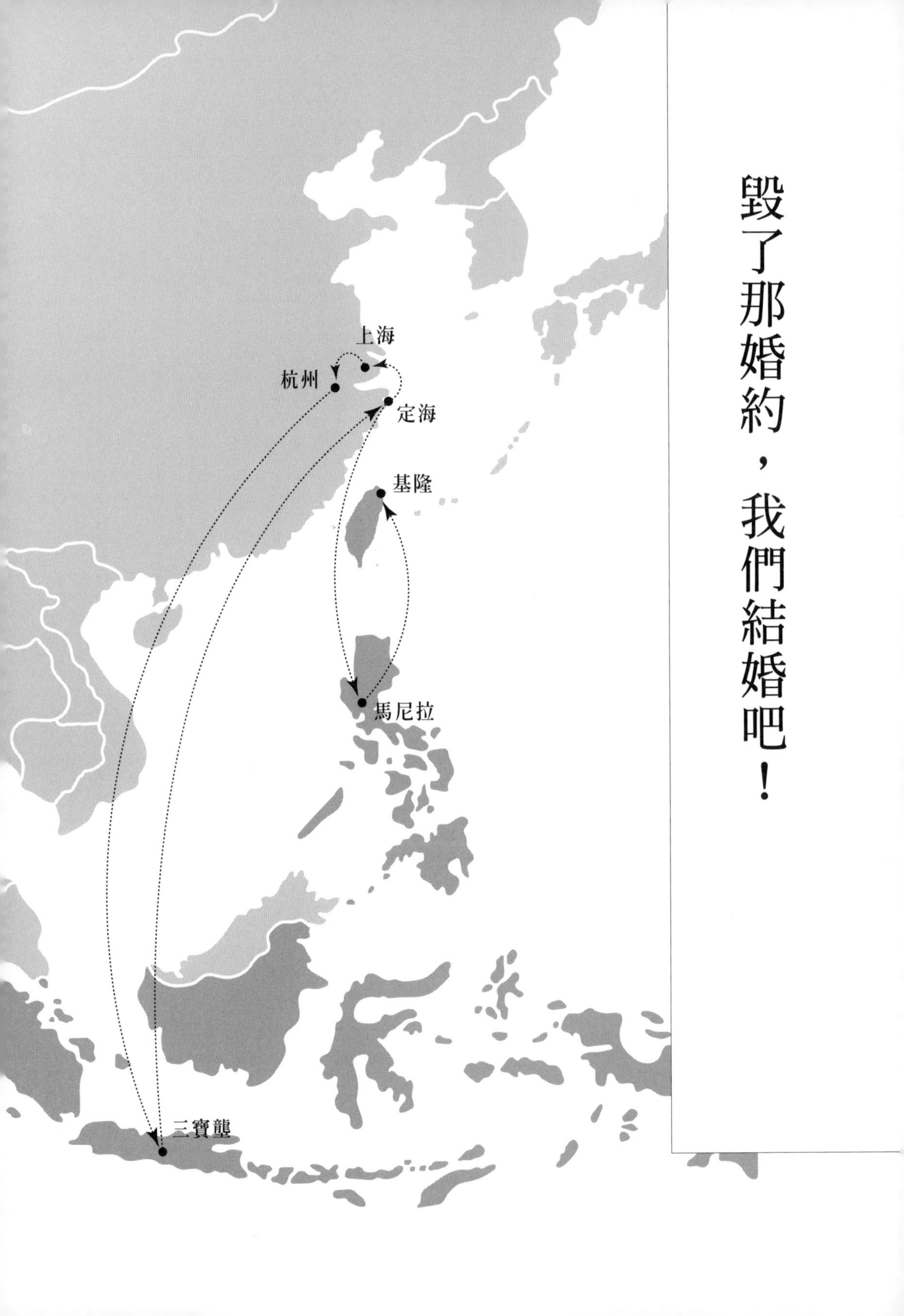

毀了那婚約，我們結婚吧！

舒兆民

現任國立臺東大學華語文學系副教授，並兼任華語文教學研究中心主任。生於基隆，祖籍為浙江省定海縣。學歷為國立臺灣師範大學華語文教學研究所博士，專長為華語文教學、漢語語言學、數位教學、教學設計。興趣在閱讀、旅遊。

舒雲川先生的遷徙路線

定海→上海→杭州→三寶壟→定海→馬尼拉→基隆

父親生於一九一九年末，家鄉是浙江定海，在舟山群島，鄰近舟山市，上了大陸本土，城市有寧波、紹興，再過去是有名的大城市杭州，父親常常說他很小的時候，一次家人帶著沿路經過直到杭州，就這麼一次家人外出遠行。

那些年，是中日戰爭前的黃金十年，可在漁村的生活還是不容易。爺爺在舒家村是個窮人家，日子不好過，沒田沒產沒技術，靠著搭上鄰家的漁船出海捕魚，看天吃飯、賭命過活。家裡窮可還是要讓小孩去私塾學習，父親跟著兄長、姊姊一同學習，認了字、學了幾本蒙學書，就算是小時的學業了。父親識記強，雖教育程度上是個「不」字，卻在私塾老師指導下，認識了不少漢字，也能閱讀新聞報章的。

父親是家中老么，上頭有兩個姊姊一個哥哥，爺爺奶奶養著幾口人，確實不易。十三歲的男孩，在那個年代的鄉下，是應該要工作的歲數了。雖然沒上過正式的學校，可私塾的學習，能看懂簡單的篇章，也還可以認讀合約與人書信溝通。

家裡的經濟因小孩長大，吃穿、教育、生活費用漸多而越發困窘，父親有了個機會，能去一家新成立的船務公司隨船出海工作。就這樣，改善家境需求下，十三歲小孩上了商船擔負起船的動力，「生火」是他的職掌，船艙裡窩在狹小的空間，放煤加油看管引擎是他的任務。這工作環境對身體不好，對青少年成長也不適合，但想著既有了三餐，也有了給家裡的收入，再往好處想，還能到處看看這個世界，一舉數得啊！

跑船回家有了未婚妻

十多歲的孩子上船工作，隨船運貨到南洋、中東，來來回回，每天看著無際的大海，還是會想家，航程中偶爾臨停幾個港口，補充些東西，也不能輕易下船到陸地，一、兩天又要啟航，那時想看看世界的期望，也就沒那般美好。問爸爸那時會不會思鄉呢？爸爸說：「剛開始第一年會，後來就沒感覺，船已經是他的家。」

這種商貨船運一趟的來回，日子短則兩、三個月，長的話就要半年、一年的。難得回到舒家村了，見見家人，聊聊家裡發生的事，看著家人好像也陌生起來了。

船公司接來的任務多，私人企業自當營利為先，船員們回了鄉，常常不到一星期，就要召集回來再出發，船員們的家在海上，船員們彼此就成了家人。父親說他小時候不愛吃蔬菜，船上的三餐最想念的是蔬菜，能填飽肚子就好，每天的食物都差不多是那幾樣。

四、五年在船上工作，早習慣了貨船的生活，哥哥姊姊們也長大工作了，家裡經濟慢慢好轉，父親說他那些年只學會「生火」，就依舊是個船員，來去匆忙，船上是家，家是旅店。

一九三一年，父親十八歲，這樣的年紀，在村子裡就是大人了，爺爺為他媒了個親事。有一次船回港，就兩天的「假」，父親回家看看，就得知自己有了個未婚妻，心情沒得照顧，喜事似未感到歡樂，匆匆與「她」一見，就依照收假時間回去上工出海去了，只留下隻字片語：「下回見。」

父親心裡想著，原來這就是父母之命、媒妁之言啊！就見一次面，再過一年回鄉就成家了，心裡總是不踏實，自己最關心的卻是想著成婚後還要上船「生火」嗎？

我曾好奇地問爸爸：「她長得怎樣？」

「嗯，沒什麼印象，乾乾黑黑，瘦瘦小小的，隔壁山上村的十六歲女孩，長得比我高，聽說她種田力氣大……」

啊！真的就見一次面而已！

印尼生活八年

中日戰爭前幾年，國家時局不穩，航運回到上海、杭州，沒幾天就要再出發，沒機會回定海看看家人，一九三七年海岸線就封鎖了，回不去了，所有音訊也斷了，船公司也沒了。父親那時在印尼三寶壟，等著可以回去的消息，就這樣等著等著像是個難民一樣過著日子。爸爸苦笑著說還好船停在三寶壟，天氣還溫熱，那兒居民有很多的華人，說著還算能溝通的方言，地名還是因為鄭和的緣故。

公司沒了，同事們四散，有辦法的回鄉，有計畫的移民，沒法子的岸邊聚集行乞，釣魚撿破爛應徵雜工求生存。父親識字量夠，跟幾個同鄉的船員叔伯們搭個棚子賣起冰來，一個攤子養活幾個夥伴，幾位叔伯成了患難時的好友。久而久之，似乎有著他鄉成故鄉的想法，

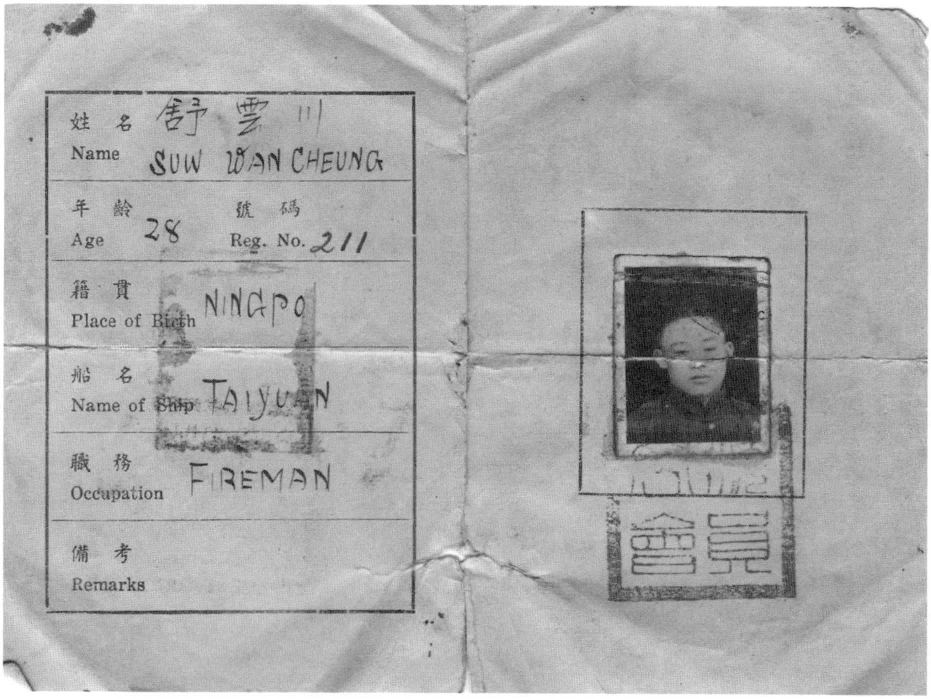

父親二十八歲的船員證（名字還是本名時）。

冰品的品項越來越豐富，做出了口碑，卻也因為沒有身分，小本生意做不大，不安穩，「孩子，安居才能樂業啊！」爸爸說。

八年過去，中國在抗日戰爭最後取得勝利，爸爸跟叔伯們也知道了消息，國內有家的人想回去看看，確定沒了家的人則想留下賣冰，當然，八年來也有在印尼成了家的。海外滯留的遊子，這下子可以真的想想：「總要回去看看。」

小男孩長大了，父親八年在印尼生活，沒成家、沒置產、沒想過要移民，那時就想買張船票返鄉去，至少找到家人，回去成家吧！

國家歡樂時，國事亂麻中，百業待興，船公司找到各地滯留的船，派人來尋那些年回不去的船員，公司希望把員工找回去，同時繼續工作。

爸爸想了想，賣冰不是專長，還是「生火」。

「船公司過來找人了。」原來的員工要繼續登船工作的，可以免費搭船回去，接受新器械的操作訓練，又能回鄉又保障了工作，父親感覺這交易挺好的。結果，幾位叔伯決定回來當船員，這工作再度帶著船員們過起海上的生活。在中國，大家一邊慶祝著勝利，一邊也想著日子要過，現實必須面對，那八年流落在外的船員，不少人像父親一樣，接受了一份回任的職務，接著就是四處飄流。

聽爸爸說，那次過了八年的漫長回鄉路，心中有著期待，知道老家的地點沒變，然而，景物人事變了，爺爺奶奶走了，他的兄姊各有了家庭，那個隔壁村的「未婚妻」早沒了下落，要找她嗎？要住哪裡？猶豫了兩天，「船公司過來找人了。」又要出發了，這批貨要送到美國，得好長一段海上生活，受了幾天的訓練能操作新式鍋爐，行裝整理一下，三十歲的年輕人再登船，揮別「家人」。爸爸常想，八年後回了家，結果還是一樣四處飄流。

台灣光復前，我的媽媽

中日戰爭時期，台灣人在公學校學習，日文是必學的溝通用語。我的母親在小學時學了些日文，在家中台語溝通，小學畢業後就在金山的家裡幫幫家事與農忙。媽媽回憶起日治台灣在抗戰的後期幾年，徵用了不少台灣男子到南洋去當軍伕。

在那段日子，他們躲空襲、跑警報，農田沒收成，眼前多是殘破景象。時常抬眼看到B―二九戰機在空中飛過，接著就是轟隆巨響，不遠處濃霧煙塵漫天，再來就是大火焚燒，實在無法撲滅，只有任它燒盡。小孩在那個時代就得要快些長大，成熟穩重的態度去面對變亂，承受著戰爭帶來的危險與不安。

「媽，你在幹嘛？發呆喔！」母親晚年常會看著家人的黑白照片，裡頭有外公、外婆、兄弟與姊姊一起的合照。有一次，她說起當年她十六歲時，有個「未婚夫」，一樣也是父母之命，媒妁之言。

「那，他人呢？」我確定那不是我爸。

「到南洋當軍伕，沒回來。也好，又不相識。」

我的母親算來是有紀律、嚴謹的人，天生的個性就是獨立而自主，在家中有主見，很顧家的人。自小我看著母親就幾乎是沒有拖延過什麼，她說她很難在變動的環境生活，躲警報那些年是她最痛苦的年代，什麼事都沒有準，沒有計畫範圍內，我想，任何人都是吧！誰不想「安居樂業」的。

台灣剛光復時，許多空地可隨意占取，媽媽得知消息，為了家人，跟阿姨在基隆的市區用木條圍起，占了

父親約三十五歲時的照片。

一塊地，她讓姊姊留守，自己去跟外公說占地的事，正當洋洋得意時，怎料外公外婆想到還要照顧一塊地，嫌麻煩，直接放棄，沒想到後來占地的人成了大地主、基隆地產王呢！那個年代，什麼事都可能，占了地就直接合法。

後來，媽媽全家搬到了基隆市區，離港口近多了，光復後到國共戰爭期間四年，基隆港很熱鬧，日本人離開、國民政府官員來，接著各省籍的人士來、軍人軍眷來、逃難的來，基隆港天天人滿滿的，來了各種的「外人」，口音多元，衣食多樣。來的人有恐慌、有匆忙、有飢餓、有無奈的，媽媽在港口擺起攤子賣包子與菜湯，平價供應，給來的人們一點溫飽。一年後，母親進入位在基隆港口邊的糧食局擔任起臨時工，家裡的經濟算是穩定了下來。

國共之爭再度封鎖海岸線

國共戰爭，國民政府失利後來台，官軍移防台灣，正當混亂之際，基隆成了重要的出入口，許多人無奈地來到這兒，貨物、財產、人員為數眾多。

大多數人心想這是個臨時居所，過渡一陣罷了！父親已記不得有多少次回航想回家就回不去，回航的停點就是離家鄉遠。船公司收到消息，回不了大陸，海岸再度封鎖，這次又會多少年啊！印象中父親說船就停在馬尼拉，待了快兩年，心想又要擺攤賣什麼了嗎？直到船長獲知消息可以啟航回國，停點卻是基隆。父親跟著船、跟著公司，父親也記不清哪一年了，大概是一九五〇年到一九五一年吧，他登上了基隆港，這次又要賣冰了嗎？

是啊！我竟沒想到，船運是不會回到定海的。戰亂的年代，什麼都不穩定，有沒有貨要運都不確定，只知道怎麼都回不了「家」，路上也是打仗中，平民百姓逃難的就想有個安全的地方。海運公司的船多數停靠在上海、杭州、廣州、廈門，國共爭戰時，停船的就選在海南、香港的。真想要回去看看，安全性、交通、時間什麼的，既不安穩又花錢花時間，實在難辦到，這就更沒機會回家鄉。聽父親這麼說著，年少的我也悲傷了起來，但是看著父親神情一般的平靜，我感受到的是一種長年以來逆來順受的堅忍。

雖然又是戰爭造成無法回鄉，船公司搬到台灣，持續經營，公司與政府有些關係，維持航運不成問題，只是一樣的出海回港，回來登岸的不是爸爸的故鄉。隨著國民政府在台的管理穩定，父親與同事們能有個回國時臨時返航的目的地，偶爾能上岸去打擾同事在基隆的家，船上是他的居所，望著海想著再次回航目的地有沒有可能是「定海」。

「爸，定海那兒的伯伯嬸嬸都有家庭了，你還會想回去嗎？」父親微笑不答，我想是答不出來吧！他說過最後一次回去，只見人事變遷，景物也變了，沒有個熟悉的地方，回了家也是沒有個家啊！

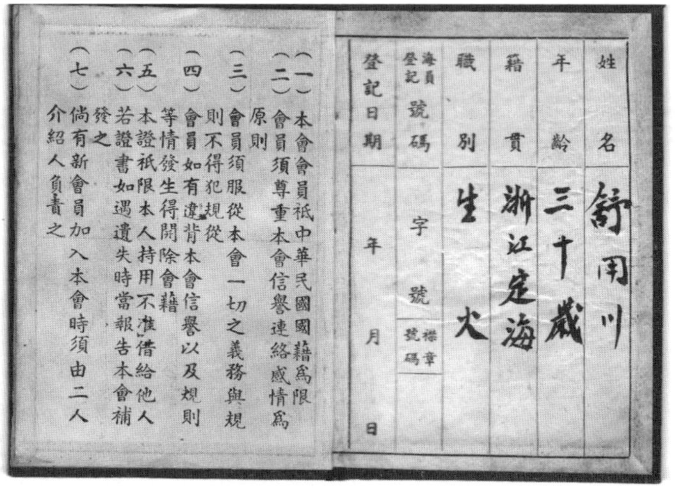

姓名 舒月川
年齡 三十歲
籍貫 浙江定海
職別 生火
海員登記號碼 字 號
襟章號碼
登記日期 年 月 日

（一）本會會員祇中華民國籍爲限
（二）會員須尊重本會信譽連絡感情爲原則
（三）會員須服從本會一切之義務與規則不得犯規
（四）會員如有違背本會信譽以及規則等情發生得開除會籍
（五）本證祇限本人持用不准借給他人
（六）若證書如遇遺失時當報告本會補發之
（七）倘有新會員加入本會時須由二人介紹人負責之

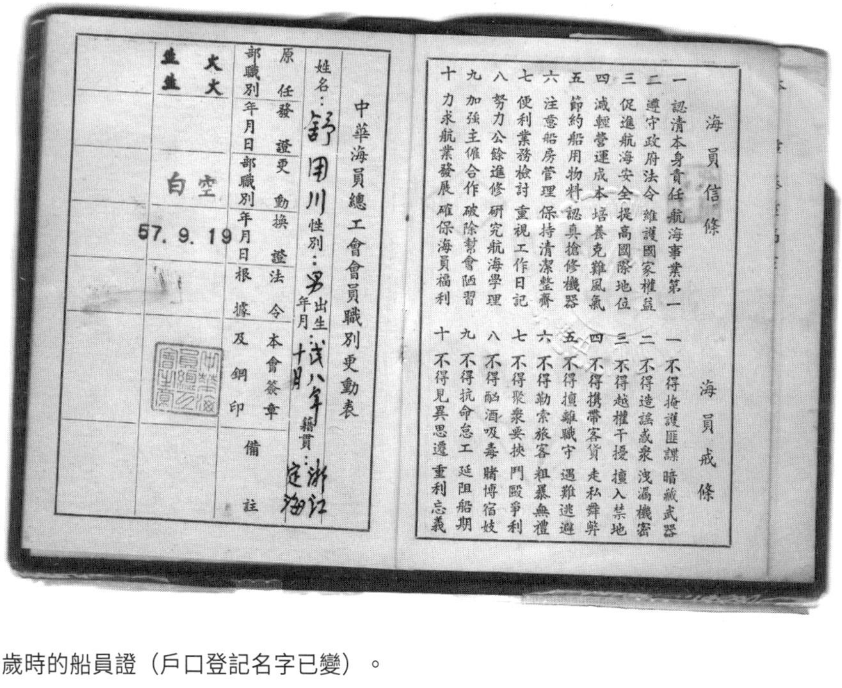

中華海員總工會會員職別更動表

姓名：舒月川 性別：男 出生年月：戊八年十月 籍貫：浙江定海

原任部職別年月日 發證更動部職別年月日 換證法令根據 本會簽章及鋼印 備註

空白

57. 9. 19

海員信條

一 認清本身責任航海事業第一
二 遵守政府法令維護國家權益
三 促進航海安全提高國際地位
四 減輕營運成本培養克難風氣
五 節約船用物料認真搶修機器
六 注意船房管理保持清潔整齊
七 便利業務檢討重視工作日記
八 努力公餘進修研究航海學理
九 加強主僱合作破除幫會陋習
十 力求航業發展確保海員福利

海員戒條

一 不得掩護匪諜暗藏武器
二 不得造謠惑衆洩漏機密
三 不得越權干擾擅入禁地
四 不得携帶客貨走私舞弊
五 不得擅離職守遇難逃避
六 不得勒索旅客粗暴無禮
七 不得聚衆要挾鬥毆爭利
八 不得酗酒吸毒賭博宿妓
九 不得抗命怠工延阻船期
十 不得見異思遷重利忘義

父親三十歲時的船員證（戶口登記名字已變）。

咱們各毀婚約吧！

國民政府來台後，台灣經濟發展，人民生活安定，父親船員的生活就是出海入港的，自知是回不了鄉，也習慣了一個人無家的生活。母親待在糧食局，照顧著外婆，日子也安穩。

本省外省組成了不少家庭，軍人回不了鄉就落地生根，憑著媒人，許多一對一對成了家。爸爸不是軍人，婚事也像周遭朋友一樣，父母不例外，經友人介紹，又一次的媒妁之言，湊成了對。媽媽回憶在一九六五年的夏天，爸爸說著有江浙吳語口音的中文，媽媽運用在工作上學來的台式國語，彼此雞同鴨講地試著交流。奇妙的是，這樣的溝通在後來的歲月裡，常常兩人在急的時候，各說各的方言，但也溝通無礙。

媽媽回憶起兩人初見面時，談到最有趣的一件事是報戶口。政府為了清點人口，製作戶口與身分證，辦證登記時，人們有著各地的口音，戶政員聽到什麼就記錄下什麼，寫什麼也不清楚，畢竟不是每個人都識字的。

雖然爸媽都識字，但就沒想過這資料寫錯能有什麼問題，兩人想法都一致——「隨便啦」！「雲川」變成「用川」，「寶釵」換作「寶猜」，一個外省口音的ㄣ、ㄥ分不清，聲調也不準，一個台灣國語沒了翹舌。名字就這麼變了，不想去改，也算是記錄了那樣的年代。

相親後的兩天，爸爸又隨船出發，一出去又是半年。出了海什麼都未知，兒少時期離家出遠門，三十五年裡也走了七、八十個國家，然而，每個地方都只能是匆忙路過，這樣過了

E-HSIANG S. S. CO., (H.K.) LTD.
S.S. Foo Ming
No. 14
Name SHU YUN CHUNG
Age 33
Native of CHEKIANG
Rank FIREMAN
Date MAR 13 1951
Badge No
for Manager
香港益祥輪船有限公司船員證
姓名
年齡
籍貫
職務
證章號數
中華民國四十年三月十三日給
（本證服務期間有效）

父親三十三歲的船員證。

父親提親的照片（約四十六歲）。

三十五年沒有家的日子，人將到中年。是時候了，爸爸在心中下了個決定……

半年後，父親回來了，登上基隆港，跟朋友租了個閣樓。約了母親一起吃飯，談到了爸爸找不到未婚妻，媽媽等不到未婚夫，這麼多年等候該是仁至義盡了吧！

爸爸對媽媽說：「毀了那婚約，我們結婚吧！」父母倆順著時代，就是平淡的接受，無悲無喜的。

爸媽還自嘲說：「那時候流行啊！」

媽媽回憶起來對我說：「你爸那時說的我聽不懂，我們國語真的很不好懂，只知道要來提親了。」

就這樣，相差九歲的兩人，年近

四十、五十的歲數，跟爸爸定海老鄉的朋友租了他在基隆家的閣樓，就這個小地方成了家，成了新婚居所。婚後，媽媽住進了閣樓，爸爸的家也真的在岸上了。

兩年後，我出生了，也住在閣樓，在我四歲那年，爸爸跟移民定居在美國的朋友借了一筆錢，那位朋友是在印尼曾共患難的夥伴，湊足錢在基隆買了間位在山腰的房子，回家只能爬山走路，車子是上不去的，也正因為在山腰處，屋前開闊能遠看基隆港。

爸爸仍舊隨著貨船出海工作，一樣很少待在家，媽媽生了我就帶著我，當了十年的家庭主婦，小時候我記得經常有各式各樣的家庭手工，手不停

全家福照片（父五十一歲、母四十二歲、我兩歲）。

而反覆地做著，為了多少能補貼家用。

印象中有幾次還得搭著「平快車」火車去高雄見爸爸，童年的我沒什麼父親的感覺，印象是只有見了父親後，就有機會喝到可口可樂，吃到水蜜桃罐頭，拿到要放電池的船來玩具。相聚幾天後，爸爸又要再上船了，沒看過父親帶著衣物的行李，因為那些都在船上，不必移動攜帶。在自己懂事後，就常看著父親拿著一堆藥要出海工作，藥袋裡有心臟高血壓的西藥、有緩和痠痛的中藥……。為了這個老來得子，爸爸只有辛勤的工作到屆齡，媽媽在我十歲時，曾在市場擺攤幾年，直到父親退休之後，又再肩負起家庭收入來源，十餘年在自助餐店裡掌廚與打雜。

一九八六年父親骨癌走了，二〇一七年母親腦瘤中風離世，基隆的家在二〇一七年也轉手賣出，這些年基隆港附近變了，火車站重修了，雨量少了，氣溫變高了。難得的小學同學會聚聚時，同學們出社會多數也離開基隆各分東西，幾位留在基隆的老同學，還會想起我的父母。我也成家二十多年了，跟父母一樣，老來得子又得女的，漸漸地能體會到父母那數十年的心情與辛勞，儘管不能真切地懂，至少不是年少的懵懂。父母的一生真是不容易。

後記

養兒方知父母恩。年歲漸長，自己有了孩子，更能體會到父母的苦心。父母的那個年代我們沒經歷過，戰亂而顛沛流離的日子，在父母親口中說來都是平平淡淡地陳述過去，然而，他們面對的大時代，是個隨時可能有危難，是個不可知的未來，生活中充滿著許許多多的不得已，而他們卻只能接受，關照家人他人，想法子自處，實在是不簡單的事。

政府解嚴前，父親曾在日本透過友人寫信寄給他哥哥，也收到了回信，附上了兄與嫂的照片，還有我的兩個堂姊照片，書信往來也不容易，父親也覺得似乎沒什麼特別的感情，就又斷了訊息。

父親留著五封來自家鄉的書信，拿出信來跟我說家裡認識的沒幾個人了。一九八六年初父親病了，病床前跟我說：「有機會的話就去定海走走，那兒是爸爸的家鄉，你沒認識誰，就當去玩。」

九個月後父親走了，隔年的年底政府開放大陸探親，媽媽看到電視報導，對我說：「就差個一年，也不知道你爸想不想回去看看？」我想，父親是想回去看看的。

想像自己若是像父親一樣處在一望無際的海洋，日復一日地過著，身子蜷縮在小小的動力艙中，看顧著船隻的火力，年少離家就沒了家的棄子感受，我想我是絕沒有那份堅忍、那樣的刻苦心志。

再想像自己要是像母親那樣在那幾年躲著空襲，隨時面對突發狀況而無法處理的無可奈何，卻得要默默忍受，平撫自己安慰他人，在她年輕時為了家人而沒有自己，這些的作為與選擇，我想那都會是我無法應對，也無法承受的。

念我的父母，更佩服他們在艱困的生命中，仍是一概的良善與氣度。他們的身教，他們的態度，歷歷在目，我何其幸運，永遠感念他們！

母親與阿姨的合照，地點在基隆山腰間的家門前。

故國不堪回首月明中：祖孫間令人無法忘懷的事

陳復

現任國立宜蘭大學博雅學部教授，生於台北市，祖籍福建省南平市，國立清華大學歷史學博士，專業領域在從華人本土社會科學的角度來整合發展中華思想史、中華文化史與本土心理學，尤其關注於心學應用於華人社會的實務工作。

陳受富先生的遷徙路線

南平→福州→杭州→上海→崇明島→高雄→台北

黎莉女士的路線

定海→杭州→上海→舟山群島→台北

陳秉貞先生、楊月華女士的遷徙路線

昆明→福州→汕頭→廣州→汕頭→福州→廣州→高雄

五十餘年來，我最大的發現就是「人常不是自己」。人總覺得是自己在做生命中的各種抉擇，卻不曾意識到：這些抉擇背後，恆常來自我們祖先帶給我們的文化集體潛意識，我們是活在這種巨大的背景裡，在顯意識的投射中行住坐臥與動靜舉止，因此，生命的主體性，來自垂直軸與水平軸的一大群人，包括離世者與在世者在內對你的綜合影響。因此，誰能迴避自己的出身呢？不能或不敢直面自己的背景，你始終只是活在個人主義的幻想中，對於自由意志有著失真的信仰。

我常羨慕在台灣的平埔族人，在部落不再且文化遺失的狀態中，竟然能通過文獻或訪談，甚至跟祖靈的隔世接軌中，將自己的族群認同重新構築出來。這就是只有人願意承認自己始終跟祖先常相左右，纔能活出的自尊與自信。然而，我總不能因羨慕平埔族人，就對外訴說「我是個平埔族人」，我如果因政治不正確的考量，就不承認自己是個「生活在台灣的外省人」，我不只活不出自尊與自信，更不會獲得其他族群的接納，我最終只是個花果飄零的社會邊緣人。

因此，我想針對爺爺奶奶與公公婆婆帶給我的影響，做點描寫與還原……

柳浪聞鶯的哭聲

我的爺爺奶奶與公公婆婆都是來自大陸的「外省人」，這是相對於「本省人」而有的說法，我在童年時期本來並沒有這個對比概念，因此我自然就不曾意識到這件事情有什麼特殊的意義；我只知道有山東人、江蘇人、浙江人、河南人、廣東人與福建人……，大家都是中國人，卻不知道有本省人與外省人。

在我中年後，驀然回首前塵往事，不禁深感這個背景對我的人生帶來極其重大的影響；而且，當我發現自己念國中時的地理課本前幾冊，除世界地理外，內容全都是中國各省的地理，這讓我莫名的鄉愁不只獲得滋潤，更獲得某種文本的證實。我曾狂喜而貪婪的啃食，藉由閱讀與學習這些知識來「認識我自己」，我並不想說只因環境的丕變，就倒過來說自己曾經活在「楚門的世界」中；但我不得不說，我的童年經驗如果被放在台灣這塊島嶼來俯瞰，其實已有如明日黃花，這是種特殊時空背景裡纔會擁有的生活經驗，並且再無法複製與重現了。

活在此刻的你，如果從未來反觀自身，何嘗不是如此呢？

如果說離開故鄉就是離開家人，不離開故鄉就會面臨死亡的威脅，那離開或不離開，都始終是在離開家人。每當我想到這裡，就會發現世間已沒有比這更慘絕人寰的事情了。我的奶奶黎莉，原本是住在定海、杭州與上海的千金，家中有著好些童僕與丫鬟在伺候，過著錦衣玉食的日子，她最津津樂道的事情就是自己在定海的老家有好幾進院落，過年前爹爹最常做的事情就是在合院空地前曬書與曬畫。

抗日戰爭期間，她在天津擔任銀行行長的父親黎之耀過世了，她具有多重語言的天賦，但身在淪陷區內，看見日軍如何殘酷欺凌中國人，甚或羞辱婦女。在學期間，奶奶堅持不肯學日文，等到抗戰勝利了，她跟母親黎朱氏住在西湖柳浪聞鶯杭州市湧金門韶華巷五號，但那個家同樣殘破不堪。正值我的爺爺陳受富帶著通訊部隊來到杭州從事復原工作，發現國軍在接收杭州的過程中強占民宅，他基於公義幫忙百姓爭取拿回被搶奪的房屋，其中一人就是我奶奶在韶華巷的家，兩人就此相識與相戀並結婚，婚後生下我大伯陳祖蔭與我父親陳祖洪兩人。

我曾經問我奶奶：「您有去西湖玩嗎？」

她回答：「怎麼沒有？西湖就在奶奶家外面啊！我們常去划船，湖中有個景點是『三潭印月』，那是三座石塔，可用來測量水深，我還曾經扶著其中一座石塔照相呢！旁邊有個島是瀛洲島，這種意象跟日月潭很像，日月潭有『九蛙疊像』，不同時節露出水面的石蛙數目不同，你就能知道水深，旁邊還有個光華島，真是跟西湖的感覺一模一樣。」

在我還沒有來到西湖前，我就是通過日月潭的印象來理解西湖到底如何的美麗，這不能說不是受到我奶奶的影響。

童年時我讀著《白蛇傳》，就很好奇跑去問奶奶是否知道雷峰塔？她說：「當然知道啊！但在我還沒有出生前，雷峰塔就已經崩塌了。」

我很驚訝這種如同神話般的故事竟然曾經真的存在於人間，不禁突發奇想問：「那後來白娘子就被放出來了嗎？」奶奶笑而不答。

我曾兩度在柳浪聞鶯尋尋覓覓韶華巷到底在哪裡，詢問當地人怎麼都問不出所以然，本來想說這間巷弄已經完全湮沒在歷史的塵埃中了，直到這幾年忽然在網路上看見韶華巷已經被修復得煥然一新了，如果有機會再過去一探，相信當能看見我父親出生的地點。

然而，在當日，置身在充滿悲劇的中國，對日抗戰剛結束，戰火卻再度復燃，接著國共內戰又開打，我的爺爺與奶奶想要戰後復員重整家園的夢想又落空了。即使家中的童僕或丫鬟早已在大難來時遣散，不論是因擔任國民政府的軍官或前清官員的後裔，我的爺爺奶奶都完全不具有政治正確性。我倒是從來沒有聽過他們曾經有討論過是否應該「留在大陸」，反而我記得曾在某個除夕夜，蔣經國總統按往例在訴說著「三民主義統一中國」的政治言語，我不禁喃喃自語說：「怎麼又來了？」

想不到我奶奶臉色一沉，帶著怒色壓低聲音說：「如果沒有兩位蔣總統帶我們一家人逃難到台灣來，你現在又在哪裡呢？」我一時語塞，想反駁卻沒有辦法回答。

很多年後，我腦中常迴響著這件往事，再回想他們逃難的經歷，開始逐漸能體會蔣中正與蔣經國在我爺爺奶奶心中沉甸甸的重量，記得我曾跟父親去看《滾滾紅塵》這部電影，竟然會哭得涕泗縱橫，那是來自某種文化集體潛意識的召喚嗎？或許真是如此，我奶奶後來跟著看完這部電影，跟我說：「奶奶當年背著你爸爸並牽著你大伯，情況比這部電影演得更悲慘。」

我問：「真的有很多人想搭上軍艦都搭不上，結果掉落到海中嗎？」

我奶奶陷入沉思說：「不是海中，而是江底。我們在黃浦江的吳淞口，軍艦下錨靠岸等著，軍隊都列隊等著上船，我帶著你爺爺的部隊在等著，怎麼等都等不到人，實在不能再等了，就只有眼睜睜坐著軍艦離開，外灘上有無數的百姓都擠著想上船，有些人沒有證明文件，還被請下船；有些人強行上船，士兵拿槍阻擋或驅離，結果失足跌落江中載浮載沉。」

還記得童年時的我，突然明白眷村裡的人為何樣貌看起來總如此殘破不堪，甚或會發瘋，原來是經歷過如此悲慘的人間煉獄啊？

我不禁疑惑再問：「那爺爺呢？」

「我正奉命來崇明島上開軍事會議。」悠長陷入回憶的聲音，來自另外一個夜晚，爺爺告訴我說：「我在島上開著會，對岸的共軍即將占領上海，外圍砲聲隆隆，爆破的火花，將夜晚照得紅亮如白晝，軍艦直接帶著我們駛離崇明島開往海上，我不知道你奶奶在上海的消息，但沒有辦法，軍艦帶著我們在海上漂泊三天，我們都不知道會開往哪裡，沒想到會到高雄上岸。」

當身為父親的爺爺不得不拋妻棄子離開上海，我立刻就萌生的疑惑是說：「那奶奶、大伯與爸爸該怎麼辦呢？」

記得奶奶慣常搖著扇子跟我說：「在這種兵荒馬亂的環境中，誰都顧不上誰，誰更怨不了誰，我們只認得國軍的部隊，跟著部隊就對了。」

其實，爺爺的通訊部隊反而由奶奶帶領，當他們的長官奉令去崇明島開會了，他們反而有種要保護長官太太的心態，大家圍著奶奶，背著沉重的通訊設備上軍艦，包括兩位一胖一瘦的傳令兵，矮胖的人是周士達，瘦高的人是殷廷陽，他們對我來說好像一幅意象：就像是范將軍與謝將軍，兩人忠心耿耿，共同守護著城隍老爺與城隍夫人。

爺爺曾跟我說：「只要我喊一聲傳令，接著周殷二人就會喊『有』，並且立刻跑過來。」其中周士達我還見過他好多回，他後來跟我爺爺奶奶租屋居住，每月來繳房租，我都喚他周爺爺，殷廷陽則沒有見過，因為他來到台灣後沒有太久，因一直頂撞他人，還口無遮攔跟人嚷著「我想要回家」，被政府當作匪諜逮捕槍斃了，這是我的爺爺心中無法言喻的遺憾。

奶奶坐著軍艦先回到舟山群島待一陣子，等到民國三十九年五月解放軍已經在華東機場部署噴射機，開始瘋狂轟炸國軍的運輸艦，防守舟山本島變得極其困難。五月十三日，趁著海霧濃重，蔣中正就派八十艘運輸艦來到舟山群島，讓防衛舟山群島的十二萬軍隊，外加兩萬民眾，三天內火速登艦撤退到台灣。

奶奶跟我說：「我們在軍艦上都暈船了，無數人都上吐下瀉，軍艦內臭得不得了，你爸爸還發著高燒不退，氣氛非常緊張，我的心糾結得很緊。」

由於軍艦乘載太多人，在汪洋中載浮載沉。接著，奶奶就會跟我訴說著流傳於我們家中已久的「神話」：「就在軍艦進水，快要傾斜翻覆了的時刻，有兩隻大如軍艦的鯨魚從前面游過來，一左一右撐著船骨，架著我們整船人來到前面的島嶼，大家爭相喊著：『那就是台灣的基隆港——』大鯨魚離開前還搖擺著尾鰭，跟我們說再見。」或許，從來沒有出過東海的奶奶，在當日真的看見大鯨魚在海中翻滾，幻化成她對於台灣這片島嶼的美麗想像……

鳳城鎮上的孤兒

我的公公陳秉貞是抗倭名將陳第先生的後裔，陳第不只認真研究音韻學，擅寫詩文，跟戚繼光抗擊倭寇，任俞大猷幕客並獲傳兵法，擔任游擊將軍，更曾跟沈有容來台灣剿擊海盜，其間觀察與研究平埔族並撰寫《東番記》一書，實屬文武全才的儒者。

公公的親生母親早在自己出生後沒有多久就過世了，他的父親陳利錦忙著經營陳記錢莊，商號馳名晚清時期的福州，卻因過早離世，身上留有極其龐大的財產，親族都覬覦過來爭產，導致公公的家道中落，他在童年時期跟著懦弱無能的繼母備受欺凌，幾度身陷於絕境中，過著三餐不繼的生活。

經歷過從雲端跌落到谷底的人生，使得公公變得個性堅毅，凡事自己想辦法解決，絕不跟人求饒，稟性正直卻沉默寡言，只要講話都講正事，但其實心中多愁善感，有著對生命豐富而細膩的體會，喜歡寫詩文來排解心緒，這種人格特質我應該是繼承了，使得我的母親看著我常有如看見我的公公一樣，我們母子間始終有著很深的情感締結。

公公是長子，繼母生四個孩子（三個兒子、一個女兒），唯一同父同母的親姊姊是陳端容，姊弟情深，兩人相依為命多年，公公視姊姊如母親，什麼事情都會想跟姊姊說，公公的願望並不是繼承父親的衣缽當個銀行家，而是當個春風化雨的老師，好不容易考上福建省立三都師範學校，僅差一年就要畢業，卻在民國二十八年毅然投筆從戎，改念黃埔軍校，從此變成革命軍人。

戰爭，改變太多人的青春歲月，姊姊出嫁於林家，卻在抗戰時期家屋被日軍炸毀，先生被炸死，公公立刻跟姊姊說，讓她帶著自己孩子搬回陳家大院來住。公公原本想說，只要抗戰勝利，就能全員復原回到家鄉安老於斯土，他心中隱隱約約有這種直覺：參加國軍，並不僅是單純響應抗日而已，而是結束全部苦難最根本的解決辦法。但哪裡想到，隨著後來國共內戰的爆發，國軍的角色更讓公公此生無法回頭，再度踏上要遠離家鄉的路。

記得在民國九十一年的六月三日到六月七日，我跟著婆婆楊月華回到連江，跟我的大姑婆陳端容團圓見面，一路上，婆婆看著眼前這片既熟悉又陌生的環境，驀然回憶飄上心中，跟我描寫她跟公公兩人的歸鄉路：「民國三十四年抗戰勝利，我跟你公公剛結婚，沒想到他調到廣東省汕頭市空軍第三十九無線電台工作，我一個人好不容易從昆明風塵僕僕來到汕頭跟你公公見面，你媽媽就在半路上出生於廣州，隔年我們夫妻兩人再由汕頭來到福州，住沒有幾天，再由福州回到連江，那時連江都是連綿的山巒，沒有平坦的大路，我坐在轎子上，好幾人抬著我，顛顛簸簸翻山越嶺，我的頭暈得不得了，經過兩天時間，終於回到鳳城。」

婆婆的腳雖然沒有纏足，但她從來沒有出過遠門，抗戰期間在昆明從事於護理工作，卻跟同去醫院探望同袍的公公相識與相戀，從此結為連理，沒想到在連江住不到三年，共軍就要打過來福州了，我的婆婆說：「當首都南京都淪陷了，共軍已經渡過長江，我們面臨這輩子最關鍵的抉擇：到底走還是不走？」

我曾經來到連江的青芝山，沿路相當陡峭，更有無數的摩崖石刻，這些石刻不只有董應舉、左宗棠、林煥章、陳寶琛與趙樸初這些名家留下的書法墨寶，更有無數的岩洞與山泉，讓我突然能明白古來文人為何總喜歡來到名山勝景探幽題字，使得自然美景與人文地景被整合得完美無瑕，這不就是中華文化天人合一的展現？而且，我有種莫名的熟悉感，彷彿深藏在自己身上的文化集體潛意識在剎那間爆發，我未曾經驗卻印象深刻的無數畫面，此際竟然在我腦海中展開。當我終於來到萬曆四十年（一六一二）工部左侍郎董應舉建立的青芝寺大陽台（該寺在民國二十年毀於火災，國民政府主席林森在民國二十三年重建），眺望著山下的鳳城鎮，想像著我公公婆婆當年在這裡的生活，不禁突然明白「月是故鄉圓，水是故鄉甜」

的感覺是什麼滋味，不知不覺熱淚盈眶。

公公其實非常不想離開家鄉，但沒想到我這不識字的婆婆，不知從哪裡得來的消息，她說：「共產黨實施共妻制度，我絕對不能接受，你不離開，我就帶孩子離開。」還記得我十歲聽婆婆講這件事情的時候，台灣電視公司正在播放一部由林福地導演拍攝名為《巴黎機場》的電視劇，內容在訴說某位大陸的科學家姜友陸如何在法國投奔自由的故事，由其本人擔任這部電視劇的男主角。

我並不清楚什麼是「共妻制度」，自然更不曉得這件事情是否真實存在，但是當時這部電視劇的主題曲〈讓他們都知道〉唱得極其婉轉哀怨，讓我對於公公婆婆的逃難好像有了背景音樂一樣。

這首歌是在歌頌自由的可貴，但對十歲的孩子而言，自由是我早已被政府置入宣傳，讓我自認很熟悉的感覺，但我卻開始意識到：自己的爺爺奶奶與公公婆婆都從某個「神祕的大陸」過來，這塊土地如此淒美，充滿著與我有關而我卻未知的內容，對我產生強烈的吸引，讓我渴望著探索自己的生命密碼。

各位可在網路上自己點播聽一聽這首由王芷蕾唱的歌，並了解歌詞。其女高音的唱腔，將聲音往上拉高到極限，聽著就能體會到孩子心中的悸動與震撼。

公公婆婆當年離開福州，就有著這種「熱望自由」的意思存在，他們知道自己如果留在故鄉，終將會失去自由，人身安全毫無保障，於是因婆婆的強烈態度，心懷仁愛的公公，帶著他全部未結婚的三個弟弟與一個妹妹（都是同父異母所生）離開，離開前不忘跟自己親姊端容辭別，請姊姊幫忙看守老家，並許諾等著他回來，但他此生始終未再回去故鄉。

最後是在前面說的民國九十一年，由我孝順的父親帶著婆婆、媽媽、二阿姨、三阿姨與我合計六人，風塵僕僕共同來替公公還願，全部人來到陳家大院探望時年九十八歲的端容大姑婆，相擁抱得泣不成聲。

公公婆婆由福州來到廣州跟政府會合，民國三十八年九月三十日，公公就帶著全家人搭軍艦到高雄，十月十四日

我的公公陳秉貞與婆婆楊月華。

廣州就被共軍占領，相隔只有十五天左右。回首那段千鈞一髮的往事，公公的回憶卻很淡然：「雖然情勢非常危急，但我們跟著大部隊登艦離開，緊張歸緊張，心中卻有著安全感，甚至可說沒有心情害怕，而是把命運全交給政府了，只要中華民國政府還在，我們一家人就能獲得保全，這就是我始終不變的信念。」

我特別記下我公公當年跟我說的回憶，重點在強調某種專屬於外省人的「渡台神話」，說這是「神話」並沒有絲毫負面的意思，而是在指出型塑外省人這一族群認同內蘊的「原型」（archetype），如果說閩南人的族群認同來自於神靈信仰，客家人的族群認同來自於祖先信仰，原住民的族群認同來自於祖靈信仰，新住民的族群認同來自於「母國信仰」，那外省人的族群認同顯然會來自於「民國信仰」，意即一政治信仰尤其與孫中山到蔣中正創立出來的中華民國政府體制有著高度的關聯，我們的家族故事與民國緊密相依，我的母親從童年到現在始終對我耳提面命的事情，就是要「愛國」。

克難街上的鬼屋

作為外省人，前面曾說我「不曾意識到這件事情有什麼特殊的意義」，並不是說這件事情對當時的我不重要，正好相反，我童年就生活在台北市青年公園外面的克難街，那裡有三十幾個眷村。對我而言，童年時期就已經習慣看著各種南腔北調的人川流不息出現在我的

爸爸（陳祖洪）參加媽媽（陳履端）的大學畢業典禮。

爸爸（陳祖洪）與媽媽（陳履端）的結婚宴客（一九七一年）。

生活中，「克難街」這三個字對我而言，就是個具體而微的中國。

我從這條街上獲得來自落魄中國的生活經驗，我就出生在鐵皮怎麼擋都遮不住天空的眷村中，每天穿梭在彎彎曲曲毫無幾何線條美的狹窄巷弄裡，地上充滿著骯髒的污水，四周洋溢著腐臭的氣息，說實話，「克難」兩個字對我而言不是種修辭的誇大語言，而是種置身在物質與精神都全然貧瘠的環境中，帶給我極其痛苦難忍的真實體會，但同時有各種特別的事情會吸引孩子的注意，這包括蒙古大夫動輒替人打針來幫忙人退燒；挑扁擔賣豆花的小販在你家門外經過叫賣著；在充滿油膩的木桌前吃著乾麵與餛飩；乞丐跪在路口不斷叩頭乞求你的施捨；騎著三輪車的人喊著修紗窗或換玻璃……

其實，最讓孩提時的我感到害怕的事情，莫過於克難街對我而言有如陰與陽的交界，我在這裡不只看見因戰爭傷害導致斷臂或斷腿的老兵；更看見好多名精神不正常的孩子或女人；更可怕的事情莫過於日子太苦了，我動輒聽說周圍鄰居有人不堪歲月的折磨而自殺，你能想像聽到這些消息，或看見這些現象，對一個不到三歲的孩子帶來如何恐怖的影響？那只是克難街的白天。

但，克難街的夜更熱鬧，你縱然不想將蜘蛛與蟑螂當作家人，牠們始終都是你家中的常客。當碩大的老鼠不只會在屋頂上狂嘯，更會從家中的枕頭上來回穿梭。聽著天花板的聲響，緊緊蜷曲收縮身體的孩子如我，不只在夜裡不敢一個人去上廁所，無數的夜晚都會做著有鬼魅在恐嚇的夢魘，「鬼故事」對於某些孩子來說或許是個鄉野奇聞，但對於就住在「鄉野」的我來說，這不是「奇聞」，而是「實錄」，我很害怕自己在夜裡就被鬼收了去，或就此成為我白天不忍看見的那些精神失常孩子。

這是種如何恐怖的感覺呢？在陰與陽的交界裡，童年時的我，不只常會在半夜聽見有女人忽然喊出淒厲的驚聲尖叫，更的確曾看見如煙的黑影從這個房間到那個房間內外飄忽來去，鬼魅對於孩子而言如此的迫近及身，這讓我要不就躲在棉被中處於失眠狀態，深怕不警覺就會被人間遺棄；但即使我處於深沉睡眠的狀態中，都會做著有關於那棟鐵皮瓦屋內有鬼來抓交替的噩夢；更不要說即使在白天，只要我一個人在家中，都會有著強烈的不安全感，任何物品莫名的震動或倒下，甚或只是臥室門不自然的開關，都會引發我的恐慌。

我常聽人訴說著童年的美好，的確我應該盤點自己童年生活的全貌，譬如我很喜歡在青年公園打彈珠、彈紙牌或騎單車，母親常帶著我放風箏，讓我看見風箏在天空中迎風招搖的飛舞著；我更喜歡來到台中的眷村跟其他孩子玩木槍作戰的遊戲，這些軍事部署的練習對我而言好像基因般樂在其中。但我常深感抱歉，無法在自然狀態中，對人談論自己美好的童年生活經驗，因為我始終無法忽略這其中有著無法掩飾的「克難」。

或許，這來自我始終無法忘懷那間克難街上的「鬼屋」。

這種經驗，讓我很早就看得懂蒲松齡寫的《聊齋誌異》，在他筆下，不只鬼能瞬間幻化成人，人其實比鬼還恐怖，會陷害人的存在不見得是鬼而是人，甚至有時候鬼反而更能展現人身上看不見的仁慈與俠義。

若干年後，我總會不經意回想：那些斷臂或斷腿的老兵，究竟因誰而失去他們的身體？如果不是基於任何崇高的理念，難道不是因守護同袍而要終身面對殘缺的自己？女人夜半的驚聲尖叫，或上吊自殺，或服毒自盡，難道不正是因與他們所愛的人如夫如子的生死永隔，於是選擇在陰間相會？隔壁的眷村，因一場莫名的大火燒得精光，我張大眼睛來到這大片碳化的房屋，看著在籠中出不去的狗兒被燒成焦黑的屍體，不禁會緬想牠會不會變成精怪，在夜晚出來作祟嚇人？這些永遠沒有答案的探問，使得我後來聽著或讀著司馬中原講的鄉野奇譚，總有著難以言喻的親切感，似乎陽間沒有完成的人情義理，會經由因果，在陰間繼續落實，但他講的地點卻發生在大陸，那片土地與這片土地，就在這些故事中，對我產生某種神祕的永恆連結。

後來，如果有人說我們是「外省權貴」，我會給予無法釋懷的冷笑，因為他們根本不知道我們過著什麼樣的日子。每到下雨就要拿鐵盆接水，避免家中因積水而變成水鄉澤國，數度因颱風而家中天花板都會被刮到九霄雲外的人，竟然還要被說成是權貴，那你們要不要來過一過這種「權貴的人生」呢？

但，我的確很難理解我的爺爺奶奶公公婆婆總是在外面穿著得體的衣服，西裝筆挺或旗袍綽約，戴著手錶或手鐲，講著高八度的言語，一副神采飛揚且朝氣蓬勃的樣子，「你們明明過著家徒四壁的日子啊……」童年時的我看見這幅奇怪的景象，總會喃喃自語著；並且，我總覺得這就是「如假包換的虛偽」了。

我哪裡能知道：這就是這群人生命中最後一點給自己的顏面，而「金玉其外，敗絮其中」的背後，來自於他們的背景，他們的確是當年在大陸生活條件比較高的一群人，他們跟著國民政府來台灣，那是基於自由意志做出的選擇嗎？不容否認的確有著自由意志的層面存在，讓他們選擇要離鄉背井流浪到陌生的異域，但他們其實沒有更適合於人生的選擇了，如果不離開故鄉，他們就要面對最徹底的家破人亡。

祖輩葉落不歸根

我的爺爺生前不太愛講話，但我事後回想，我覺得這是因為他已經被莫可奈何的人生抽離掉與剝奪掉自己熟悉的東西，包括來自故鄉的「全部」，這種被抽空的感覺，讓爺爺變得異常沉默，或者說，除了沉默，他還能說什麼？

其實，獲得這種感覺，竟然是來自這三十年來的台灣社會發生太過劇烈的變化，變化到我都已經不太認識了，甚至在心中產生很深很深的鴻溝。我生活在台灣，卻同樣覺得被抽離掉與剝奪掉自己熟悉的東西，這種鴻溝的深，常讓我只想一個人靜靜讀著古書，不想再跟任何人說著言不及義的廢話，當我這位大學老師除了教書外都想要擁抱沉默了，怎能不讓我驀然回首，禁不住想著我的爺爺呢？

那無數個白天與晚上，他都是打開電視，津津有味看著台灣電視公司或中國電視公司播著的京劇，數十個寒暑就這樣過去了，這跟此刻正在閱讀的我，究竟有什麼差異呢？這就是我們爺孫兩人的隔世共鳴了。

爺爺活到九十三歲，直到過世前半年，他始終都很健康，每天生活規律，早睡早起，常常繞著家外面的興隆公園反覆走路，有如置身事外一般安然活在台灣社會中。馬英九前總統同樣住在那裡，他一輩子跟馬前總統早上或傍晚在興隆公園交會已經無數回了，但兩人始終不認識。這並不是說他對於政治漠不關注，正好相反，國民黨的黨證是他珍藏一生的文件，每到各種政治公職人員投票的日期到了，他絕對不缺席，準時一大早就會到投票地點善盡自己國民的責任。但，重點是他絕對不出風頭，他不特別關懷誰，更不傷害任何人，他只是仔細守護著自己擁有的東西。

我對爺爺最深的印象，始終停留在家族歷史記憶的訪談過程，只有談著這些過往雲煙的往事，爺爺的眼睛才會發光，否則其他的事情都提不起他的興趣，但由於他太過理性了，使得我問他各種問題，他的回答都顯得平凡無奇，包括我曾讀到有關北大西洋百慕達三角發生的失蹤事件，數度問他親自帶船航行在百慕達三角的經驗，他都回答這個地點並沒有任何危險，更沒有絲毫神祕可言。

在我的爺爺奶奶家中，女性地位絕對崇高，絲毫不容許有任何置疑，我的奶奶就像是《紅樓夢》中的賈母，她掌控著家中的各項資源調度，不只我的爺爺沒有什麼個人的聲音，全部孩子都很溫順聽她的話，更不用說連我這個孫兒都很難違抗她的意思，奶奶雖然出生於定海，長居於杭州，或許是出身於官宦世家，言行舉止卻表現出就是個典型的上海大女人，其雍容華貴的氣焰甚高，這是我自童年就已經充分體認到的真實感受。

甚至，每年的過年，大年除夕照例都要祭祖，我到成年後開始意識到：奶奶祭祀的對象從來都是她自己的爺爺奶奶與爸爸媽媽，而不是陳家的祖先，怎麼會如此奇怪呢？但我的爺爺卻從來沒有任何意見，他始終都讓著奶奶，任著奶奶馳騁她的性子，包括每天奶奶下班回來，爺爺看見她一進門，就會滿臉笑容用上海話問候一聲說：「儂好不好？」

奶奶則會回答：「托儂格福。」或者說：「吾老好額。」

爺爺會接著說：「碰到儂交關開心。」這是他們夫妻間每天的通關密語，充滿著兩人特有的濃情蜜意。

我出生的大家庭，全部成員都圍繞著奶奶而存在，奶奶位居於金字塔的頂端，爺爺反而是個配合者，奶奶不僅有上海人「女人最大」的價值觀，更有浙江人特有的精明與刁鑽，講話始終繞來繞去，話中有話，要讓你默默揣摩她真正的意思，因此，我童年時期聽到老師常說中國始終是個「男尊女卑」的社會，心中完全不能服氣，這跟我的家庭經驗嚴重違背，不僅我的奶奶具有最高的發言權，在我父母的日常生活中，我爸爸同樣都很聽媽媽的意見。

這讓我不禁很疑惑：果真中國是個「男尊女卑」的社會，為什麼從傳統性別的角度來看，我怎麼完全沒有獲得長孫該有的優厚待遇呢？我只有在幼年時期獲得奶奶的喜歡，但那種喜歡卻是將我打扮成有如女孩一般斯文秀雅，長大到念小學前，當我的性別意識萌芽，開始抗拒這種女性化的對待，想要作自己喜歡的樣子，我奶奶的關注度就轉到我其他幾位堂妹的身上，我並不嫉妒我的堂妹們，但我很不能接受自己遭遇到某種「性別不平等」的對待，這點常人不能理解的苦頭，我倒有刻骨銘心的體會。

而且，奶奶的優點是做人極其海派，待人接物都很大器，我童年時期在各種節日裡，跟著她吃過全台北各種好吃的江浙菜餐館，但她有種我很難忍受的勢利眼心態，總是用金錢來衡量事情本身的價值，對任何具有理想性的目標或想法都會自動視若無物，這或許是她身上始終有著來自上海的氣息，或許來自她親身經歷太多空洞的口號帶來的苦難，不論如何，這是出生在台北的我始終無法理解的眼光。

奶奶活到八十六歲過世，在人間的最後三年，爺爺、姑姑與三叔接連都過世了，或許她不想面對這些痛苦的生離死別，人逐漸罹患失智症，但她卻始終記得我，會喚我本來的名字「正凡」，我媽媽每星期過去安養中心探望她數次，我常開車帶著媽媽去，那時候我已經來到宜蘭大學擔任專任教師，奶奶看著我微笑，竟然當著我的面講過兩次：「小凡好可憐，念個歷史博士竟然找不到工作。」我跟媽媽面面相覷，兩人驚訝得說不出話來，怎麼在奶奶的眼中，念歷史博士的處境竟然如此卑微呢？

我的爺爺奶奶過世後，先後埋葬在位於南港的台北市軍人公墓，爺爺奶奶在世前，我對於他們兩人有著各種不滿，這些不滿在當時好像很重要，隨著時光飛逝，竟然都已經煙消霧散，甚至我都記不住當年到底發生什麼過不去的事情，更多的時候，我心中充滿著對他們的懷念，真希望還能跟他們說些話，他們的聲音頻率都依然記錄在我的腦海中，但我卻沒有辦法在現實的人生中複製出來，

陳復出生時兩個祖父特別在台北相聚祝賀。

可見聲音何其獨特啊！

沒有爺爺奶奶，沒有他們經歷過的山河歲月，怎麼會有長成這個樣子的我呢？當我站在南港的山上，迎著總是止不住的大風呼嘯，看著滿山遍野的墳墓，快三萬名國軍將士與其家屬埋骨於此，我卻從來沒有陰森感，反而有種莫名的安全感。我們在陽間已經沒有眷村了，這裡就是我們的眷村。這裡的長輩背後都有著波瀾壯闊的生命故事，值得我們尊重與緬懷。我總會帶著父母妻兒，念著祝禱詞，希望爺爺奶奶在天之靈永得安息，並能保佑子孫平安健康，這是當年喜歡反叛的我不能想像的我，浪子回頭，我總是希望現在自己長的樣子，能讓爺爺奶奶心中獲得些許安慰。

我的公公同樣是個不愛說話的人，相對於爺爺總是在看京劇，公公卻總是在讀書與寫作，但我注意到有個現象：公公非常喜歡跟我媽媽說話，這種父女間的親密連結，好像在公公過世後，就已經轉移到我跟我媽媽的身上。

我媽媽總是停不住想跟我說各種她看見的事情或心中的感想，剛開始我有點反感，覺得她怎麼講話這麼沒有系統與條理，但後來我覺得：如果媽媽覺得這樣講話能讓她覺得很有安全感，那為什麼不呢？公公與婆婆後來感情有些裂痕，主因在婆婆信仰天主教，不願意祭祀祖先，這讓公公很介意。我在童年時期每回到台中的公公婆婆家，夜晚就會發現公公永遠都是一個人睡，而且總在做惡夢，夢中他會撕心裂肺喊著自己的大姊，或者表露出極度的恐慌或害怕，但白天，他總是微笑搖著蒲扇，坐在搖椅上看著我，彷彿什麼事情都沒有發生。這是我對於「外省人」最深刻的記憶與印象了，公公的白天與夜晚竟然如此不一樣。

公公的生命多愁善感，長年有晨間運動的習慣，卻不幸在六十九歲就過世了。記得過世前兩年，台灣社會的政治正面臨著劇烈的變化，年輕氣盛的我，對於國民黨有各種強烈不滿，並深受六四天安門事件的強烈震撼，因此跟畢生忠黨愛國的公公常常話題不太投機，媽媽總在想辦法調和我們的差異，輕聲跟我說：「公公已經在改變了。」好像我纔是未來的希望，我怎麼想都具有政治正確性，公公總有一天會跟上我的想法。

但當我來到中年，看見大批年輕人的想法跟我有著劇烈的落差，我不禁會回想當年：「難道現在的我已經落伍了？」果真如此，那現在的年輕人，三十年後，又將如何面臨著未來年輕人看見這群中年人或老年人的陳舊思維，擺出慣有的冷嘲熱諷呢？我逐漸明白：問題的癥結不在新與舊，每個人都曾年輕，但年輕不見得想什麼都對，而在到底怎麼思考能經得起考驗，至於誰對誰錯，歲月的敲打與磨練，將會給我們每一個人最深刻的答案。

公公後來肝癌末期，最後一口氣始終嚥不下去。他心中有太多始終放不下的國仇家恨，我的媽媽在台中榮民總醫院陪伴著公公，哭著跟公公說：「請爸爸放心，我們會好好照顧媽媽，你安心的離開，不要勉強自己，不要再有牽掛……」終於，我的公公逐漸緩過氣來，深深吐著，慢慢停止呼吸。

這是我在念國中時，首度經歷親人的過世，我心中不知該如何反應，甚至不懂得如何哭泣，難道我是個鐵石心腸的人嗎？這是我當時反覆在問自己的事情。我的公公生前預留遺囑，告知大家自己死後希望能土葬，這種對於土地的永恆依戀，對於落葉無法歸根的公公來說，應該是種面對自己生命最親密的結束了。

當我來到大度山花園公墓，看著公公下葬，立上墓碑，我比較不能理解的事情是墓碑上寫著「保羅」，這是我不認識的名字，卻是公公過世前受洗皈依天主的憑證，顯然他已經跟婆婆和解了，接納婆婆最希望看見的結果，燒紙錢的時候，我看見飛揚如煙的紙灰繞成一圈轉啊轉，好像在回應我們一樣，當日朔風野大，親人們無不嘖嘖稱奇。

其實，我個人蠻討厭李後主的詞，因為我始終不喜歡亡國者的悲哀情懷，但偏偏記得公公生前很喜歡念〈虞美人〉這闕詞給我聽：「春花秋月何時了？往事知多少。小樓昨夜又東風，故國不堪回首月明中。雕欄玉砌應猶在，只是朱顏改。問君能有幾多愁？恰似一江春水向東流。」尤其是「故國不堪回首月明中」這段充滿滄桑的話，我依稀都還能聽見公公那聲長長的無奈嘆息。

其實，我覺得婆婆跟公公夫妻間面臨的最大問題，並不是宗教信仰，而是教育程度，婆婆雖然出身於官宦世家，卻面臨著家道中落，其父親對於女兒採取完全不教育的態度，這導致婆婆不識字，沒有什麼社會歷練，人是個極慈悲善良的婦道人家，卻不能陪著公公談文化與思想的任何議題，這讓公公終其一生過得很苦悶，但我始終記得她對於一家人是否要來台灣這件事情上，竟然會採取如此堅決的態度，讓我公公跟著做出人生的重大抉擇，顯見她不同凡響的一面。

婆婆早年含辛茹苦的照顧孩子，晚年受到孩子無微不至的照顧，活到高齡九十三歲過世。不論是我的公公婆婆或爺爺奶奶，他們都是悽慘悲壯的時空中隨風擺盪的四片葉子，離開自己源出的大樹，落到台灣這片土壤中，化做其營養的組成內容。但這些隨風擺盪產生的記憶，不該就此飄零，更不能被後人遺忘，我能做的只是絞盡腦汁，往自己記憶的深處探索，捕捉其間的雪泥鴻爪，讓我的孩子知道自己從哪裡來，更該往哪裡去。

記得蘇東坡在〈和子由澠池懷舊〉中寫道：「人生到處知何似？應似飛鴻踏雪泥。泥上偶然留指爪，鴻飛那復計東西。」蘇東坡固然能瀟灑不計較飛鴻留下的指爪，我卻不能更不該忘懷這些讓我最終蛻變成我的事情。七十幾年來，歲月如梭，物換星移，江山雖然如舊，但風流人物已全然不同，故國不堪回首月明中，這些往事帶給我最大的影響，莫過於「任何眾口鑠金的價值信念，只要會變動改換，就會讓我充滿不信任感」，我更關注如何把握住亙古不變的價值，讓這些內容獲得新生，影響著我看得見與看不見的人。

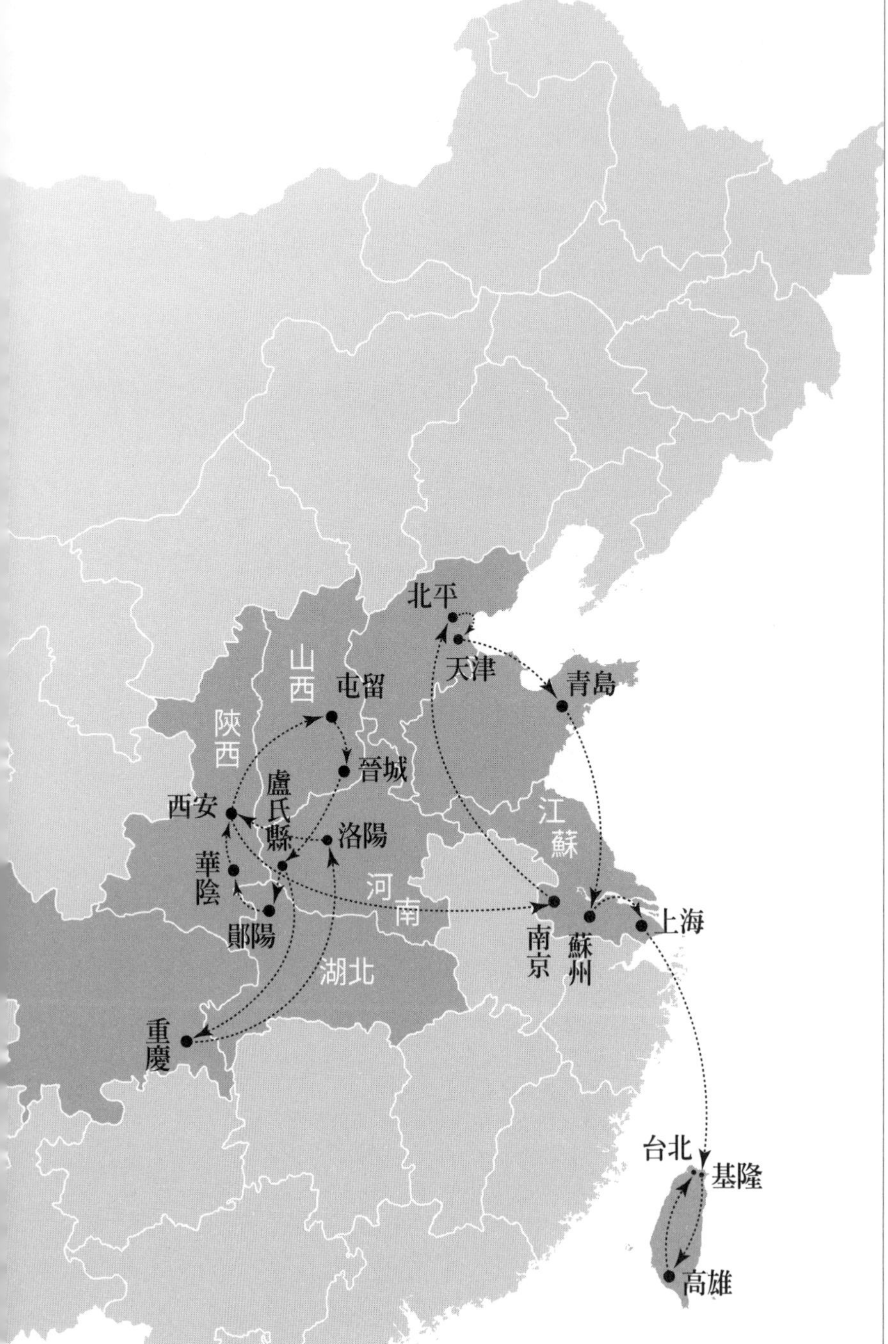

大江大海中的小人物

任弘

現任華語文教育發展基金會董事長，出生成長於高雄眷村，臺灣師範大學歷史研究所碩士。長期從事海外工作，派駐過美國加州聖荷西、芝加哥。近年致力於海外華人歷史、華文教育發展史的教學與研究，喜好書法、閱讀、旅行和攝影。

任宗祥先生的遷徙路線

盧氏縣→郿陽→華陰→西安→屯留→晉城→盧氏縣→重慶→洛陽→西安→南京→北平→天津→青島→蘇州→上海→基隆→高雄→台北

我的父親任宗祥已高齡一百零五歲，一九四九年他和家母從上海乘一艘軍方徵用的遠洋漁船到台灣時，正好三十歲，母親十八歲。父母都是隻身來台，斷了家鄉的根，一切從頭開始。我們家在台灣無土無親，家族的歷史，要從父母來台灣說起。

從大陸來台的經過，母親稱之為「逃難」，父親在七十歲之前很少提起，母親倒是會講一些他們在一九四九年從北平離開一路南下，經天津、青島到上海，途中發生的故事。

每談到北平老家，她特別懷念外婆，總是說著說著掉眼淚。父親則喜歡談他幼年在家鄉農村大家族的生活，以及他走出家鄉在軍中受訓學習現代知識的情形，但總是有許多的隱晦。

我因為是家中老四，他們的故事我只聽到一些片段，從來沒有完整的版本。我大學讀歷史，但在戒嚴時期，台灣有很多的禁忌，我對一九七〇年代之前的台灣政治發展很感興趣，抗戰史、國民黨內戰失敗來台的原因，二二八、白色恐怖、自由中國事件等，都做私下的研究。當然對於父母來台以及他們在大陸的家族故事也開始探索。

直到母親過世（一九八四）、父親開始寫回憶錄，我才有較為完整的拼圖。多虧家父有寫日記的習慣，他在回憶錄中鉅細靡遺的保留了許多從參加抗戰到來台灣的一些細節，也記錄了不少他參與過的軍事單位實際運作的情況，我也參考了一些資料做了補充說明。

家父歷經八年抗戰和國共內戰而能活到如此高壽，要有什麼樣的機運？他走進大時代的過程充滿了奇蹟，我精簡地寫下他走出農村，在戰爭的陰影下學習、成長，以及逃難的經歷。父母結婚後可謂貧賤夫妻百事哀，父親甫到台灣即遭肺病纏身，之後的軍旅生涯坎坷卑屈；母親跟著父親居無定所，生養照顧五個孩子，最後都能接受高等教育，成家立業。他們的經歷也是一個北方的農村青年和北平的平凡少女，歷經抗戰、國共內戰，最後成為遷台第一代外省人的縮影。

土匪綁票奇蹟返家

父親生於一九一九年，是家中長子，上有一姊，下有三個弟弟。老家在豫西南的盧氏縣（現隸三門峽市）五里川鎮西邊的「莊科」，是一個典型的北方農村。據族譜記載，我們家在這裡務農已經有八個世代。

祖父任蟾桂，排行老八，心靈手巧，務農之外，曾在莊科開過染坊，又在鄰鎮雙槐樹街上經營過糧食行兼山貨行、騾馬店，也開過酒坊（酒館），人稱「八掌櫃」，而以「任老八」較出名。父親幼時在村裡私塾啟蒙，讀過《三百千千》、《四書》、《詩經》、《孝經》等，經由祖父在街上的騾馬店開始與外界有所接觸。直到十五歲（一九三四）雙槐樹村才有新制的民眾學校（洋學堂），始學算數、社會。後來還繼續讀了一年五里川鎮上的完全小學。這些簡單的教育，使他擺脫文盲的身分，算得上是農村知識青年。

河南省從中原大戰（一九三〇）到抗日戰爭全面爆發前（一九三七），捐稅負擔沉重，加之地租與高利貸，土地逐漸集中，農村經濟日漸衰敗，農民生活苦不堪言，許多人放棄耕作，淪為流民或入夥為土匪。民國時期，河南匪禍特別嚴重，豫西、豫南更有「土匪王國」之稱。家父從小就活在「跑怕怕」（跑土匪）的恐懼中。

一九三六年的臘月，農曆春節前，祖母將一塊藍染的「直貢呢」（一種採用經面緞紋織製的高級純棉布），親手縫製二件棉外套，給十六歲、十四歲的兩個兒子穿上。一股土匪在無預警下掩至盧氏五里川，看見穿著光鮮外套的兄弟，想是有錢人家的孩子，就綁走了。這股土匪竄到湖北鄖陽南化鎮（現稱南化塘鎮，隸湖北省十堰市鄖陽區），被國軍打潰散。父親和二叔在陌生的地方乞討維生，又因為身上的外套看似不尋常人家的孩子，一位在陝西當過兵的李姓大叔願意送他們回家。沒想到第二天就在路上遇到了南下尋子的祖父，把兩兄弟平安帶回家。

大膽走出農村：陝北與晉東南

歷劫歸來的父親，隔年（一九三七）四月就在父母安排下娶了自小訂親的媳婦屈蓮清（一九二一—一九八〇，我們稱她為「大媽」）。不久七七事變，中國全面對日抗戰。一九三八年，抗戰的第二年，盧氏遭受最後一次大股匪亂，全家倉皇逃到山區避禍，這次跑完土匪後祖母就病倒了，四個月後病逝，年僅五十歲。

當年冬天，初喪母的家父，高小還未畢業，做了一個大膽的決定，和幾個同學以出走的方式離開學校，到西安去。農村青年沒有出路，在抗日的愛國心驅使下，加上新學堂老師帶來外面世界的情況，使他們敢走出農村。另外一個重要因素是五里川的一位王姓同學曾去過安吳堡的「抗日青年訓練班」。在王的帶路下，八位農村青年（五里川四位，包括家父和同學李永生及朱陽關四位）結伴而行，從豫陝邊界向北走了五天的路到華陰，搭上隴海鐵路的火車到西安。

在王同學的帶領下，找到了十八集團軍西安辦事處（「西安八辦」）。經過簡單詢問和體檢就答應送他們去安吳堡。在訓練班待了兩三天，學校要求去「敵人後方」，不願去的可退訓。他們弄不清楚狀況，於是決定退訓，轉到陝北栒邑的「陝北公學」。

學校再次要求同意去敵人後方才收訓入學，這群鄉下青年已無退路。入學後編到織田鎮一個收容新生的隊裡，已有不少學生，包括海外的僑生。不久重新編了六隊向「敵人後方」出發。在延長集結了三所學校（安吳青訓班、栒邑陝北公學、延安抗大）的學生，再次重新編組，目標是晉東南。在出發前每人發了八路軍的軍服，但沒有武裝。部隊要求「輕裝」，所有學生變賣所攜帶的衣物，家父將大媽為他親手縫製的中山裝也賣了。

經過幾天的「行軍」，越過黃河，到了設在屯留縣（現隸山西長治）的抗日軍政大學第

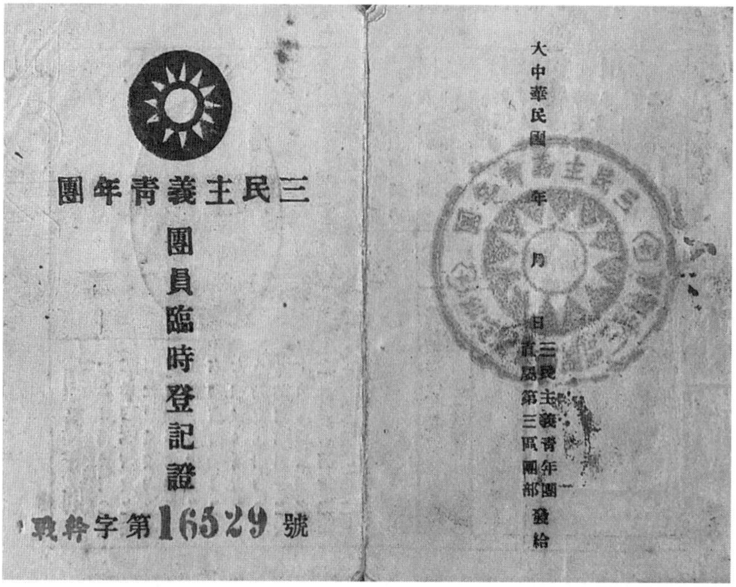

三民主義青年團

團員臨時登記證

戰幹字第16529號

中華民國　年　月　日

三民主義青年團直屬第三區團部發給

團員誓詞

余誓以至誠力行三民主義服從團長命令嚴守團章執行決議實踐新生活信條為人民服務盡忠主義不辭勞怨不惜犧牲如違誓言願受最嚴厲之制裁謹誓

姓名	入團團部分隊	入團時期
任宗祥	直屬第三區團部第二區隊第　分隊	三十　年六月十四日

團長肖像

團員守則

一　忠勇為愛國之本
二　孝順為齊家之本
三　仁愛為接物之本
四　信義為立業之本
五　和平為處世之本
六　禮節為治事之本
七　服從為負責之本
八　勤儉為服務之本
九　整潔為強身之本
十　助人為快樂之本
十一　學問為濟世之本
十二　有恆為成功之本

三民主義青年團團員臨時登記證正反面。家父走出家鄉投入抗戰的第一個身分，也是他生平第一次照相。

一分校。重新編隊後，從陝北公學來的八個人仍在同一隊，班上有一半是南洋華僑。開學後，主要接受的是軍事訓練，每人分了一枝九七步槍，可知中共招收這批學生名為讀書，其實是準備打游擊。或許因為他們的知識基礎不足，文課（政治課）沒有上馬列和共黨理論，反而常討論「三民主義的革命性」，也有「中國革命運動史」的課，強調農民革命。

一九三九年秋，日軍開始圍攻晉東南，抗大一分校按照八路軍總部命令從上黨向太行山南部的壺關、平順、長治、陵川一帶轉移。幾千位學生入太行之後，山中物資貧乏，給養都成問題，教育訓練停頓。學校要求不打算留下打游擊的人提前畢業，分批離開。走時發給旅費和一張抗大的畢業證書。家父於是從山西晉城經靈寶回到老家。

再次出走：從西安到重慶

回到老家的父親，發現經過兩年的戰亂，徵兵和無限的攤派，農村的生產停頓，學校也不宜久留。正在猶豫之時，收到留在陝西未歸李永生的信，他進了咸陽國民政府辦的西北青年勞動營。於是和一位段姓同學二人再循老路回到西安，進了勞動營，編入和李永生同一隊，同隊中有好幾位是抗大一分校同隊同學，也有華僑。

因為有去過陝北和抗大，在勞動營被列為觀察對象，限制行動自由。經過漫長的考核，發現這些農村青年都非常單純。一九四〇年春，勞動營遷到西安西關外「東北新村」，是當年張學良東北軍的營房和眷村。經過重新編隊，參加各種軍事訓練和政治課程。

年底，勞動營的兩個中隊進了胡宗南主持的「國民政府軍事委員會戰時工作幹部訓練團第四團」（簡稱「戰幹四團」），被編為戰幹團特科總隊第三大隊的一、二中隊。第一中隊分成「生產技術班」和「新聞班」，家父分在第二中隊「地方行政班」。在這裡家父學習了地方自治的相關課程。

中國的戰時教育，除了學校之外，軍隊中補充了不少實用性的專業教育，給這些農村小知青開了眼界。經過三個多月的專科訓練後結業，家父獲准加入三民主義青年團，初步洗清了思想問題，去過陝北、晉東南的疑慮被解除。

因為日本人從北方入侵中國，軍統局戴笠將軍亟需北方青年加入工作，於是請胡宗南從「戰幹四團」挑出六百位學生。經過甄試，選出相當於高中程度的一百人到重慶「特種人員通訊班」（簡稱「通訊班」），其餘五百人到蘭州「中央警官學校特種員警訓練班」（簡稱「蘭訓班」）。家父二中隊地方行政班的同學有七位入選通訊班，李永生繼續和家父同學。他們和一百位同學踏上了翻越秦嶺到四川的新旅程。

軍統受訓後參加工作

家父在重慶通訊班接受三個月的訓練，學習了許多軍事專業和現代知識，已經不再是豫

軍事委員會特種通信人員訓練班

結業證書

學員任宗祥係河南省盧氏縣人現年二十五歲在本班第四期受訓三個月期滿特給此證

辦公廳主任 商震

副主任 姚琮

班主任 戴笠

中華民國三十四年九月 日

軍事委員會特種通信人員訓練班結業證書。家父接受這個訓練後，成為軍統的同志，讓他避免了上戰場，最後得以來到台灣。

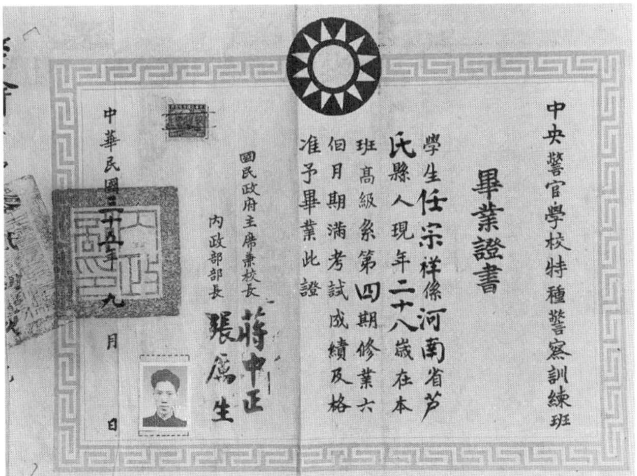

中央警官學校特種警察訓練班

畢業證書

學生任宗祥係河南省盧氏縣人現年二十八歲在本班高級系第四期修業六個月期滿考試成績及格准予畢業此證

國民政府主席兼校長 蔣中正

內政部部長 張厲生

中華民國三十五年九月 日

中央警官學校特種員警訓練班畢業證書。家父因為考取這個訓練班，戰後調派北平，與家母結緣，一同逃難。

西南農村的土孩子。更重要的是從此成為軍統的幹部，一方面擺脫了曾經去過抗大的身分，避免了可能陷入的國共鬥爭；另一方面遠離了對日戰爭的大小戰役，不致成為炮灰。

一九四一年底，通訊班結訓後，家父與李永生一同被派到洛陽郵電檢查所擔任檢查員，工作是檢查從淪陷區和蘇聯寄往西安和後方的信件。這是他的第一個工作，月薪五十元加臨時津貼二十元，相當一位少尉軍官的薪資。一九四二年洛陽是對日戰爭前線突出的戰區，這座古都名城籠罩在戰爭的陰影下，百姓之命如蟻螻。

繼一九三八年花園口黃河決堤之後，一九四二到一九四三年河南大饑荒，大旱之後又遭遇蝗災，災情遍及全省一百一十個縣，逃荒者又遇日軍轟炸，隴海鐵路沿線處處是餓死的難民。這些慘狀，家父歷歷在目，慶幸他有穩定的工作和薪水。在洛陽工作期間，家父和同事合請了一位因戰亂失業的高中老師教他們學習古文，也閱讀了不少在郵電檢查所扣留的書籍，包括「紅書」和俄國的翻譯小說，增長了不少知識。

一九四四年夏河南會戰，會戰前軍統北方區在洛陽的各單位奉命撤退到西安，因為隴海鐵路頻遭日機轟炸，要往南繞經豫西，恰好會經過老家盧氏。家父和李永生都是盧氏人，李先派往盧氏駐在員接應，家父再帶隊後撤。

洛陽的軍政機構也接著經盧氏後撤。家父和李永生此時獲得新的任命，擔任交通站（情報戰）的工作，負責搶運所有洛陽的通訊器材到盧氏。河南會戰後，除了豫西的閿鄉和盧氏，河南省大部分為日軍占領。家父和李永生受命留下搜集情報，盧氏老家成了軍統的「潛伏組」，他們從郵檢的文員幹起了外勤，雖然沒有出生入死，這一段洛陽撤退，給了他們另一番歷練，軍統也記錄了他們的功勞，後來還得到獎勵。

短暫的盧氏潛伏組工作之後，家父回到西安軍統北方局報到。一九四四年冬，父親和李永生再被派到軍統局的「豫站」，此時河南省政府遷到豫南的內鄉丹水鎮，報到後分到南陽郵檢所。還未定下來，又接到撤退的命令，再回西安。回程繞道經過老家，這是他最後一次回家，再回去已是五十多年後的一九九〇年，他第一次從台灣返鄉探親。

再返重慶受訓

一九四五年八月日本投降，在西安的家父二十六歲，突然來的勝利大家都不知所措。十一月，接到調職北平郵電檢查所。派令下來卻遲遲未能成行，也傳出軍統要取消郵檢的工作，正在彷徨時，軍統北方局要考選六位幹部到重慶「中央警官學校特種員警訓練班」（簡稱「特警班」或「高幹班」）受訓，限定上尉以上資歷。

西安地區有六十多人報考，只考國文和常識，家父以「同上尉」的資歷勉強報上名，竟然錄取了，是六人中最年輕的一位，最長的已經五十多歲。據說是因為常識考了最高分，證明他的自學有成。一九四六年初，他和五位前輩再度到重慶受訓。這可是他的鍍金時刻，也和一路同行的李永生分別。

「特警班」其實是國民政府在抗戰後期為戰後全國警察系統培養幹部的專班，戴笠要仿效日本的警察制度，開始訓練未來縣級以上警察領導幹部。特警班的訓練中心，是軍統局設在重慶市郊磁器口「造時場」（原名繅絲場，改名造時，寓有英雄造時勢之意）的訓練基地，後山就是知名的「中美合作所」。

就在受訓期間，戰後中國的命運正在改變，一九四六年三月十七日戴笠搭乘的飛機在南京西郊的岱山失事身亡，軍統局也在此時更名為國防部保密局，國共內戰開始嚴峻。在造時場受了六個月的訓，一九四六年九月畢業。

受完這個訓，家父已經成為警察體系的預備幹部。畢業的學員都隨保密局到首都南京。在南京保密局待了半年，做了一些人事考核的工作。一九四七年四月接到新派令，到北平「平津區鐵路管理局警務處」司法課擔任課員，月薪一百三十元，相當上尉的薪資。

危城北平：結婚與南逃

一九四七年四月，從南京到北平上任，同行的有七人。經上海乘坐「海隴輪」到天津，再坐火車到北平。在北平鐵路警務處，家父是坐辦公室的文員，真正進入了政府機關的「科員」文化，學會了「等因奉此」公文程式和許多的法律法規。在北平期間，沉浸在六朝古都的文化中，眼界大開，更重要的是交了女朋友，也就是我的母親。沒有這一段就沒有我們台灣的五個孩子。

家父在鐵路警務處工作時，經同事介紹認識了仍在讀中學的母親。早年家母雖然常談老家事，對她自己的家庭和這段戀情總是語焉不詳，母親早逝，留下許多疑點未及詳問。後來從父親的回憶錄中得知，原來母親有著極為坎坷的身世。外婆姓劉，原籍河北邢台，父親也不清楚其家世詳情。只知外婆無生育，家母是她自小收養同鄉的女兒，生於一九三一年臘月初八，原生父母不詳，她們母女感情很深。

外公智得成是朝鮮新義州人，原是朝鮮獨立黨人，因受日本迫害流亡到中國。當初是冒充東北的山東人與外婆結婚，外婆帶有相當的家產下嫁給外公。智得成後來在北平成了韓國的僑領，曾創辦《韓民日報》自任社長，迨日本人到了北平才又偃旗息鼓。

後來外祖父朝鮮老家的原配帶了兩個兒子來到北平，竟然鳩占鵲巢，硬把外婆母女趕出租屋另住，直到北平解放後智家才返回朝鮮。這期間外祖父蟄居，坐吃山空，幾將外婆的家產蕩盡，賣掉了原來前門外西河沿的房子，遷到交道口南大街大興縣胡同較小的房子。

母親與父親交往時，未滿十八歲，還在讀中學，與幾位同學認識了在警務處工作的青年軍官，後來敢和家父一起離開，和她飄零的身世有關，她不願和外公一家人相處，最不捨得的是外婆，但此一別卻是永別。

國共內戰大局在一九四八年十一月瀋陽會戰東北盡入中共之手後，形勢逆轉。一九四九年元月天津失守，北平被圍，城內官民開始混亂失序，到處是東北的流亡學生、忙著搬家的百姓。圍城期間家父照常上班，許多高層在中共進城前已離開，基層人員卻苦苦沒有撤退的命令，每日聽著城外的砲火聲，人人自危。

警務處軍統出身的科員更是擔憂，都有隨時逃亡的準備。家父曾和朋友夫婦隨九十二軍撤到密雲，幾天後才知該部要接受中共的收編，於是再回到北平。從密雲回來後繼續上班，但長官們全都走了。

元月三十一日解放軍進城，帝都再成新都。不久中共的接收人員來了，召集大家講話，說是和平解放，安撫大家。但第二天就有二十多人被關了起來，家父幸運未被列入黑名單。一些地下黨開始表明身分，竟然也有特警班畢業的同事。不久發給他們幾個「解放證」，放他們離開。家母責怪父親上次去密雲不告而別，這次一定要一起走。

家父對外婆說曾在老家「訂過親」，因已成解放區回不去了，在外婆的同意下，要求他們先辦結婚，再一起離開北平。一九四九年四月九日匆匆辦了婚宴，五天後和幾位同事一同離開北平。

北平解放後，南逃的人逐漸走出一條逃亡之路：從北平經天津，南行經河北的靜海、滄縣、鹽山到山東惠民。家父從一個農村青年，十年下來，歷經過陝北、晉東南、洛陽、西安、重慶、南京、北平的經驗，到一九四九年已經是相當於上尉的軍官，在逃亡之路上，有了克服困難的能力。

從北平到天津，經過了十多次的檢查。重重關卡，再經山東濰縣到解放區的最後一站南村（現隸山東省平度市）。最後到了青島，賣了一只黃金婚戒，買了二張青島到上海的船票。四月二十一日抵達上海，聽說交通警察總局搬到蘇州，大家搭火車奔蘇州。

報到後，等了兩天都沒有消息，才知江陰要塞國軍叛變，共軍已在二十日夜渡過長江，南京失守。交警總局要撤退，他們倉皇搭上最後一班撤退列車，回到上海北站。此時，交警總局要繼續撤到杭州，自顧不暇，沒人管這些南來的散兵。此時大家已用盡盤纏，無能力自己買車票跟著跑。一同南來的人從此散夥，各自尋找出路。

上海保衛與淞滬撤退

父親走投無路，只好一人到上海南陽街的保密局去試一試。一路南逃，衣衫不整，身上沒有任何的身分證明文件，保密局警衛不讓進門。幸好遇到了認識的同學，用會客的方式帶他進到局裡。家父在從盧氏潛伏組回西安時，短暫辦過軍統的人事，當時同單位小主管劉復漢大哥（我們在台灣稱他劉伯伯）在保密局管人事，幫著他辦手續。山窮水盡的父母被安排到南車站的招待所。兩天後，局本部確認了家父人事資料，通知派技術總隊，並補發了工資，解決燃眉之急。

徐蚌會戰失利後，南京等地先後失陷，淞滬地區岌岌可危。一九四九年五月初，國軍展開淞滬保衛戰。戰局發展至五月二十五日，共軍分由北面及南面指向吳淞口咽喉，兩大主攻部隊均被國軍擊退或阻遏，然浦東及上海市區大部陷於敵手，雖勉強維持黃浦江及蘇州河之防禦，但部隊殘破，難以持久。五月二十五日，蔣中正下令上海的部隊轉進舟山群島，是為淞滬撤退。

技術總隊是軍統局在戡亂期間成立的一支特種部隊，抗戰期間在敵後擔任破壞工作，抗戰後期加入中美合作訓練的敵後突擊隊。在上海保衛戰時，隸屬京滬杭警備總司令部，駐在市西中學，家父被編到五大隊二中隊，五大隊是軍官隊，都是保密局從各地退到上海的同志。

二中隊後來移駐上海南車站的保密局招待所，任務是擔任特別警戒。招待所是一處四層樓圍成的院子，已停止原來的招待工作，一、二樓空出，家眷一起住在所內。在這裡家父目睹了國共內戰後期可怕的一面。招待所的四樓是保密局的看守所，關著約二十位待決犯人，看起來都是共產黨的知識青年。在淞滬撤退前幾天，都一一被處決，埋在後院。

技術總隊是特種部隊，持有重要的軍事器材，撤退時擁有原屬於善後救濟總署的八艘遠洋漁船，全總隊的千餘官兵和眷屬連同器材，得以順利撤退到台灣。五月二十七日航抵基隆登岸，同一天上海失守。

初到台灣：貧病交加的艱苦歲月

從北平南逃得以在上海恢復軍統（保密局）的編制已是一大幸運，分到技術總隊，有船到台灣，避過上海失守，又是一大幸運。就這樣父母二人在台灣得以開始新生。

家父來台最初三年都在技術總隊任職，能夠平安到台灣因為技術總隊，他在台的職涯發展不順利也因為技術總隊。初到台灣，母親還在文山高中讀書，因大姊出生（一九五一年六月）而輟學。而父親不久即開始患肺病，經檢查是活動性肺結核，嚴重到吐血。

當時醫療條件太差，營養不足，母親也不下奶水，大姊因此自幼營養不良，體弱多病。孤苦無依的小家庭陷入困境。家父的肺疾在一九五二年初經過一個時期的「萎縮療法」，略為好轉，只能上半天班。貧病交加，幸而受到同學朋友的接濟，才得以殘喘。

一九五一年技術總隊因杜長城案，次年八月，技術總隊改編為特種兵工總隊，由師級降為團級，從直隸國防部改隸聯勤總部。除少數重要幹部與情報局有直接關係的二十三人，其餘另行調職。家父有幸被列為二十三人之一，因為生病在家，無暇出外活動，只能聽憑人事處理，最後被派到高雄運輸司令部的人事科員，到了一個與情報局無關的單位。

家母在十月中收拾了簡單的家當，獨自背著一歲多的大姊尋到高雄。一家三口分租住在旗後的民家，環境惡劣，生活困苦，大姊又常生病，家父的肺病舊疾復發。經醫生診斷是「輕型阻止性肺結核」，建議應予半休或輕工作三個月。這個病號生涯不僅差點要了他的命，也是他未來軍旅生涯最大的危機。

一九五三年十月家兄出生。家父在一九五四年五月奉准到楠梓的療養第五大隊專收肺病的二十中隊，位於高雄楠梓和旗山之間的一個山坡上，原來是日本人的養馬場，所以也稱為「馬場療養隊」。家父因為有妻子兒女在家，苦撐到一九五五年夏，終於等到美援的藥品，將父親從死亡邊緣解救了回來。家父的肺病痊癒之後，一九五五年秋請准回家療養。

在台灣的發展

在療養院住了二年，貧賤夫妻百事哀，年輕的家母最是可憐，帶著一對幼兒在一個陌生又極端淒苦的環境過生活，但她撐下來了。家母因為是北平長大，講得一口標準國語，曾經在旗津國小代課，也幫助學校到區公所調查學齡兒童，她都非常稱職，當時的校長非常欣賞家母，可惜因為大姊體弱多病，請傭人也未能照顧好，幾乎因腸炎送命。

家母僅代課了兩個多月，未能繼續教書，此事她一直引以為憾。當時如代課稱職，持續一兩年即可升為正式教員，可能改變她的一生。

不久，家父接到國防部的病員健癒歸編的命令，先分配到運輸署，到台北報到，結果還是派回高雄運輸司令部（後改稱「港口司令部」）。家父離開技術總隊後就是一種「軍職文人」，在療養隊養病時，軍方給的身分是「療養員」，沒有考績與升等。新派令給這位老病號的身分是「部屬軍官」，是一種不占編制底缺的軍官。對於一個軍人而言，不僅毫無發展機會，也是一種屈辱。家父在港口司令部度過了卑微的五年軍旅生涯，少校幹了八年都沒有升。

家父以「部屬軍官」回到港口司令部後，做的都是政工（後改稱政戰）的保防工作，後來接辦軍中的黨務工作。陸軍供應司令部的「學術研究會」（軍中特種黨部）的上校祕書（書記）戴贊中上校（河南人，特警班畢業，我們家稱他戴伯伯），是家父派北平前短暫在南京保密局本部工作時的同事，因業務關係老友重逢。在戴祕書的協助下，一九六一年底調台北經理署的學術研究會，占實了少校缺，擺脫了部屬軍官的身分。

家父在台北工作從一九六一年到一九六五年，歷經供應司令部的經理署（一九六一到六二年）、反情報工作隊（一九六二到六三年）、陸軍工兵學校（一九六三到六五年），主要是在黨務和政戰體系。沒有遇到好的長官提拔，也沒交到知心的同事和朋友，工作繁重，好在肺病沒再犯，終於升上中校。

一九六五年三月，又在戴伯伯的幫助下，由陸軍工兵學校調職到陸供部政戰部學術研究會，新職是組訓官。本來戴伯伯幫家父調職是要助他晉升上校，結果不但沒有升成，還遇到了軍中黨部的裁撤。家父此後成了政工人員。戴祕書下場更淒涼，沒有適當的缺，稍後就報請退役了。

家父對政戰工作感到厭煩，一直想轉業到公教，但他的學歷只有高小，河南鄉音太重，不適合當老師；轉公務員必須高考，但也沒成功。一九六五年元月參加第一屆「軍人特考」及格，也沒有為他轉業帶來便利。一九六七年初接到調高雄陸軍第二彈藥庫的政戰副主任，晉升不成，調回離家近的單位，等待屆齡退役，四年之後（一九七一年）退伍。

家父到台北是一個人赴任，家母一人在商協新村帶五個孩子（小妹在一九六〇年出生）。家母雖然沒有讀完高中，但生長在大城市，見識較廣，在當時的眷村中是少數識字有文化的婦女。她善良正直，個性開朗，樂於助人，比家父善於交友。在商協新村的第二年（一九五八年），村中興辦幼稚園選拔老師，為了幫助家計，她積極爭取這個工作機會，全村都一致看好她，結果由另一位有關係的人入選，曾引起全村譁然與抗議。

隔年（一九五九年），她獲聘為小港聯勤第二被服廠附設幼稚園的老師。這是家母第一份正式工作，她表現得非常傑出，智老師之名青島村無人不知。她在幼稚園自學會了彈風琴，也會教孩子們唱歌跳舞，更學會了編舞。二姊和小妹都被她教會表演跳舞，記得二姊學的是劍舞配上〈滿江紅〉的音樂，小妹學的是〈繡荷包〉。

家母的活躍表現，是眷村裡受人尊敬的社區領袖，一直是婦女工作會的幹事。

眷村生活：商協新村、青島村與精忠四村

我們家在高雄居無定所，是父母一生中最困厄的歲月。家父病癒後任職港口司令部期間，獲得陸軍總部分配到眷舍，才第一次擁有自己的家。但作業有點粗糙，分到的是新竹的一個新村，與人調換到高雄大寮的商協新村。「商協」是國軍來台後興建的第一期眷舍，只有兩百戶。

一九五七年六月我們搬入這個只有一間兩坪多的小臥房丙種眷舍，一家五口睡不下，在外間（客廳）也設了床鋪。媽媽任職小港幼稚園，離大寮約十五公里，通車不便，也不能照顧五個孩子，於是在青島村當時的飛機場旁租了一間舊草房，這是以粗竹為樑柱，編竹糊泥為牆壁，屋頂鋪稻草的房子。家父做了一張竹子為架的大床，我們五個孩子擠在一起。

先是開學時去住，放假時回大寮。父親調台北，家母就帶著我們長住小港，直到一九六五年暑假才搬回大寮。

我們從小港搬回大寮商協新村，子女都長大了，房子根本住不下七口人。此時，媽媽每天帶著小妹搭被服廠的交通車去青島村上班，早出晚歸，最為辛苦。大姊還在上小港中學，每天要騎單車十五公里去上學，哥哥考上了省立鳳山中學，也是騎單車去上學。

二姊和我在眷村旁的忠義國小，每天回家自己備午飯。全家人居住、工作、讀書諸多不便下，於是家父申請換大一號的乙種眷舍。經戴伯伯幫忙，我們換到附近新建的精忠四村，

一九六六年八月遷入。精忠四村是六百戶的大型眷村，乙種眷舍空間較寬，有前後兩間臥房，一間客廳，後間是廚房和廁所，房中有天花板，最文明的是有自來水和抽水馬桶的廁所，後院圍著竹籬笆。

最初，父母住前間臥房，後間臥房仿效小港，五個孩子睡在一張三個半榻榻米的大床。後來父親在後院加蓋廚房和飯廳，男女有別，三姊妹睡大床，共用一張小書桌；我和哥哥兩個男生則睡在原來的廚房靠廁所牆邊的雙層床，有一張父親手做的書桌。媽媽也不堪兩地奔波，在兩年後（一九六八年）辭了幼稚園的工作。後來在鳳山地政事務所做過雇員和公設土地代書。

我們在精忠四村住了十七年，是我們家在南台灣住得最久的地方，是父母在台灣憂患人生中比較安順的歲月，我們五個孩子在這個村子成長直到讀大學。大寮成了故鄉，精忠四村有我最多的童年回憶，也是形塑我眷村子弟性格最深的地方。

成了台北人

我們子女一一離家讀書，哥哥、二姊和我都是在台北讀大學，家計壓力再起，父親退伍後，先後在高雄調查站、高雄醫院、台北石門核能二廠做過一些短期的工作。

大約在一九八二年，一生劬勞的母親，一直覺得腰背疼痛，腿也受影響，在高雄醫治，被庸醫誤診，動了冤枉手術，卻不見好轉。

到台北榮總檢查才知是罹患了子宮頸癌，已經是第四期（末期），決定留在北榮治療。因為母親的療程需要長住台北，家父匆匆決定在台北購屋，他在榮總附近的石牌找到了一間四層樓公寓的頂樓，一九八四年元月我們搬來台北，告別了高雄。然而母親沒能拖過病魔的折磨，在八月病逝。

媽媽一生含辛茹苦，正該享福的時刻，卻沒能得到我們的奉養，這是我們子女最大的遺憾。家父因為經過一場肺病，病癒後特別注意健康，生活習慣固定節制，保持運動，越老身體越好。他在一百歲時手腳都便利，沒有三高和骨質疏鬆，可以自理生活中的大小事，甚至可以做木工。現在雖然記憶退化，仍然可在家行動自如。

我們家在台北石牌一住就是四十年，又成了台北人。後來我們五個子女，除小妹移民美國加州，都在台北各自安家，第三代子弟都在台北成長，如今我們任家在台灣已經有了第四代。每週六我們在台北的子孫固定回石牌陪老爹，是我們的家庭日，延續了三十多年。

返鄉探親

一九八四年，家母病逝後，家父經由朋友在夏威夷的子女轉信，與老家聯繫上，得知祖父已於一九六二年病逝，大媽屈蓮清於一九八〇年病逝，大姑和三個叔叔都健在。

一九八七年蔣經國開放兩岸探親。家父因為出身軍統，初開放時還不敢立即貿然返鄉，先滙錢回去請二叔重修祖墳。直到一九九〇年，家父在小妹陪同第一次返鄉，時年七十一歲，真是少小離家老大回。更可悲的是他聽說祖父之死與他是「國特」有關，祖父被列為「反革命家屬」的黑五類，叔叔們很早就與他「劃清界限」，晚年只有繼祖母、大媽和他一起生活，老弱婦孺，受盡苦楚，病危時還只有開水沖泡麩子麵饃可餵食，可憐的祖父死在飢餓中。

這是家父終生的遺憾，也是國共鬥爭兩岸分離下小民的悲哀。另外，他也牽連了家族中許多子弟在文革期間都不准讀中學。唯一可喜之事，是五姊弟得以重逢。我們任家從直系的高祖父這一支，在盧氏老家有一百多口人，算是枝繁葉茂的大家族。

第一次返鄉，除了老家河南之外，家父和小妹特別去了北京，希望能找到外婆的去向，可惜沒有下落。一九九二年第二次、一九九五年第三次返鄉，都是大姊陪同。第二次返鄉父親帶著大媽的墓碑重修塋墓；第三次他特地為重修族譜查證家族前輩的生卒和生平，回台灣後他將族譜重新編修完成。此後他就沒再回去過，小叔和幾位我們這輩的堂兄弟姊妹曾來台灣探望過他。

二〇一四年家兄、大嫂、二姊和侄女一行四人，在住鄭州的堂弟妹陪同下，曾回老家一趟，代表台灣任家參加了家族每年清明前的「墳膳會」祭祖活動。我因為在廈門教書，常和老家的親友聯繫。兩岸相隔，往來雖不頻繁，親情仍在。

父母是大時代中的小人物，他們顛沛流離的生命歷程曲折但很真實，平凡中充滿了血淚，是我們家族最寶貴的資產。希望歷史不要遺忘那些奮力拼搏求生的平民百姓，也期望我們任家的子弟都永遠記得這段珍貴的生命記錄。

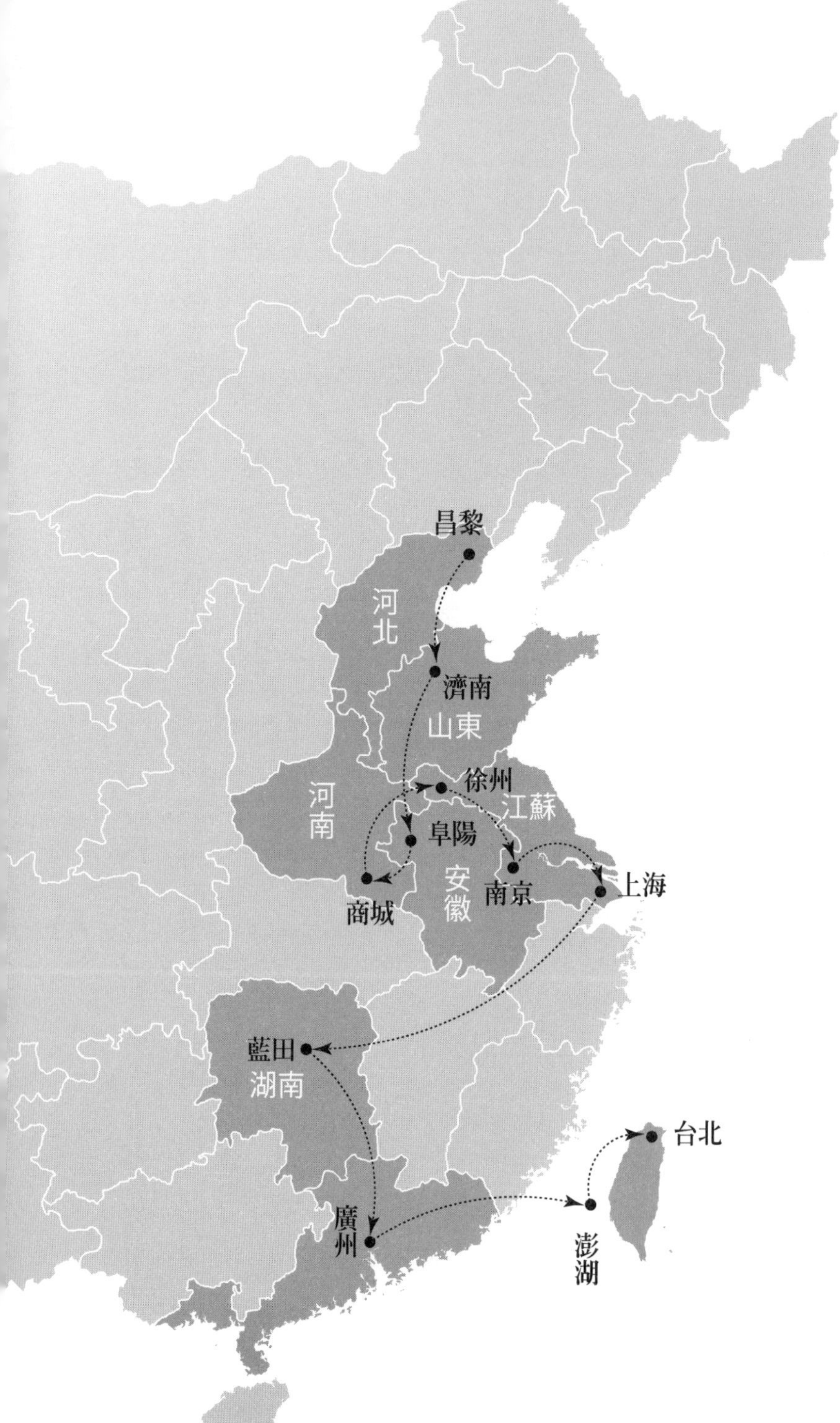

海峽悲歌：張放來台故事

張雪媃

現任世新大學教授，生於屏東縣潮州鎮，祖籍山東省平陰縣，美國威斯康辛大學東亞系中國文學博士。曾教於哈佛大學東亞系、紐約州立大學奧伯尼分校東亞系，主要著作是《為作家寫的書：當代台港女作家論》。

張放先生的遷徙路線

昌黎→濟南→阜陽→商城→徐州→南京→上海→藍田→廣州→澎湖→台北

我的父親張放一九三二年出生在河北省昌黎縣。祖父張子衡，保定軍校畢業，隸屬東北軍，曾官拜師長，原籍山東省平陰縣；祖母李淑貞，濟南女師畢業，山東肥城人。因為父親是第一個男孩，祖母李家的喜事，小名李喜。

北方少年

父親的故鄉，是黃河下游平陰縣一個貧瘠的山村，抗日戰爭開始，祖父軍職出外參戰，長年不在家，父親和三個弟弟跟著祖母生活。祖母縫麻袋、糊火柴盒、幫人洗衣服，勉強維持生活。

一九三九年父親進入濟南三和街小學就讀，這時濟南為淪陷區，各小學都有免費日語夜校，父親連續讀了四年夜校，打下日語基礎。因為家貧，身為長子的父親從小就在週日早晨排隊領粥，下午到溪邊撿拾菜農洗滌剩餘的芹菜、菠菜，暑假間背著小木箱賣冰棍。每逢過年過節，祖母還囑咐他去當鋪當首飾，看盡當鋪夥計臉色。

父親很小就展現演講天賦，有一次要參加演講比賽，因為他平日連制服都沒有，校長嫌他像個拾煤核的野孩子，祖母把買小米的錢特地為他買了新鞋襪，熬夜用麵粉袋縫製一套褲褂。老師鼓勵他，不要怕，只要上台就會成功。父親虛歲十三，上台演講侃侃而談，結束時全場熱烈鼓掌，他興奮得尿濕了褲子。

在濟南中學時，父親常在濟南護城河游泳，日落黃昏回到家，眼睛紅腫，遭祖母痛打。這時，他開始對文學發生興趣，喜歡「泡圖書館」，學校圖書館所有文藝書刊都被他看完。

一九四二年父親目睹華北旱災，他們兄弟隨著祖母從濟南沿黃河向南走，數十里不見炊煙，荒涼土地上玉米葉、高粱葉枯黃。途中發現一個農夫倒在樹蔭下，瘦得皮包骨，面色蠟黃眼睛暴突，祖母讓他送兩個饃饃給農夫。這一年，河南天旱缺糧餓死三百萬人。多年之後，父親不斷回憶故鄉景象，那無邊的、憂鬱的、蕭條的冬季魯西原野，蒼茫的北方。

因為生活艱苦，祖母帶著孩子離開濟南到安徽阜陽，和祖父團聚。久不見祖父，任何人問起，總說祖父「失蹤了」，在阜陽看到來迎接他們母子的祖父，父親不認得，只見身材魁偉著軍裝的中年人。祖母哽咽地說：「這是你爸爸，快叫爸爸！」父親叫了爸爸，卻不是滋味，嚎啕大哭起來。

一九四三年冬，父親進入安徽臨泉縣長官店的國立山東臨時中學就讀，校長是畢業於國立政治大學前身的中央黨務學校第一期的張敏之。但是不久患疥瘡難於行動，同時又有瘧疾，這時祖母患病住在河南光山，她托人去臨泉接父親返家，怕他病死在學校。父親寫了一封文情並茂的請假單，信呈到張敏之校長手上，他用毛筆批了：「准病假，癒後返校。送高粱麵五十斤作路費。」父親坐著手推車，走兩百多里村野小路到了光山，祖母看到他又瘦又病，嗚嗚地哭了。

抗日戰爭持續著，祖父一走，又是半年多沒有消息，祖母病中帶著孩子隨軍眷辦事處遷移，河南省南部的潢川、固始、羅山，最後遷居到商城西郊後程灣村。

祖母沒等到抗戰勝利，一九四四年冬病逝大別山。原野飄著雪花，男孩子著孝服，哭號著隨著一口薄棺材走向熊家大碑。從此，「李喜」不再有喜悅，一個有母親的時代結束。

終其一生，父親歸結自己早年喪母，缺乏家庭溫暖，敏感脆弱，靈魂深處有濃厚文人氣質，與人交往掏心掏肺卻總受傷受騙，寫作就成了抒發情感的最好方式。

徐州車站

一九四五年抗戰勝利，祖父因隸屬東北軍，不屬於國民黨黃埔軍校嫡系，被安排回復平時編制，重返山東濟南。父親獨自留在商城，進入雩婁高中住校。

這三年，他在學校圖書館讀遍文學書籍，暑假在圖書館作義工。這時國共內戰開始，學生們因不同立場而有「學潮」。同時，每逢週末同學們紛紛溜到民宅打麻將，父親也學會了打牌。在牌桌上結識運動員、畫家、左翼文藝青年，也認識地主老財的紈褲子弟。

父親後來常說：「我漂泊生涯接觸三教九流，有很多機會學壞，但是我始終非常清楚善惡，絕不做壞事。」

一九四八年，父親三個弟弟，一個在上海依靠伯母，兩個在故鄉外婆家，他陪侍祖父住在徐州。自祖母過世，一個家早已四散。這時物價飛漲，有一天祖父給他五塊銀圓去流動市場換金圓券，換了錢回到家，發現外面是鈔票，裡面全是白紙。祖父氣得掉淚罵他，他自責不已，嚇出了病，自此決心離家南行。

父親赴南京考大學，祖父在徐州車站送他，月台上垃圾滿地，旅客擁擠。內戰砲火把隴海、津浦兩線炸斷，雖早在三天前便買了去南京的普通車票，苦候三天卻擠不上車。祖父紅著眼眶卻嘴角微笑，說：「走不成就留下吧，我擔心你這一走，咱爺倆一輩子再也不能重逢了！」父親說：「爸，你放心，也許過半年我就回來了。」藍鋼皮津浦號列車進站，祖父拖起他，硬是從車窗塞進車廂，父親朝祖父揮手告別，發現祖父魁偉的肩膀在聳動，火車開到下一站父親才領悟出，祖父剛才是在哭泣。

這一走，父子兩人果真再也未見。父親沿著津浦線、京滬線、浙贛線、粵漢線，最後從廣州搭乘「濟和輪」到了澎湖，兩年後到台灣。一直要到四十三年後，父親才返回山東故鄉，在祖父墳前啜泣。叔叔們告訴他：「爸活著的時候，老提起你用銀圓換金圓券，換回白紙的事，爸後悔罵了你，你賭氣不回家。他後來患老年痴呆症，一個人去了濟南火車站，說要接你，結果出了車禍，救護車送回來已經咽氣。」

祖父一生為國效命，少年喪父，近五十喪妻，晚年長子不知去向。一九七六年夏天，他跑到濟南火車站說要接兒子，等了十幾班客車都沒看到，最後他蹲在車站廣場哭泣。公安巡警問他：「大爺你怎麼啦？」他說我兒子沒回來。

巡警說：「他上哪兒去了？」

他說：「我不知道。」圍觀的人搖搖頭，這老頭兒痴呆症啊。

那天傍晚，他走在濟南十五殿大樓附近被一輛車子撞到，天昏黑，沒人發現倒在路邊的老人。

煙台聯中

父親到了南京以同等學力投考大學，落榜。患感冒，發燒不退，在城南醫院診斷出患傷寒，住院二十多天。病癒後準備到下關搭津浦線北上，但是濟南已發生包圍戰，接著袞州、滕縣、臨城相繼失陷，津浦線難以通暢。父親往上海投靠他的伯父，隨後從祖父一位朋友那裡帶了介紹信，一個人直接從上海奔向湖南藍田的煙台聯合中學，蒙張敏之校長收留得以安身。

煙台聯合中學是流亡集中於上海的八所煙台中學，奉教育部核准成立，張敏之被派任校長。時間是一九四八年十一月十三日，指令校址是湖南新化縣藍田、橋頭河等地。煙台師生在十月經杭州、南昌、株洲，到達湖南新化縣校址。父親一九四三年就是張敏之任皖北臨泉縣山東臨時中學校長時的學生，一九四九年三月中旬共軍渡江前再度加入學校。而就在這時，二叔在家鄉已徵調入共軍，祖父則被列為反動派。

父親在湖南新化縣藍田鎮國立煙台聯合中學讀了半個多月，共軍渡江南下，湖南程潛響應「局部和平」，學校因而南遷衡陽。五月，山東聯合中學包括濟南一、二、三、四、五、昌濰、煙台等七所學校師生抵達廣州。當時國防部長、山東省主席秦德純和教育部長杭立武向當時東南行政長官陳誠申請，把這八千名山東青年送往澎湖，年滿十六歲男生照軍隊編組，上午實施軍事教育，下午繼續讀書，所謂「半訓半讀」方式。同學們聽了都非常高興。

一九四九年六月二十八日傍晚，「濟和號」貨輪載滿數千名山東流亡學生駛抵澎湖漁翁島牛心灣，父親走下甲板，腳上的破塑膠鞋踩著混著細沙的海水，興奮地嚷：「我到了澎湖啦！」他從小在山村裡長大，第一次看到大海，第一次看到海島，高興不已。

然而，七月十三日全體學生在澎湖防衛司令部操場集合，接運學生來澎湖的三十九師師長韓鳳儀把八千學生編成兩個步兵團、一個砲兵營。其他校長明哲保身，不說話，但張敏之校長愛護學生仗義執言，最後以匪諜罪名在台北馬場町槍決。

澎湖漁翁島

父親被編到一一五團三營七連，職級一等列兵。中秋夜，吹過熄燈號父親蓋被休息，準備凌晨站衛兵，突然班長喚他下床，叫他出來。圓月照在長堤上，數名荷槍士兵站著，班長把父親交給一名軍官，轉身走開。

他被引到堤岸盡頭，看到兩個身材魁梧的人坐在那裡，旁邊一個小凳子。有人叫他坐下，然後開始審訊。戴墨鏡的中年人著灰色短衫西褲，問了姓名、籍貫、家庭情況，就直接說：「你參加共產黨南下工作團，是誰吸收的？交代清楚！」

父親愣住了，他是個文藝小青年，身高一六五公分，毫無軍人氣質，甚至浪漫懶散，怎麼會是共青團的？他回說：「我不知道。」

對方說：「人證、物證都在我資料袋裡，別拖延時間！」同時掏出手槍裝填子彈。

不遠處有小船，聽說船上裝載石頭和麻袋，深夜把政治犯填麻袋丟海，很多同學都是這

張放先生軍中照。

著西裝的張放先生。

樣失蹤的。

這時父親突然雙臂抱頭哭了起來。對方說：「你後悔了是嗎？後悔很好，知道錯就好，你懊悔加入南下工作團，是麼？」

父親思前想後，在廣州臨上船時，學生們可以選擇脫離學校，暫留廣州，或者搭車返回北方。父親卻沒有任何選擇！一九四四年祖母病逝商城，家已經散了，祖父說了，「你們是男孩子遲早要離開我。」他根本無家可歸，必須自謀生路。

當時政府代表向八千名山東流亡學生宣布，以「半訓半讀」方式讓他們完成大學教育，並分配工作，對父親來說是最佳選擇。山城的孩子覺得台灣是美麗神奇的寶島、夢寐以求的地方，踏上澎湖他多麼高興啊！現在，對面的墨鏡長官用左輪手槍對著他，要他招認是共諜，他感到莫大屈辱。大難臨頭，突然毫無畏懼，父親大哭著說：「是的，我懊悔，一千個懊悔、一萬個懊悔，我懊悔不該上了『濟和輪』來到牛心灣！」

對方也許被父親的反應嚇到，或者是良心發現，最後說：「帶他回去吧！」臨別有人叮囑父親，這件事永遠不要告訴任何人！

一九五〇年父親調任軍委四階繪圖員，公務之餘開始投稿，在《戰友報》、《精忠報》發表文章。父親從此小心翼翼，在澎湖兩年四個月，一直膽顫心驚。

一九五一年考取政工幹部學校戲劇系第一期，來到台灣北投復興崗。父親從此開始他在台灣扎根的生活，和長長的寫作生涯，到二〇一三年過世，他出版了八十餘種著作、遊歷了歐亞美二十多個國家，以堅定的意志，發揮了窮人家孩子在亂世奮鬥的生命極致。

一枚鋼釘

一九九三年父母赴美國波士頓探望我，和時任哈佛大學東亞系、後曾任南港中央研究院副院長的考古學家張光直教授餐敘，談起山東流亡學生一事，張光直教授頗為憤慨，建議父親以親身經歷寫出來。父親當時覺得困難，一九九五年從菲律賓回台後，他開始思索，四十多年過去，彈指一揮間，若再不提筆寫點往事，恐怕再拖十年他已無法執筆！

這時，父親作品聚焦在國共內戰造成無辜軍民被迫離開家鄉，渡海來台的血淚故事；因為政治對峙，多少人在海岸眺望，流了四十多年的相思淚。一九九七年父親出版《天譴》，小說最終，主人公于祥生「揚起了雙臂，宛如一隻振翅欲飛的蒼鷹，縱身躍向大海……」。父親強調，他躊躇半月才決定這樣悲慘的結局，他寫道：「這不是悲劇，而是向海峽兩岸業已寫進歷史的兩位巨人，做了無言的抗議。」

著名詩人、作家郭楓是父親晚年好友，二〇一〇年他為父親寫了一首詩：

張放先生全家福，攝於一九九五年。

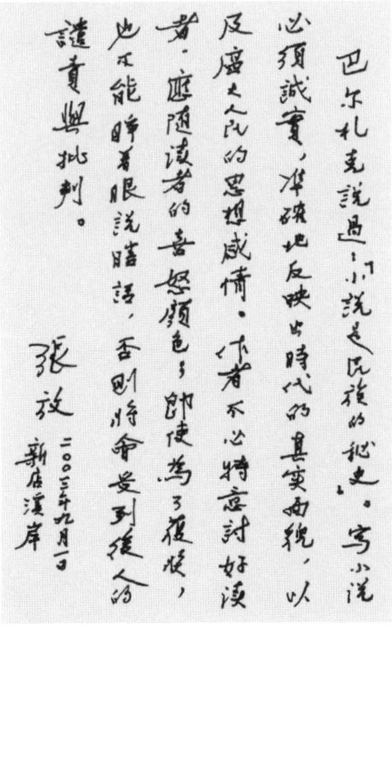

巴尔札克說過：小說是民族的秘史。寫小說必須誠實，準確地反映出時代的真實面貌，以及廣大人民的思想感情。作者不必特意討好讀者，應隨讀者的喜怒顏色，即使為了獲獎，也不能睜著眼說瞎話，否則將會受到後人的譴責與批判。

張放

二〇〇三年九月一日

新店溪岸

張放先生手札。

一枚鋼釘——贈張放

郭楓

忍受多大的蠻勁
挨多重的錘
把你砸進那面堅硬的水泥牆

水泥牆再硬也硬不過你的骨頭
你的腳，陷入不見天日的黑
而頭，昂然向光
垂直釘住牆面
成為一個目標，一個想望

他們因你強硬
不斷讓你負擔過多的重量

也曾有些帽子、勛章和金星靠你支撐
當光榮的偉大的一切
離你而去，誰也記不得
你所付出的力氣

那面水泥牆挺不住時代頂撞
終於，轟然一聲倒塌
你卻跳脫而出
依然沒被泥垢鏽蝕
依然光亮
依然最初的樣子

作家張放先生。

我的公公是老榮民

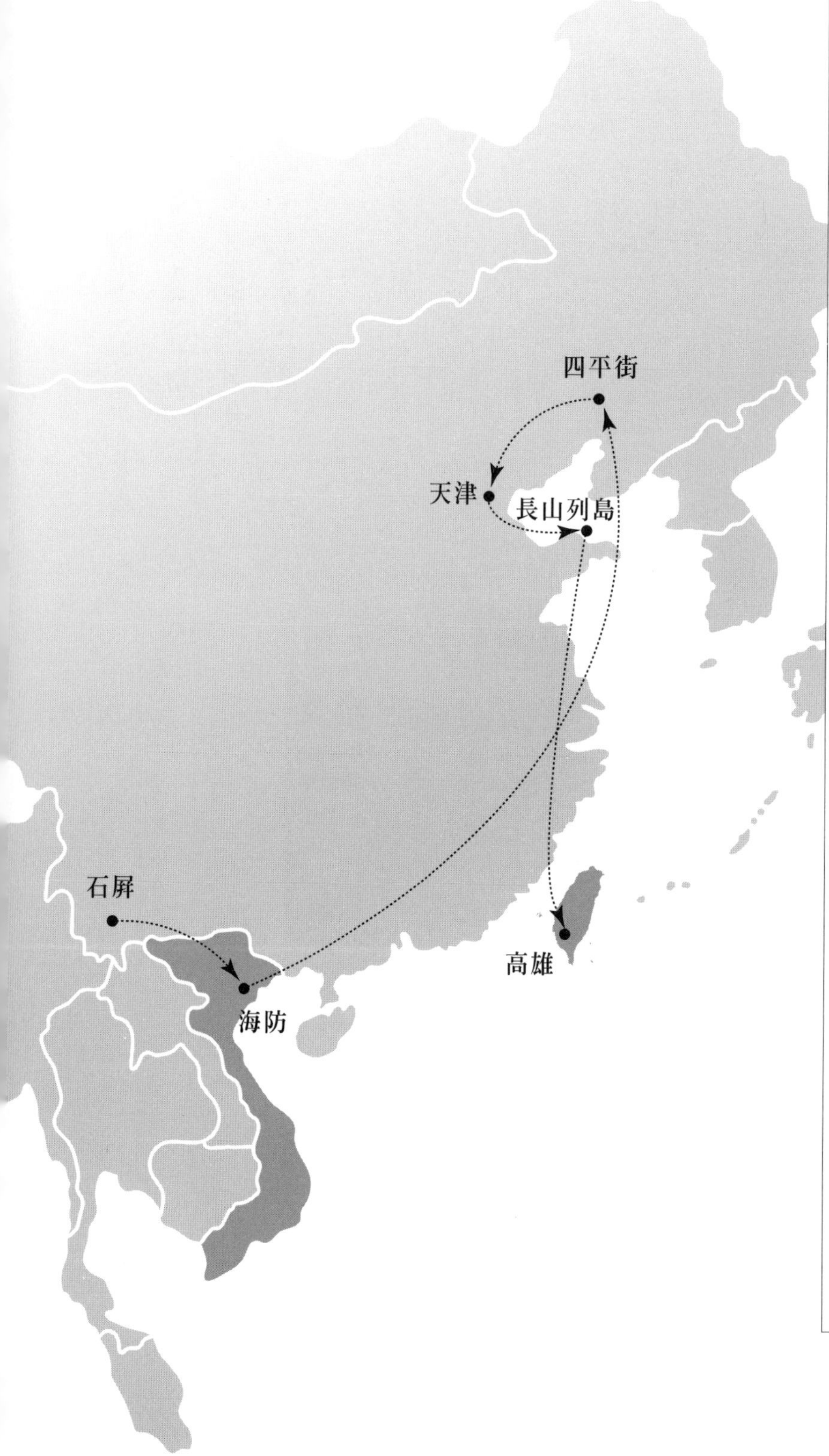

徐新逸

現任淡江大學教育科技學系暨研究所特聘教授。生於台北，祖籍浙江寧波，美國康乃狄克大學教育科技博士。專攻為遠距教育、數位教學設計、新興科技教育應用與專案管理。喜好旅遊、探索新事物、與人交流及助人成長。

周丕烈先生的遷徙路線

石屏→海防→四平街→天津→長山列島→高雄

我的公公（即我先生的父親）是老榮民，自十六歲離開雲南老家，二十四歲來到台灣。直至九十五歲歸天家。

公公的一生崎嶇卻有趣，他非自願地經歷不同階段的生命故事，述說國共內戰、兩岸分治、本省外省族群連結、同袍情義等的歷史記憶。

他雖是大時代中的小人物，卻是我心中的大英雄。公公婆婆定居在高雄左營眷村，我自年輕時代嫁入後對榮民過往以及眷村生活點滴有著深厚的情感。如今眼見眷村風光不再，老兵凋零，過去的歷史將逐漸湮沒在時光的深處。這些為國家奉獻大半生卻終身離鄉背井的老榮民，也將為人所淡忘。此文回溯公公的一生，以此紀念，並向公公及榮民叔叔伯伯們致敬。

土司鄉勇

公公於一九二四年出生在雲南省石屏縣垻心鎮白浪村，是家中三兄妹的老大。父親很早過世，因此被迫提早負責家計，十三歲就當起小礦工。一九三五年有一次發生礦災，埋在礦山中三天三夜，這是他第一次遇到生死的難關。

公公說，印象最深刻就是當時他不得已要喝自己的尿，因為困在礦坑內沒有水，也不知何時能被救出。自此之後，公公特別重視亂世儲糧的準備，他常掛在嘴裡的一句是「晴天帶傘，平日備糧」。

在我的印象中公公家的米桶時刻都是滿滿的，一旦有中共軍機擾台以及可能有兩岸衝突的新聞，公公就會立刻買好幾大包米送給孩子們備糧。童年的礦災被迫求生，造成公公對於缺糧的不安全感。

公公是漢人，那時候雲南的漢人跟苗人常有衝突，特別在於爭奪農地，所以當地成立地方單位土司。那就是鄉里組織地方軍隊，並要求每家派一位兒子加入軍隊，公公則隨即成為鄉勇，當時是一九四〇年，公公約十六歲。

土司鄉勇是私人的軍隊，有一次他進攻附近敵對苗族的村落，這是他第一次參與土司軍隊的戰爭，並需要使用槍枝禦敵。當年那些槍砲都很老舊，有一天遇到苗人侵入，他也隨其他人發射幾槍自保。那天晚上，他被幾位年長的土司鄉勇長官叫去參加慶功宴，原來是公公具有戰功，因為他擊斃敵軍一人。慶功宴時，長官很高興說要請他吃個好東西，後來才知道那是人的肝臟。這次的驚嚇，讓他瞬間轉成了大人。

滇軍一員

在那同時，八年抗戰已近末期，雲南省的地方兵團正在招募地方鄉勇，公公應徵後隨即成了滇軍的一員。

在八年抗戰時期，中央有中央軍，各省有地方軍，類似諸侯的概念。一九四五年，八年抗戰末期日本投降後，公公的滇軍轉成了中央軍，雖屬中央軍，卻是聽從雲南省省主席的命令。

當時盟軍決定由中國軍隊負責越南北緯十六度以北之接收及受降，於是滇軍部隊就被中央軍指派並移防到北越去接收日軍的軍械。在越南駐紮是當年公公軍旅生活最快樂的時光，因為勝利後就不用再打仗，衣食溫飽的生活相當愜意。

公公在越南的時光雖然快樂，卻也短暫。一九四六年部隊知悉要被調派至東北打仗，內部開始出現人心惶惶的情況，每天都有士兵或官員逃離，逃跑的人數逐漸增多。即使想念家鄉，公公仍然守規矩，堅持留在部隊中，沒有參與逃亡。

某一天，上級命令所有部隊打包行裝，前往港口（越南峴港）。抵達港口後，看到許多美軍登陸艦停泊，所有部隊立刻登上了這些艦船，雖然不知道航行目的地在哪，但只能順從命令。在艦上待了十多天後，所有士兵都換上了冬裝。直到下船後才得知，艦船已經抵達東北，立即參與支援國軍的國共內戰。

公公參與最大的戰役是四平街會戰，大約在一九四七至一九四八年期間。他常分享戰爭時的恐怖，他說戰死的士兵屍體堆得像小山一樣高，他也差一點就戰死在會戰中。有一晚他回營脫去外套，赫然發現一顆子彈就卡在他的棉襖內且位置正在心臟前方。二十多歲的公公在那個時代經歷了生死一瞬間的恐懼。

國軍在東北戰敗後，公公整個部隊投降被俘，投降隊伍綿延數公里。押解的共軍對他們說：「老鄉，換個帽子就可以參加解放軍了。」但俘虜部隊中也傳言，若投降參加解放軍，下一戰役立刻會成為炮灰部隊。故公公與同鄉戰友則利用黑夜逃出投降隊伍，想找各種機會返回雲南老家。

經過月餘的行走，公公到達天津時身上盤纏都快用盡。等寄完最後一封家書後，已身無分文。此時，國軍中央軍的海軍部門正在招募新的兵源，公公與同鄉認為海軍比陸軍較有機會可賺得回鄉資金，且海軍應該比陸軍高一等，於是就自願報名加入了海軍。

但是，海軍招募官問他：「會游泳嗎？」公公因為不會游泳，所以沒被錄取。

隔壁有其他軍種部隊正好也在招募新兵，上面寫著海軍陸戰隊，他認為應該也是海軍，就試試看。沒想到對方並沒有太多要求，於是公公就很順利在天津

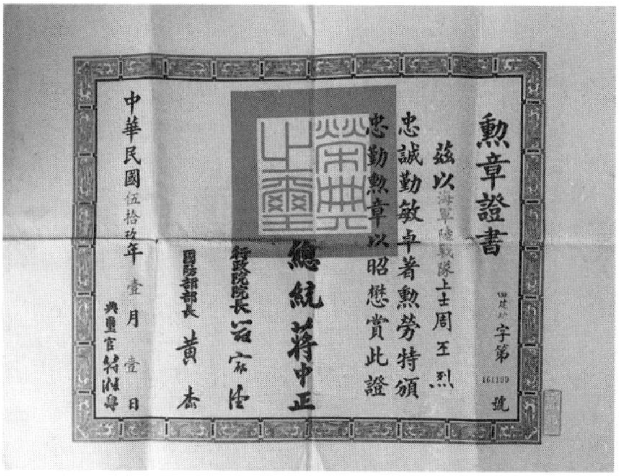

公公的功勳證書。

參加中華民國海軍陸戰隊。新招募部隊於一九四九年移至山東省長山八島，並在長山列島對共軍作戰。後來，國民政府確定遷台，公公海軍陸戰隊部隊即搭上軍艦，撤退至台灣的左營陸戰隊營區，那一年公公二十四歲。

撤退來台

公公隨部隊撤退來台，駐地高雄左營。在軍中學會了理髮，之後以為同袍理髮來增加一點收入。我的婆婆是台灣人，當時在軍營區外賣香蕉，公公為了追求婆婆，豪氣萬千地告知同隊同袍說，香蕉免費吃，賬都算公公身上。在當時軍中禁婚的命令下，外省阿兵哥與本省小姐的自由戀愛故事格外浪漫，卻也違反當時軍中禁婚命令。

當年雖然有許多阻撓，公公婆婆仍堅持到底，最後有情人終成眷屬，於一九五四年成婚。公公是整個婆婆家族中唯一的外省女婿，又是窮阿兵哥，最初受到排擠，但公公對待婆婆的父母極盡孝順，最後讓岳家對這位外省女婿非常滿意。

公公不會說台語，國語也不甚標準，說的是一口雲南家鄉話。本省與外省結親，兩方無法用言語彼此溝通，但公公對岳家真情流露卻表現無遺，超乎語言的限制。婆婆對公公非常感謝，自此夫妻同心面對未來的挑戰。

公公軍中同袍大多未婚，公公婆婆家自然成為逢年過節榮民叔叔伯伯的家聚場所。每年

公婆結婚照，攝於一九五四年。

公婆結婚與家人合照，攝於一九五四年。

年夜飯都是席開兩、三桌，這些長輩敘說思鄉情深及過往戰事中的神勇，並帶來各式各樣家鄉口味的年菜，也添增了年節時候的家鄉味。叔叔伯伯們和公公建立一輩子的情誼，眼見著反攻大陸已不可期待，那些屬於孤家寡人的叔叔伯伯們就交代公公如何處理他們的後事。後來的歲月中，我們看到公公都一一信守承諾。

自一九四八年在天津寄出最後一封家書後，公公就與家人失去了聯繫。政府遷台後，兩岸築了一道高牆，通訊中斷，音訊斷絕。直到一九八九年重返故鄉，才得知老母親以為公公當時已戰死沙場，悲痛萬分，以致哭瞎了雙眼。

之後，有人帶來公公母親的照片，

公公全家福。

公公兩天兩夜沒闔眼，凝視著照片中老母親的臉龐，滿懷深情，無法自己。

解禁後，公公與婆婆分別於一九八九年和一九九三年兩度回到雲南老家。第一次重返故鄉，弟弟妹妹、姪子姪女都在。全村人齊聚一堂，公公興建道路、修築橋樑、重修祖墳，並殺豬設宴款待全村鄉親，更登台發表感言。當年，台灣經濟繁榮，返鄉者常慷慨襄助親人，深得鄉親感恩。少年離鄉背井，歷盡滄桑歸鄉，公公成了村中大人物。

然而，奶奶（公公母親）已於返鄉的前一年辭世，成為公公一生中最大的遺憾。一九九三年十二月公婆二次回鄉參加侄兒婚禮，並同遊桂林、北京，留下美好的回憶。二〇一七年，姪子女等七人來台看公公，那時公公已失智十多年，當他們看到昔日健壯、爽朗的大伯如同風中之燭，他們擁著公公大哭。

茹苦含辛帶大四個小孩及九個孫子

公公婆婆是模範夫妻，不只對家人與同袍全心的愛，照顧鄰里也是出了名的大好人，曾獲得高雄市好人好事代表及模範父親表揚。婆婆在婚前撫養同父異母的四個幼年弟弟，婚後養育自己四個孩子成長。五十歲後，接續幫忙四個兒女照顧九個孫子，無怨無悔地直到他們到幼稚園就學為止。每個孫子跟公公婆婆都非常親密，回高雄左營爺奶家過年是所有孫子輩共同的美好記憶。

當第九個孫子不需要照顧，公公婆婆可過自在的生活時，二〇〇二年的某一天公公因幫忙社區剪樹，從樹上摔下後中風，就此因為嚴重腦出血而漸漸失智，那時公公七十八歲。婆婆悉心照顧且全家團結齊心，公公在家中度過十多年失智的光陰，在二〇一八年離世。

公公辭世之前，我的婆婆因車禍而意外過世，當時已經完全失智的公公表情落寞與哀傷，不久之後也孤寂隨之離世。夫妻結髮六十五年，即使公公失智仍能心電感應而同心，令我們動容且不捨。公公與婆婆的愛情故事充滿了大時代無奈中的戲劇性和浪漫色彩。他們克服了種種差異上的困難，成為永恆的伴侶，他們的愛情與結合是一個傳奇。

公婆晚年照，攝於二〇〇七年。

我的公公沒有讀過書，不識字，是老榮民，卻是一位身教的典範。他對岳父母至孝、對長官盡忠、對委託的事情盡力、對同袍有義氣、對鄰居友善溫暖、對妻兒體貼關愛。有太多的故事足以讓子孫們建立正確的價值觀，他是我們心中的英雄。能當他的媳婦，我覺得非常幸運，更榮幸可以敘述他的故事。

公公常常掛在口邊的順口溜：「早起三光、晚起三慌。」讓我們要提前預備並珍惜光陰。「晴帶雨傘、飽帶飢糧。」提醒我們凡事得要懂得未雨綢繆。他重複敘說「三兄弟折筷子的故事」，讓四個孩子要彼此互助，因為團結力量大。孩子們年少輕狂，尤其在眷村中常有打架的場景，公公常說「忍一時之氣，免百年之憂」，或是「退後一步，海闊天空」，還有「百善孝為先」、「前人種樹，後人乘涼」，都提醒我們要知足感恩且盡孝報恩。這些成語在當年聽起來是老生常談，現在回想起來卻是彌足珍貴。對於一位從小沒上學讀書、不識字的公公而言，這些都是他據以做人處事的原則且身體力行。

二〇二四年五月五日是公公百歲冥誕日。這篇文字不僅是我們對公公的追思，更是表達對他的敬重之情。大時代的洪流讓公公的一生充滿了艱辛和挑戰，但他始終保持著堅韌和樂觀，他的故事激勵著我們奮勇不懈。公公一生勤勞且對人信實，他的身教是我們最珍貴的傳家之寶。

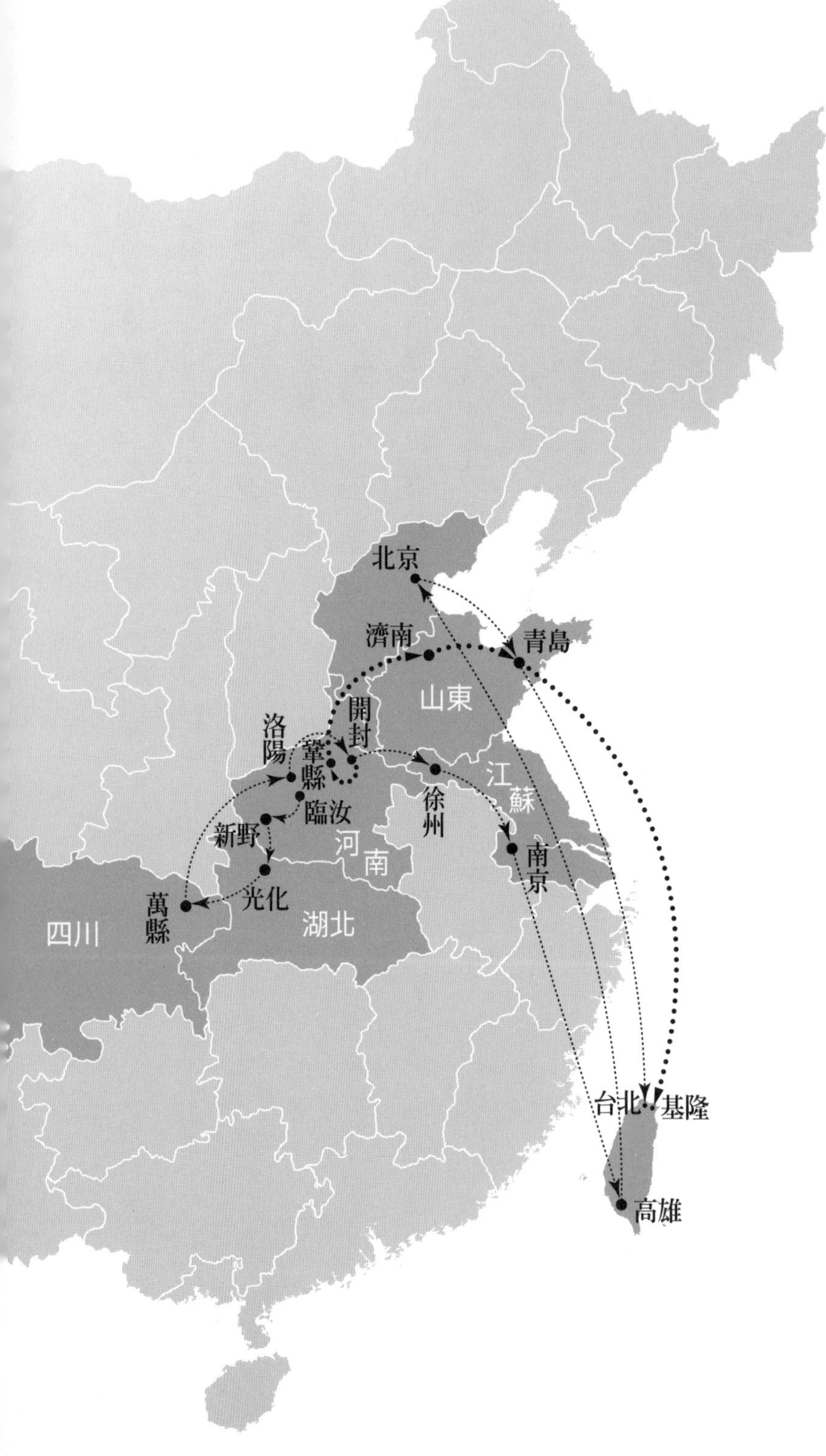

不平凡時代的一位平凡父親

陳惠如

現任國立宜蘭大學外國語文學系教授。生於台北市，祖籍河南省臨汝縣，美國賓夕法尼亞大學英語教學碩士、淡江大學英語教學博士。專長為數位語言學習、第二語言習得、素養議題融入雙語教育。

陳亨健先生的遷徙路線

臨汝→新野→光化→萬縣→洛陽→開封→徐州→南京→高雄→北京→青島 →台北

王桂芬女士的遷徙路線

開封→鞏縣→濟南→青島→基隆

二〇二三年十一月某個週末，父親過世七七四十九天的日子，我們依計畫來到汐止五指山上探望他。那天天氣出奇得好，好到我首次發現，原來身處五指山國軍示範公墓的忠靈殿前，是可以遙望位於遠方的和平島，甚至連金瓜石旁的基隆山也都能清楚看到。當下的我內心不禁想說，如果父親依然在世，應該會滿意這個地方，其原因倒不是風水寶地，而是面向大海，遠遠望去不但可以看到他當年來台下船地，甚至能夠遙望故鄉，屬於父親他們那一代的故鄉。

來自故鄉的記憶

生於一九二八年的父親來自河南省臨汝縣（今日的汝州市）騎嶺鄉小陳庄的務農家庭，小村內僅有十六戶，均為自耕農，也都是貧苦的佃農，父親年幼時由我的祖父母處得知，我們的祖先原籍山西，明代洪武年間，因災荒嚴重而集合於洪洞縣的一顆大槐樹下再移居到河南，有關大槐樹下的故事，我曾在中國大陸旅遊博主的影片中看過，沒想到居然跟自己有關。

很遺憾的是我至今未曾踏訪過父親的老家，好奇心驅使下，經由網路爬文後才得知該地富含溫泉，以當今的角度看來頗有觀光潛力，只不過小時候未曾聽父親提起老家有溫泉，反倒常常聽他帶著一絲榮耀的口氣說到鼎鼎大名的少林寺，是他們小學時校外教學的地點，另外則是在他自傳中不時出現的杏樹，以及孩童時期鄉間摘果實的記憶。

雖然來自純樸的小農莊，父親記憶中年幼時期的生活倒也過得去，然而，沒想到數年之後會歷經旱災和戰爭，日子因此變得清苦，因此，無形中這也是促成他之後會選擇離開家鄉，向外發展的因素之一。

記憶中父親不喜歡海鮮，也甚少嘗試，據他表示，原因是老家處於內陸，小時候從未吃過，所以興趣缺缺；他也經常告訴我們，自己不喜歡吃稀飯，尤其對於後來已屬時尚餐點之一的地瓜稀飯，更是敬謝不敏，他總是說因為小時候實在是吃怕了。或許從我們晚輩的角度看來，父親實在是固執得可以，但如今想起來，我反而覺得其實這何嘗不也是一種他內心對遠方家鄉和年少時期的緬懷。

除了食物之外，父親也不時以氣候變化的角度來懷念家鄉，記憶中每當天氣溫度大幅度改變時，他就常常提起，北方老家的氣候總是慢慢變冷，讓人不知不覺地感受四季更迭，有關這點我印象最深刻是因為後來去美國求學工作，期間體驗到高緯度地區的四季分明，不經意會想起小時候常常聽到的這些話，也才深刻感受到季節鮮明的轉變，能夠讓平凡的生活增加豐富的層次感。

坎坷的求學過程

當時那年代在河南小農村裡教育相當落後，能念到中學的人著實不多見，即使一九四八年時，也僅有省立臨汝中學及縣立簡易師範初級中學各一所，父親是少數能夠繼續讀到師範學校。為此父親特別感謝他大哥的勉勵，所以若不是後來因為戰事紛擾，師範畢業後他應該能順利成為老師。

事實上，父親的求學之路非常坎坷，一九四〇年小學畢業後考取省立中學，卻因家中經濟拮据而選擇縣立師範，沒想到自一九四一年起家鄉開始遭逢大旱災，他的學業無法得到繼續支援，於是被迫於一九四三年輟學，並於那一年追隨校內馮老師到河南省新野縣政府任臨時工。

之後一九四四年日軍侵占家鄉淪陷，他以淪陷學生身分赴河南省內鄉縣繼續復學於河南省立戰時第一師範繼續讀書，一九四六年六月抗日戰爭結束後，經教育廳分發到省立洛陽師範學校就讀。接下來一九四八年三月，共軍進占洛陽後隨校遷往開封，是年六月下旬又因開封淪陷，而隨同學十餘人展開經江蘇徐州輾轉跋涉至南京的流亡學生過程。

提及此事，就不免令我想起父親對於我們的教育始終相當重視。為了將來升學順利成功，國小畢業後就把我們送去離家較遠且學費高昂的私立初中，而且意想不到的是國中畢業時，他執意要我參加五專考試。

那時專科考試的第一志願是台北師專，要能脫穎而出考上該校相當不容易，我的成績自然無法達標。當時的我只覺得很奇怪，想說高中聯考已考上第二志願中山女高，將來當可順利念大學不是很好，為何一定要去念五專提早就業呢？

其實，有關這一點我始終無法理解，尤其是高中那段時間每當成績壓力大、挫折滿滿時，他總是會以埋怨的口氣說「當初要你去念專科你卻不念」等話語，這讓我始終不解的謎題居然是到了近日父親離去，我在翻看他的日記中有關求學遺憾那段文字才找到答案。如今回想，除了當時那些年跟他工作上遇到瓶頸，希望我們子女能夠早日擁有專長經濟獨立的因素外，其實他內心應該是很希望子女能夠繼承，他年少期望成為教師但卻無法達成的志向。

流亡學生到青年軍

雖然父親在世時，很少跟子女提到他離鄉打工、復學及從軍之後輾轉來台的過程，但是他在自傳中對於這段經歷卻著墨不少，我也得以明瞭他是經由老師的號召，再加上對國家的信念，因而離鄉背土希望能夠盡一己之

父親與洛師同學流亡至南京時的照片。

力，一九四四年秋冬之際他就讀河南省立戰時第一師範時，與全校共計六十餘位同學響應當時蔣中正所號召的知識青年志願從軍運動。於是在一九四五年六月，這些有志青年自浙川整隊出發，經湖北省光化縣步行至秭歸縣，搭船溯長江到達四川萬縣青年遠征軍二〇四師的駐地接受訓練，直到一九四六年才依志願回校讀書。

沒想到才經過不到兩年，又因為內戰再度成為流亡學生，當時由河南到南京路途遙遠，一群應屆畢業學生十二人還包含女同學都不以為苦，看到他自傳中的這一段文字，不禁讓我想起李安執導的電影《色，戒》中，女主角和其他男女同學們在戰事發生時路上趕路的情景。沒錯，如此這般的場景對話就是我們的長輩在那個大時代的真實經驗，當今我們後輩不但難以想像自身處於這般場景，重要的是對於他們個人心繫民族國家的責任情懷，更是離我們遙遠到僅止於電影情節，讓人不勝唏噓。

一九四八年六月，十二位（九男三女）洛陽師範的應屆畢業生離開開封後，先後途經河南蘭封、民權、商丘及江蘇省陽山等縣，整整走了七天，於六月三十日下午到達國軍重要駐守地——江蘇省徐州市。之後未曾停留，即於當晚搭津浦縣火車前往南京，第二天在長江北岸的浦口縣下車，與教育部專員辦理戰地來京學生登記後，再搭乘長江渡輪到南京。

雖然父親在自傳中的確描述到，他們洛陽師範十二位同學跟隨逃難民眾逃離開封往南方避難的原因與過程，以及後來到達南京後大家迫於無奈分道揚鑣的過程，有些同學選擇返鄉，而父親和另一位同學則是再度從軍，因而被奉派到青年軍二〇五師，所以那年八月父親搭火車到上海等船前往台灣（於九月一日早晨到達基隆港，再搭火車到台北後轉至供高雄鳳山）。

然而，有關這時間他在上海登船來台所發生的一段感人片段卻意外地沒有在日記中提及，而我也是在父親去世的守喪期間才由母親的轉述得知。小時候常常聽父親說到有一位住在高雄的好朋友——陳伯伯，原來當時情勢緊張，只剩下最後一艘船的機會了，可是父親沒有錢買船票，於是復旦大學畢業的陳伯伯當場把他身上穿的馬靴賣了，他倆才得以登船來台。

之後兩人在南台灣的鳳山打拼，還曾經一起賣麵討生活，因此，我才得知他們深厚的友誼從何而來。

其實，父親生前幾乎未跟子女們說到自己之前遠離家鄉和祖國江山的分別時刻故事與心情，倒是過去這幾年他因為年邁體衰，進出醫院或是安養中心不在家的緣故，母親有一次才和我們提到他時常描述自己是在中秋節第一次隨老師離家打工和奶奶告別的場景。

如上兩個離別的故事讓現今的我頓時明瞭，記得那一年我去美國念碩士一年半後第一次回台，再啟程返美時，父母送我去機場，母親後來告訴我，當我跟他們揮手再見出關登機，父親看我隻身一人離去居然當場落淚，年輕時的我聽到這件事並沒多想，甚至覺得每位留學生不大多都是如此嗎？如今有了以上故事的情感連結，讓我寫到這裡不禁潸然淚下。

從軍職到公職

出乎我意料之外，一九四八年九月一日居然是父親第一次來台。當年十一月該師奉調北上，由高雄港搭船前往北京，直到一九四九年二月離開北京，三月開始在青島停留月餘，四月初才又整隊由青島搭商船「隆順號」二度來台。

父親這次再度來台後，先是在南台灣待了一段時間後轉到台北仍是任職軍職，後來經由河南同鄉的介紹認識了也是來自河南開封的母親。

我的外公在抗戰時間被日本人抓走後就再也沒回來了，因為我的兩位舅舅都是在開封的兵工廠工作，因此舅舅們和外婆帶著一大家子隨著聯勤四四兵工廠撤退來台。

他們的逃亡路線是一九四五年由河南的開封到鞏縣，然後到山東濟南，再於一九四六年到青島，在青島待了兩年後，最後是在一九四八年十一月時搭乘由上海派出的「泰康輪」到台灣基隆。

記得念小學前我們都是住在當今台北一〇一和北醫附近的四四南村，因為來台時年紀小，所以母親記憶中的逃難過程居多為青島是個美麗的城市，或是哪種饅頭很適合逃難時攜帶等等；與父親的故事有著截然不同的調性，也許這也是讓父親生前很少提及他生命中逃難經歷的原因之一。

有關父親的職涯發展歷程，他在自傳中多有詳細的描述。其中讓我比較印象深刻的就是對於在關鍵時刻曾經助他一臂之力的貴人，特別表達感謝。尤其是當他軍職生涯遇到瓶頸，考慮是否要由上校退伍時，面對子女都還年幼，家中經濟責任在一身，進退兩難很是苦惱，這才讓我明白，小學時全家搬到中永和交界處，每逢假日他總是帶著我們走入當地的大街小巷，探訪無數個房屋新建案。原來他當時曾經考慮，如果卸下軍職要在我當時就讀的小學附近租個店面開文具店；難怪，我到現在都是個文具控，可能這也是來自血緣。

後來老天安排父親在路上巧遇了

父親母親結婚時和外婆的合照。

作者小時候和父親的合照。

父親擔任軍職時的照片。

他自傳中特別感謝的貴人之一，就是他先前的老同事，引薦他自軍職退休轉任公職到監察院上班，正巧他當時擁有轉任的資格，雖然之後他不是擔任代理主管就是擔任任務編制主管，如果以今日的角度看來，是專案職缺而不是專任職缺吧，不過他始終以每個職位為榮，盡忠職守地努力工作到退休，贏得歷屆長官的信任與支持。

也就因為他轉換公職後的穩定，我們做子女的才可獲得大學畢業後出國深造的機會，記得大學畢業後有天他下班回家時，肯定地說要支持我出國念碩士，當時母親也對於他的決定驚訝不已，而我則是暗自高興，自此他的決定就開始形塑了我的教職生涯到今日。

很明顯的，我能有今日的專業職涯經歷都是來自他當時的決定，自一九八九年夏天離開台灣後我在美國賓夕法尼亞州持續念書及工作共計待了五年，當時渾然沒有一絲想要回台的念頭，然而，一九九四年卻在父親嚴厲堅持要求下老不情願地回來台灣，從大學的兼任老師做起。

那時我們的關係有些不太愉快，因為我當時碩士畢業後在賓大擔任全職的華語講師，薪水雖不高但卻生活自在，直到如今我年歲增長後，才想起他正好是那一年退休，也許是怕如有狀況無法再持續金援我，何況後面還有弟弟也要出國，當時的我可是渾然未曾想到他沒說出的擔憂。

難以開懷的人生

可能因為是長女，從小我就深深感受到父親對我的期望，尤其是在課業方面。學成歸國後雖然都是擔任教職，但我始終對於工作場域帶有敏銳的直覺，因此算是常常基於各種因素而轉換學校來追求更適合自己的環境。

記得很清楚有一年是在陪他們去大安森林公園散步時，我很欣喜地跟父母分享我要離開當時就職的學校轉赴他校，沒想到父親不但沒為我高興反倒是以怒斥的方式表示反對，讓我當下實在很難理解、也很難過。然而後來，有一次他來到我學校的系館外看到我任職系所的掛牌，居然帶著欣慰的口氣跟我說：「是英國語文學系啊！」直到那時我才發現，他其實是以我為榮的，沒想到四年後，我又再度換校到宜蘭工作，這回他來到校園中參觀我的研究室時，是跟我說：「陳惠如，你別再換學校了！」

有關這一點，我也是在看到他日記中描述自己對職涯過程一直未能轉任專職感到遺憾，並且強調他接受人生許多事情都是命運安排的心情後，才明白他當時的心意，他是不希望我們在凡事冥冥注定下太花無謂的力氣吧！

記得父親自從二〇二〇年身體走下坡，身邊的人都明顯地感受到他內心的沮喪。剛開始明白自己無法行走必須臥床後，他常常說自己想要跳樓尋死，明顯地表達出那種對生命末期的內心絕望無助。其實，回顧他一輩子都是在如此艱難困苦的情境下堅忍不拔的走過，只是當時年輕的我們不知道個中辛苦，直到父親離開後，我們才回想起，從小幾乎都未曾見過他的笑容。

原來，父親終其一生都是如此充滿了挑戰與艱難，年輕時在老家生活不易，求學階段遇到戰爭展開顛沛流離，直到飄洋過海來台，篳路藍縷胼手胝足地辛苦打拼而撐起一個家，晚年則是見證政局迭換及黨國反共態度的改變。人生一路走來每個階段不但是充滿挑戰，也富含許多內心價值的衝擊，對於一個再平凡不過的父親角色，卻因為正巧生逢戰亂的不平凡時代，因而需要承受許多命運的挑戰，是多麼的悲苦與無奈。

也許在多數人的眼裡，我的父親故事是如此平凡，然而，隨著年歲增長，身為子女的我漸漸體會到自己的人生經歷與父親的生命情感連結，因此更加覺得，就因為我們的上一代是來自遠方，歷經戰亂飄洋過海有家歸不得的苦楚，使得原本也許只是個平凡人的故事，卻因為背景是個不平凡的時代，因而變得不容被忽視甚至遺忘，這也許就是我想要將父親故事寫出來的初衷。而且，我始終相信屬於那個時代還有許許多多，就如同諸多好朋友們的父母親故事，終將隨著時光荏苒而逐漸流逝。

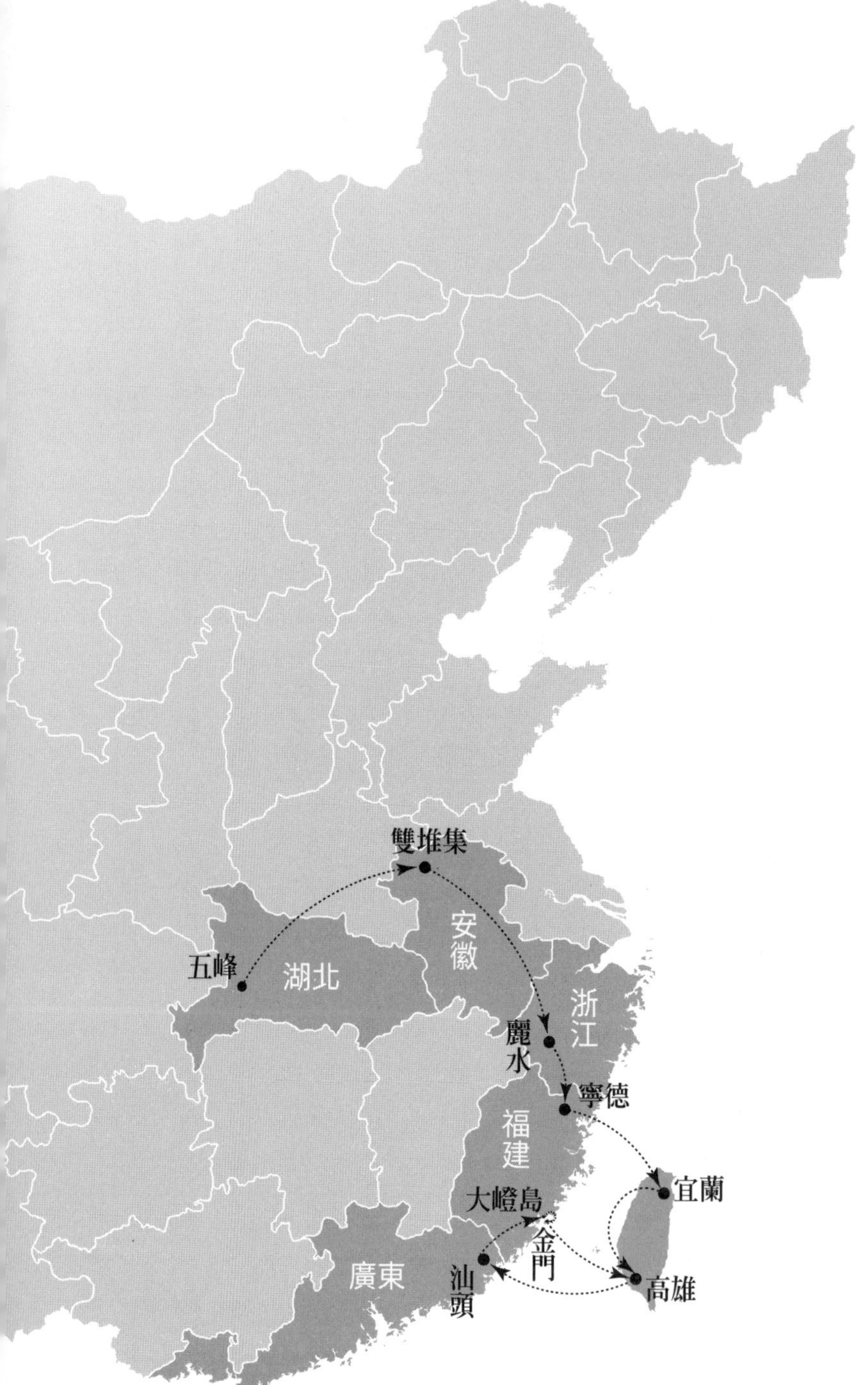

十五從軍征——追憶老父的流離歲月

向麗頻

現任文藻外語大學應用華語文系副教授。父湖北五峰人，母台灣高雄人，本人成長於台南府城。人生理想是有田沃可稼，有溪深可漁。有山可當畫，有窗可讀書。夜酌談古今，朝餐摘果蔬。努力實踐中。

向建民先生的遷徙路線

五峰→雙堆集→麗水→寧德→宜蘭→高雄→汕頭→大嶝島→金門→高雄

那一年某一天黃昏，氣溫剛從炎熱轉入秋涼時節，媽媽急來電說老爸中風了，一一九救護車送到醫院急診中。後來一週我在醫院陪護，沒想到那卻是我和老爸在人間緣分的最後一段時光。

因為近身的照顧，才發現老爸手臂上的刺青「山河」，那痕跡極淡，淡到我原以為是不小心碰撞的烏青。此刻想著那是什麼時候刺的呢？在什麼情境下決定去刺青？而刺青花樣百百種，為什麼選這兩字呢？當了老爸五十年女兒，居然不知道老爸身上有刺青？更令我傷心的是再也沒有機會知道答案了。

老爸晚年失智，週末我回去看他時，他總說活夠了，已經一百歲了，他想回家，有時我會開玩笑跟他說，不要啦！太遠了，這樣我要看您很不方便吔，然後他就搖頭嘆氣不回應了。

因為深刻地明白父親的心意，因此在大限來臨時，我在耳邊輕聲告訴他：「老爸，您解脫了，走吧，去往您心心念念的故鄉，和您親愛的家人在天上相聚吧！」後來整理父親遺物皮篋，皮篋內空空如也，只有一張小紙條寫著：「我要回家。」

禮儀公司的人問我印訃文的事，我反問：「印了要給誰呢？」那人當下定覺得我很奇怪，他們哪裡知道其中的曲曲折折。是呀！除了我們自家人，老爸有什麼親友可訃告呢？大陸的父母、兄姊弟妹逝去久矣，軍中袍澤也零落老邁早斷了聯繫，還有誰需要訃告呢？

代兄從軍

是的，離家夠久了！我問過老爸，為什麼去當兵？

老爸那時剛念完初一，他說，哥哥被抓兵了，哥哥是老大，在家種田，沒有上學不識幾個字，怕出去就回不了家，於是家裡的人商量由他去替換。

山村人封閉單純，不知道外面的世界早已烽煙四起，當時誰也想不到這一個決定會是兩人命運的交叉點，少年父親告別家人去替換哥哥的那一天，就注定再也回不了家，直到許多年之後。

老爸名諱向建民（譜名光桂），一九二八年出生在湖北五峰一個山窩窩小村，「山窩窩」是老爸每次提到老家時的形容詞，附近較知名的大城市是宜昌。我在李福禎先生〈湖北五峰中學憶往〉文章中讀到：「一九四三年五月日寇傾巢侵犯鄂西，學校也在砲火聲中向後撤退了。」然而老爸並沒能隨著學校撤退，因為彼時日軍已占領了宜昌，即將上溯長江進犯四川，戰時大後方重慶陪都危矣！

國軍在宜昌附近長江關卡石牌鎮布陣防堵，抗戰史上稱「石牌戰役」，其重要性被稱為「中國的史達林格勒」保衛戰。這場戰役，對中、日雙方都極具關鍵，日方志在必得，中方退無可退，阻擊的重任落在胡璉將軍領導的十八軍十一師身上，誓與石牌要塞共存亡。戰役最終獲得勝利，成功阻擋了日軍入川，但十一師的官兵也付出慘烈的生命代價，兵團幾近瓦解。在這樣的情境下，老爸被迫代兄從軍，補入了國軍在石牌之戰中大量折損的兵源，成為胡璉將軍麾下的一員小兵丁。

老爸曾在一九九一年元旦開始寫過兩週的日記，大部分的內容是在抱怨老媽不讓他去大陸探親。其中有一則記載他幼年時在家的情境：

元月十三日 星期六

想起小時的美景，我以五歲開始記事，我在家是受人喜愛的一個，我是排行第三，我們五兄弟姊妹，我的父母、祖父母都很疼愛我。祖母年紀大了，出門走訪親戚，總是帶跟班，尤其是過年時，天下大雪，我父親帶我去家族拜年時，我騎馬，父親牽馬，在雪裡行走，爬山越嶺，父親從沒說過一個累字。讀書是我專長，在學校比別人成績好，經常得到獎勵，啟蒙那年，正式拜過孔子聖像，鄉村的人都誇讚我。有很多人要我過繼他們，但是沒有一個是真的，現在想起來，好像是騙吃騙喝而已！

老爸的兵籍資料記載著入伍時間為一九四三年十二月一日，那年他剛滿十五歲，在寒冷的冬季踏上軍旅征途，這個受到家人疼愛的聰明孩子，最終再也沒能與父母、祖父母見上一面。

硝煙時代，兵困雙堆集

老爸所經歷的正是中華民族苦難的一頁，煙硝時代走來的人，個個都能成傳奇。以前年紀小，心思不在父母身上，不明白其珍貴特殊，遺憾沒能深入探問記錄，現在只能在軍史戰紀中追尋父親的軍旅遺蹤。

我問過老爸，曾和日本人打過嗎？老爸說：「沒有！」可能因他年幼，所以在部隊裡也只讓他們做戰備訓練，沒有真正上過戰場。

後來日本投降，戰爭結束了，本應解甲歸田。「那您為什麼不回家？」他說，「回家也不知道做什麼？」就選擇待在軍中。沒想到又一波惡戰才要開始。

老爸的兵籍資料登載著三條參與的戰歷：

徐蚌會戰 雙堆集 一九四八年十月二十日至十二月一日

大嶝戰役 大嶝島 一九四九年十月

古寧頭戰役 金門 一九四九年十月二十三日至二十五日

追索老爸隸屬的軍伍，自一九四五年對日抗戰勝利後，到一九四八年與共軍決戰於徐蚌之間，發現胡璉將軍領導的十一師原來是一支常勝勁旅，其剿共的行跡歷經河南、山東、江蘇等地，舉其大者如魯西南的巨野戰役（山東省荷澤市）、蘇北的宿遷戰役（江蘇省宿遷市）、魯中的南麻戰役（山東省淄博市），少年老爸也在這大大小小的戰事中，逐漸磨練成為一名真正的戰士，並迎來他二十歲的成年禮，滿二十歲那年冬天，軍隊被圍困在安徽淮北市的雙堆集。

小時候偶爾旁聽到老爸和黑人叔叔閒聊，黑人叔叔是父親當連長時的老部下，沒有結婚，軍中退伍後開計程車為業，年紀大了住榮民之家養老，常來找老爸串門聊天。有時聊到一九四八年底那場慘烈的徐蚌會戰，八十萬國軍，六十萬共軍，在冰天凍地的神州土地上，以砲火相轟，以刺刀肉搏。

只記得老爸說，圍困到後來，彈盡援絕，沒有東西吃，只好殺了戰馬，「慘哪！」說是聊天，但往往在發出一聲沉重的嘆息後，就是一段沉默，所以我沒能聽到太多細節，再追問，老爸就會搖搖頭，擺擺手。那可能是一段可怕的回憶，最好不要再想起。

徐蚌會戰是國共內戰史上規模宏大，影響深遠的一役，國軍精銳部隊在此一役幾乎被殲滅。老爸隸屬的十八軍，戰前有四萬多人，戰後僅存八千餘。

一九四九年三月間老爸收到了第一份人事命令，由東南長官公署發給核定擔任第十八軍十一師三十一團三營七連准尉特務長。此時部隊奉命進駐浙江麗水，任務是清剿松陽和縉雲的土共勢力。任務完成後全師徒步經金華、衢州、江山、龍泉、雲和、景寧，翻越仙霞嶺由浙入閩，六月初抵達福建寧德三都澳港口，六月中旬搭乘船艦開往台灣宜蘭整訓兩週。這應是內陸出身的老爸第一次渡海，也是第一次踏上台灣本島土地，可惜無法得知當時的經驗和觀感。七月初部隊再度由高雄港出發運往廣東汕頭，任務是護衛海口，掃蕩潮、梅一帶土共，打通揭陽、豐順公路，以迎接十二軍團友軍順利南下潮汕集結。

數月間，部隊翻山越嶺跋涉，渡海整訓，幾無消停，無非是共軍已渡過長江，往南方壓迫，局勢緊張，國軍在東南沿海布局備戰。

大嶝撤退再戰古寧頭

國人皆知古寧頭大捷（一九四九年十月二十四日到二十七日）乃奠定國府台灣轉危為安的契機，少人知曉古寧頭前哨戰大嶝一役，打亂拖延了共軍進取金門的計畫，使國軍能趁隙增派兵員加強布防，終得勝利。

大嶝島是位於金門北方與大陸之間一座十三平方公里的小島，距離北方大陸僅一公里，南距金門六公里，東距小嶝島兩公里。海潮退時，大嶝島與大陸和小嶝島之間，連成一片淺灘，可涉渡。共軍計畫欲取金門，先占大嶝。

十月八日老爸的部隊（十一師三十一團）由汕頭搭船出海增援金門防務，航程中突接獲命令轉往金門北方小島大嶝接替守軍四十師換防。九日黃昏船團抵達大嶝時，共軍已發動攻擊，砲彈擦中船弦，傷亡數名士兵，差點兒未上岸先成仁。老爸的三營（約四百餘人）是先鋒部隊，甫上岸（雙滬）立刻加入戰局。十日據點防禦，雙方拼戰激烈，下午接獲金門司令部後撤命令，衡量局勢，大嶝地理劣勢難以防堵共軍大軍傾湧，需集中兵力保衛金門。

部隊決策趁黑夜退潮，從大嶝徒步涉水到小嶝，再派船轉運回金門（官澳）。大嶝到小嶝雖僅兩公里，然黑夜中的茫茫大海，隱藏著深淺不一的海溝，走錯方向，即葬身大海，不顧海水冰凍，疾行撤退。行至中途，眼看潮水上漲，仍未抵達小嶝，章乃安營長曾向團長（陳以惠將軍）建言：「潮水就要漲了，與其葬身海底，不如攻上岸去，與共軍拼一死活。」幸好（我閱讀章營長訪談記錄的私心直感）陳團長沒有同意。

大嶝撤退，老爸曾這樣敘說，「那子彈像下雨一樣，接到撤退的命令，往海裡跳，不會游泳怎麼辦？幸好有兩個會游泳的弟兄一左一右架著我，往小嶝方向逃。」

危難之際若不是有那兩位弟兄相助，老爸沒有在島上被殲滅，恐怕也要命喪海溝了，兩位救命恩人後來不曾出現在老爸的人生故事裡，但願他們也都平安長壽。

大嶝島戰役讓三十一團折損三百六十餘名官兵，一營劉新民營長陣亡，掩護部隊撤退的三營四連一排全員犧牲，致使這一支戰歷經驗豐富的隊伍，戰力一時難以恢復，當十月二十五日共軍向金門發動總攻時，暫歸十八師指揮，擔任預備隊，沿海岸西向推進到古寧頭東北方海灘，焚毀共軍登陸擱淺的船隻，使其無法返航運補援軍。

老爸的相貌長著一對超級大耳，初見者總讚嘆他福相長壽。回顧老爸參與的戰歷，說不盡的殘酷艱險，數度與死神擦身，戰火劫餘，真是福大命大！能在槍林彈雨時代存活下來的人，都是有大福報的吧！

叔叔伯伯們

老爸有幾位奇妙的朋友，值得側記幾筆。

郝伯伯，單身，住鄉下，每年過年前一定買隻烤鴨風塵僕僕來我家拜訪。不會事先打電話，永遠不知何時來。因老爸退伍後另有工作，老媽也在上班，上班、上學沒人在家。但只要看到門上掛著烤鴨，就知道郝伯伯來過了。有一年直到年都過完許久，仍不見烤鴨蹤影，老爸心覺不對，才去打聽，原來是被侄兒接回大陸養老去了。

另一位張伯伯的故事就比較悲傷，張伯伯是老爸生病住院認識的隔床病友，被大陸親人傷了心，吞了安眠藥，不知昏死了幾天才被人發現送院治療。原來是，張伯伯返鄉探親，帶了許多禮物回去，其中一位至親認為他分送不公，瞧不起人，寫信來罵他，他一時傷了心就做了蠢事（張伯伯自言）。這僅一面之緣的張伯伯在我結婚時竟送了一只紅寶石戒指，還直說是拿不出手的小禮物。張伯伯故去後，聽說將所有遺產都送給照顧他終老的鄰居。典型的遠親不如近鄰！

陳伯伯是老爸的同鄉，都住在台南，過年時老爸偶爾會帶我去拜望。我碩士班畢業時，想尋找教職工作但並不順利。有天老爸帶我去拜訪這位同鄉伯伯，原來是他有位在國立大學任教的公子，希望能夠幫忙引薦。但同鄉伯伯委婉地說他幫不了這個忙。離開後爸爸很生氣說再也不會來了！我安慰他，同鄉伯伯說得沒錯，他確實幫不上忙。老爸說即使如此，也不該如此說，他可以先試試看。對這事我真是感到自責又無奈，居然因為自身工作問題，讓兩位同鄉老先生因此疏離了。

成家立業

我習慣稱呼父親為「老爸」，因為老爸和媽媽結婚時已經四十歲了。我也曾好奇父母是如何相識、結緣？婚姻大事為何拖成中年大叔才實現？老爸的答案並不出奇，一開始國軍退守台灣，仍圖反攻大陸，時局尚不穩定，軍中小卒何以為家？後來時局成對峙之勢，大批國軍無用武之地，移防各地上山下鄉建設台灣，有機會結識當地本省姑娘，但若論及婚嫁卻困難重重，主要是本省家庭瞧不起這些窮酸的外省老兵。

老爸當時駐在高雄旗山，修築連接台南至高雄內門的一八二縣道，因此認識在內門街上做裁縫的母親。媽媽至今都還會恨恨地說起她年輕時被姊妹淘公開嘲笑嫁給老芋仔，外婆討厭她嫁給外省人，如何冷淡對待她的婚事等陳年往事。這對老媽的性格造成極大的影響，即使老爸對老媽極好，百依百順，勤奮顧家，仍彌補不了她的自卑心態，越老越嚴重地自怨自艾，無休無止，任何都寬慰不了她的心情。

老媽時常掛在嘴邊的尊嚴是金錢，她認為有錢就能抬頭挺胸使人尊敬，因此非常熱衷賺錢，認真工作，下班後還要拿許多手工加工品回家，我們小孩寫完功課後也要一起幫忙才行。爸爸的老朋友黑人叔叔曾跟我們說，連長常常吃完晚飯就不見人，原來躲進宿舍做加工品去了。

我六歲時，老爸從某人那兒買了住進眷村的權利，依老爸當時的軍階還無法分發官舍，所以在此前我們一家五口都是在營區附近租屋，過得拮据，麵粉、糖、鹽是配給，到了月底沒錢買菜，老媽就帶我們到野地去摘野菜，也吃過白飯拌豬油、醬油。小時候沒有零用錢買零食，最期待的零食，就是老爸從軍中拿回來的野戰口糧，其中我最喜歡那一小塊硬不拉嘰的牛肉乾，最討厭健素糖。

住眷村時，老媽依舊去尋加工品添補家用，某一老闆卻說他不想給住眷村的太太們做，因為依他的經驗，這些太太們要不是拖拖拉拉趕不了工，就是做兩天就退貨不做了。媽媽求老闆讓她試試，拿回來後全家一起動手，不多久完成拿回去，那老闆起先還以為是來退貨的呢！

剛住進眷村時就聽人說，眷村房即將拆除，因此房子破漏，都只是隨意修補，常有外面下大雨，屋裡擺水桶接漏水的情況，這個拆除宣告持續了八年，直到我上國二時，才真正實現。搬離眷村後，我至少做過五次以上夢回小時候的家，有一回還夢到在瓦礫堆中翻找門牌「光復新村十六號」，遍尋不著十分傷感。眷村房子大規模夷為平地，有些蓋起了龐大的公寓國宅，地景、地貌完全改觀，感情好的街坊鄰居斷了聯繫，從小吃到大的包子、山東大餅店搬遷消失，對曾經在眷村成長的人來說，確實是一種大失落。

我忽然想起老爸離開親人家鄉時也正是這個年紀，他的失落感肯定更大，難怪他晚年時老跟我說，他又做夢，回到了老家。

老爸的軍旅生涯在五十二歲時申請退役，服役三十七年，每月大約有三萬元的月退俸。這退休俸讓人羨慕，讓人嫉妒，更有惡毒的指責為什麼要用台灣人的錢養這群老芋仔？這是我親耳聽到鄰居本省伯伯在巷弄裡對人群誇誇其談，爸爸也聽見了，從此更少和鄰居互動。每每聽到社會上這種對老兵的羞辱，覺得既氣憤又心痛，老爸那代人運氣不好的早填溝壑了，幸運生存的還得受這樣的氣，人間的公道、慈善何在？

三萬元的月退俸支撐不了家用、三個小孩的學費、房貸等，老爸在舅舅的介紹下找到看顧、清理冷凍廠的工作，月薪一萬元，日夜二十四小時一梯，和舅舅輪流看顧。舅舅家住工廠附近，晚上回家睡覺，清晨再上班，我家住得遠，老爸休息的臥鋪設在引擎室，引擎聲日夜嗡嗡嘎響，老爸後來聽力逐漸受損，我認為和這工作環境有極大關聯。只要是清理冷凍庫的日子，老爸就不開心，因為要在零下的冰庫中，將凍了千年的遺留庫藏清除乾淨，是個辛苦活兒。然而最讓老爸受煎熬的是和舅舅的同工不同酬，而這薪水差距至少三倍以上，舅舅曾跟媽媽說，退伍老兵找得到工作就不錯了，不要嫌東嫌西。

老家風情

海峽兩岸阻隔了三十八年之後，一九八七年底終於盼來了開放赴大陸探親的喜訊，讓這些少小離家，如今鬢毛已衰的老遊子們都震動了起來。老爸的家山高水遠，直到一九八九年才有同鄉為他帶來家鄉的消息，老爸收到家書的那天，他整夜未眠，在客廳坐了一晚。第二天就與媽媽商量，積極籌劃回鄉探親的事宜。終於在一九八九年冬天老爸帶著老媽，回到那個以為這輩子無緣再踏上的故土。

可惜老爸這第一次的探親之旅，我沒能跟上，不然一定能聽到更多的故事和細節。老爸的父母、祖父母早已去世，哥哥和弟弟沒能熬過一九六〇年初的大饑荒，老家只剩長姊和過繼給人的小妹。還有，山上許多的大板栗樹也都不見了，那曾經承載著他的快樂童年。

我在一九九三年時曾與老爸回去探親過一次，那時宜昌還沒有建設機場，需從香港轉機飛武漢，再由武漢搭一輛親友租來的破巴士，坐椅子上能見到路面在車底板下疾馳那種破法。令我印象深刻的是，這一趟車程，還把我當時穿的牛仔褲都磨破了。不過，說是「破」

巴士，真是毫無貶意，我們都知道那是親友盡最大的誠意和努力租來的交通工具了，而且迎接的隊伍幾乎坐滿了那輛四十人的大巴，在山區彎彎繞繞，整整開兩天兩夜才到達。

之後，我就更佩服親友們的熱情了。父親老家有多荒遠，還可由一事印證，我們住在大伯家，第二天一整天不見堂姊夫，一問之下，因貴客到臨天未亮就出門買米去了，來回需走兩天路程。

老爸和親友通聯之後，還做了一件怪事，他竟幫我們家三姊妹都取了一個依照族譜排行的名字，我是家字輩，叫家珍。當大陸的親人這樣叫我的時候，真有一種家大業大之感，你就是一棵大 family tree 上的一片小葉。

這也是老爸最後一次回去探親，原因之一是大姑媽過世了，親族剩後生小輩，回鄉的動機變弱了。其次是媽媽的反對和阻攔，使得這第二次的探親差點兒無法成行。原因是第一次回鄉後，老爸的侄兒、侄女，甚至侄孫們，開始三天兩頭寫信來希望金錢資助，蓋房、娶妻、買地、開店、買貨車……，老爸心軟，有求必應。將錢看得極重的老媽當然炸鍋了，只要大陸親友來電、來信，那陣子都別想有好臉色，家裡氣壓極低，我們小孩能閃就閃。兩邊都為難，割捨不下的老爸，只能將他的痛苦在日記裡訴說。

老爸仙去後，我彷彿大夢初醒，對老爸生平過往細節，充滿熱情與興趣，可惜斯人已渺，無從聞問，深感遺憾！老爸十五從軍征，歷經戰火劫難，終老不得歸的無奈痛苦，如果時光能倒流，我會花更多時間去取悅和撫慰他，可是，哎！時代翻篇，硝煙散去，回望老父一生，有那麼多的命運交叉點，許多壯盛生命殘酷卑微地逝去，活著本身就是幸運，是上天的恩賜，感謝老爸曾積極樂觀，踏踏實實地活著，我永遠想念您的慈愛。

兩岸三地的生命擺渡

李明芬

國立臺灣師範大學社會教育系退休，現為社教系兼任教授。出生於基隆，祖籍廣東新會。美國印第安那大學英語教學碩士、教學系統科技博士。專攻教學設計、對話設計、思考教學和整合研究。喜好禪修、東西經典、室內設計與散步輕行。

李深先生的遷徙路線

香港→新會→湛江→海口→高雄→基隆

父親是廣東新會人，出生於一九二六年，他一九五〇年來台時才二十三歲，在基隆安家立命一輩子。

因年輕時一人隻身來台，在台灣沒有親人，但從小我們兄弟姊妹就知道父親來自廣東新會，和梁啟超先生是同鄉。然而，我們兄弟姊妹自幼卻很少聽聞他提起在大陸成長的往事，也不太清楚父親過往都經歷了哪些人、事、物，大約只聽過一些瑣事，但也不太連貫。尤其父親在台灣只有一位住在高雄的同鄉，因此下班後有往來的，就只有一位在基隆住得稍遠的外省伯伯，其他的多是本省籍鄰居和客籍母親的家人，印象中父親說台語的時間比國語和粵語多了許多。

雖然父親會用種種方式對我們付出他的愛和關心，但他不太善於溝通，也不太懂得如何與子女談話，談及他的過去時都是三言兩語的帶過，幾乎都是同一個版本。也因此家中六個兄弟姊妹從來沒有想到進一步詢問父親來台的經歷，也少有心思追根究柢，只知道我們的祖籍是廣東新會，父親到台灣之前曾在海南島住過一小段時間。

八十人生的記憶重現

就這樣過了五、六十年，我們一直以為父親來台之前，多數時間是在廣東新會縣，因為那裡一直有他的弟弟和弟弟的家人，直到父親年事漸高，有日兄弟姊妹同聚一堂，我先生提起父親是在香港出生，成長到十多歲才回到廣東新會，我們兄弟姊妹當下聽了不敢置信，他怎麼會知道我們半世紀多都不知道的事。

原來我先生只要有機會見到父親就會跟他話家常，問了許多往事，而我們聽著聽著總覺得都是老生常談，也就不太注意他們的談話內容。後來才知道父親原來是在香港出生，也在香港學堂就讀幾年小學，十多歲時因為日本占領香港和家人避難，搭船過海回到大陸，上岸之後一路走回廣東新會老家。

也因為這段特殊經歷，才想到應該弄清楚父親來台之前的生平往事，但父親和子女們的對話總是繞在一些家常事務，仔細詢問幾回，才逐漸拼出一個稍微清晰的圖像。這當中的經歷和父親對我們的敘述有極大的差距，究竟是什麼原因讓父親在過去半世紀總是輕描淡寫的一筆帶過，那麼重要的人生經歷如何可能沒有留下深刻的印象。

或許人生有些記憶和熟悉的家人更不容易暢談，反而是不那麼親近卻又熟悉的朋友或晚輩，因為沒有太多生活的交集，也就沒有角色的包袱，更可以敞開心懷的追憶過往，這實在是人與人之間很奇妙的因緣。

土生土長的香港居民

原來父親出生於九龍，十四歲以前都在香港生活，可說是道地的香港人了。我們問他：

「你不是廣東新會人嗎？」父親說他祖籍就是新會，他的父母親因為自由戀愛，結婚時不見容於傳統的家庭，於是兩人輾轉到了香港，他也就在香港出生、長大、就學。直到一九四一年底香港被日軍占領，百姓生活艱困，父親和家人只能回到新會縣的禮樂鎮鄉下暫時安頓，在那裡住了幾年。

香港當時仍是英國的殖民地，和大陸是兩個不同的體制，為何他從來不和子女談及香港的經歷。除了前面所述，有可能是當時兩地並無海關，往來之間無須持任何證件，再加上兩地都是粵語地區，語言無閡，老百姓兩邊往來可能不覺得有什麼界線，和一九五〇年代中期以後兩方區隔的情形非常不一樣。

父親說他自小住在九龍深水埗的基隆街，卻沒想到日後因緣巧合來台灣在基隆市住了一輩子。深水埗那一帶街道狹窄，在那個時代有許多來自大陸的外來人口，算是勞動階層的居住區。戰亂年代熙來攘往，龍蛇混雜，因為他的父母親做著小生意，日本占領期間生活過得非常艱困，也無暇顧及兩個年少的兒子，父親在學堂的學習也因此斷斷續續，只念了幾年小學。

但從小我們常常看到父親會小心翼翼地拿出收藏的鋼筆，用鋼筆寫著一手好字，父親的書法也寫得極為端正，我們曾經多次問過他的學習經歷，自學能力頗強的父親總是說他只讀到小學，因為祖父自己的事照顧不來，沒有辦法讓他繼續學業。

據父親的描述，我們的祖母姓曾，長得很漂亮，但個性很強悍，是一位很能幹、很厲害的角色，為了在香港立足、自保，她甚至還擁有槍支。有可能外曾祖父在廣東新會是一方之霸，祖母因此練就一身的膽子。對於祖父的描述，父親僅僅指著相簿的老照片，讓我們一睹祖父的樣貌，卻未曾聽到更進一步的描述。

根據我先生與父親的對話，父親對於香港居住的街區環境記憶非常清楚，即使過了七、八十年，仍然可以把道路方位說得非常明白，可見父親對於年幼成長的街區早已牢牢刻印在記憶中，我先生對父親的觀察瞭解和我們子女的親身體會可說是大相徑庭。我們似乎有著兩個版本的故事，一個是年代跳躍、圖像模糊的黑白畫面，而另一個是時序相連、歷程清晰的遷徙記錄，或許這和我先生藉由大歷史的重要事件與他對話有關，讓他能夠跳脫個人的生命故事，站在更遠處回看自己走過的路。

從苦難煎迫擺渡到風雲未測

一九四一年的十二月，父親約莫十三歲，日本偷襲珍珠港之後就立即進攻香港，十二月底香港陷落。日軍占領香港期間，是掠奪式的統治，在香港奪取各樣物資，包括強迫市民換取無保證的日本軍票。由於食物短缺，為了緩減人口壓力，日本在占領期間，不顧早已定居香港數十年、甚至數代的港人的意願，強制執行「歸鄉政策」，軟硬兼施地強迫市民回到大陸家鄉，因此大量老百姓被「驅逐」至廣東。

由於香港的經濟在日本的占領下飽受摧殘，老百姓生活極為艱苦，日軍占領下許多老百姓甚至不得溫飽。在這樣的大環境之下，大約於一九四二年，父親一家人決定動身返回廣東新會老家。據父親回憶，他們返鄉的路線是從九龍過海到香港島的中環碼頭，有船隻可以到臨新會很近的江門，他形容那種船是「老鼠拖牛」，是一艘小拖船拉著一艘大船慢慢航行。搭船回去的人都是晚上出發，先在船上過一夜，船要先橫過珠江口，之後必須等漲潮時才能轉入內河航行，直到次日白天才到江門，上岸之後他們就一路走回新會的鄉下禮樂鎮。

戰亂後的重逢、失聯、再重逢

當他們回到老家時，先是投靠父親的外祖父，即我的外曾祖父，外曾祖父是禮樂鎮頗有權勢的人，可能因為妻妾兒女多，對他們不太照應，於是我的祖父待了一小段時間，就轉到海南島工作，父親和他弟弟則留在家鄉靠種田維生，沒有長輩的支持，生活因此過得極為困苦，父親談到那時的生活，往往不願多談，總是說：「很苦！很苦！」

抗戰勝利後，父親決定到海南島找我祖父，大約是一九四六年隨著一位長輩踏上行程，從新會步行到湛江。當問到沿途怎麼吃住，又怎麼順利走到海南島？父親說當時的環境僅容許帶一點錢和衣物，沿途餐風露宿。根據地圖，那段路途全程至少有四百多公里，中間會經過陽江、茂名等大縣，現在走高速公路不到四個小時，但父親當時走了將近一個月。我們聽了實在難以想像，他在遙遠的路途中究竟經歷哪些事，在身無分文的情形是如何度過每一天！然而，在那個動亂時代，這樣的情景卻是很平常，大量老百姓的遷徙，除了少數人有車代步，多數老百姓都是靠著步行，餐風露宿成了戰亂百態中的日常！

不知是否是因為年少的經歷讓他一輩子喜歡徒步行走或以腳踏車代步，或是其中經歷太多的艱辛，讓他不願多提往事，就如朋友的長輩自來到台灣之後，也都不太提來台的經過和大陸的舊事。

當父親終於到了湛江（原名廣州灣，二戰前是法國的租界區，一九四五年抗戰勝利後才取消租界），當時仍有法國人在管理船運，當地有船可搭到海南島的海口市，但外海有時風浪大，有一次勉強出港，到了外海碰到巨浪只得返回。等了一陣子天候好轉終於搭上船，沒想到抵達海口後才知道祖父剛好離開，已經返回新會老家了，父子兩人原可千里相會，卻又彼此錯過。現在人人皆有手機，聯絡極為方便，但在當時老百姓沒有電話，也少用電報，書信往來曠日費時，難以聯絡，有些夫妻和親人可能在遷徙途中失散，一輩子就在逃難中錯過彼此的因緣，再重逢時已是半世紀、一甲子！

父親到了海南島，就跟著一位伯伯留在海口，後來祖父又從老家回到海口的海關工作，父親也進入招商局海口公司工作，父子總算團聚了。父親還記得海關的樓頂有高倍望遠鏡，可以看到瓊州海峽對岸的人車。

再度分離踏上「秋瑾輪」

父親在海口待了幾年，到了一九五〇年初海南島的局勢十分緊張，到了四月共軍已開始渡海，大批軍民又搭船倉皇離開，祖父告訴父親說：「你走吧！這裡戰亂很危險！」於是他就隨著一位伯父在海口搭著招商局輪船前往高雄。

從此，父親離開大陸，父子分離，再也沒能見面。動亂的時代，人人漂泊如芥草，父親回憶說在港口上船時，場面極為混亂，士兵甚至開槍趕人，十分可怕。

父親還記得那時搭的船是招商局的「秋瑾輪」，招商局是直隸總督李鴻章於清同治十一年（一八七二）於上海設立「輪船招商公局」，一九三八年八月，政府為配合當時財政經濟措施，

一九四九年底，父親在海南島。

特將該局改組為「招商局輪船股份有限公司」，後來也成立海口分公司（招商局於一九九五年裁撤併入陽明海運公司）。在政府撤退來台時，肩負運送大批物資和軍公教人員與一般百姓的任務，改變了許多家庭的命運。

根據「秋瑾輪」的相關資料，這艘船為加拿大於二次大戰期間仿英國城堡級輕型護衛艦建造，船身長兩百五十二呎，排水量一千多噸，巡航速率十二節。政府於戰後購買了這艘船交給招商局作為上海、天津之間的快速客輪營運，後於一九五〇年移交給國府海軍使用，改名「德安艦」。

就這樣，「秋瑾輪」載著大批物資和公務員、軍人、老百姓，甚至碼頭工人出海，朝向台灣航行了兩、三天才到達高雄港，抵達後，父親就輾轉到了基隆。

從此，父親就在基隆定居，後來進入了基隆港務局工作，從二十多歲到五十多歲將近三十年的基層公務員生活，父親每天定時在基隆港上下班，固定的輪班加班，似乎和港口結下不解之緣，從香港到廣東，從海南島到台灣，接著一輩子在位於海港邊的港務局工作，父親這一輩子似乎在「出港」、「進港」中飄零，又在港務局的貨物「進港」、「出港」中，見證了台灣經濟的起飛。

語言學習過程印證「文化融合」

父親來台之前的遷居和移居，所走過之處不能說不少，也必定見過很多生離死別，只是拙於溝通的父親，往往不能清楚地為我們描繪當時的經歷。不過他經歷戰亂年代的艱辛，生存力極強，早已能隨遇而安，在基隆很快就融入當地的社會，之後成家有了六個子女，因為寫得一手好字，在基隆港務局碼頭的倉庫部門就被分派到書記和簿記之類的工作，直到退休。父親離鄉時二十出頭，今年九十八歲，想不到當年住在香港的基隆街，結果來到台灣後，因緣巧合的在基隆住了七十五年，正所謂「故鄉成了他鄉，異鄉成了故鄉」。

父親曾經是土生土長的廣東人，經過幾十年的生活早已成了道道地地的台灣人，但卻又在台灣外省和本省的意識對立中，成了不太像外省人的外省人。其實，直到現在台語仍然是父親生活中的主要語言，而他僅有的一位同鄉早已遷居美國。

一般來台的外省人由於語言和生活習慣不同，難以快速融入當地社會，雖然父親不擅於人際溝通，但他頗有「學習方言」的天分，這或許是他能快速融入台灣的原因。他的母語是粵語，因為在海南居住幾年，也學了一些海南話，到台灣不久即能以閩南語溝通，又因為客家籍的母親和親戚的因緣，很快就學會了客語。

他說起方言來，閩南人會以為他就是閩南人，客家人就以為他是客家人，他自認是因為粵語的聲調很多，因此學習聲調較少的閩南語、客語和國語就比較簡單。但他在基隆卻幾乎沒有講粵語的機會，只有一位廣東籍朋友可以說說，我先生偶爾特意帶香港僑生朋友到基隆家中坐坐，讓他有機會用粵語聊聊天，當他一說起粵語，就像一個道地的香港人，和這些僑生朋友毫無隔閡。

父親雖然平時不說粵語，但是他在讀報或是讀數字的時候仍然習慣用粵語默默地發音。還記得我就讀小學時，也是父親積極準備普考的那幾年，看到他手上常常拿著一本書在讀，也不知道他讀的是什麼書，只記得有好幾次他讀累了，會拿起我的課本，以粵語朗讀幾段，只覺得聲調語音頗多變化。

當他和母親的家人往來互動時，不是說客語就是說台語，只有過年過節和幾位外省籍的姨父聊天時會說起國語，也因此時常讓我們忘了他來自大陸，可說是台灣的外省第一代。

或許因為父親擅長幾個方言，說起國語時帶著一些廣東腔和粵語的發音，台語、客語又說得很流暢，多數時間說的是台語，因此從小和同學及鄰居習慣說台語的哥哥，一直以為自己是本省人。然而，我們姊妹因為習慣彼此說國語，從小偶會聽到父母以客語交談，而幾位阿姨的先生有來自上海、北京、山東、河南，因此，我們對於省籍也就沒有那麼強烈的意識。

自幼環繞我們四周的親人和同學們，有本省、外省，也有不少客家的背景，住家鄰居是客家人，所在村子是閩南村，附近也有鐵路局的客家宿舍和幾棟眷村。特別是逢年過節時，家中總有客家的年菜，也有父親做的幾道廣東菜，但依循的卻是本省人的祭拜習俗。

只要幾個阿姨、姨父回到外婆家，說起國語時，大姨父一口上海口音，三姨父一口北京口音，六姨父一口山東口音，七姨父一口河南口音，加上父親說起國語的廣東口音，一大家人相聚一堂真是南腔北調，而他們從年少到中年、老年，不知不覺在台灣生活了超過半世紀，甚至一甲子。然而，儘管都是在動亂時代從不同的大陸省分遷徙來台，但他們聚在一起時，很少談到大陸的經歷或是來台的過往，他們的時代經歷和許多生命故事也就被歲月淹沒了！

從戰亂的艱辛汲取自學養分

父親來到台灣之後勤勞自學，凡事都自己動手，家中水電、書桌、衣櫃、和式房等皆親自設計、裝修，練就一身精湛的手藝。他閒暇時也常常手作各式各樣的麵食點心和拿手好菜，或是修理各種電器，親手做大大小小的用品或木製傢俱。出門時常會帶回來一些材料和工具，沒多久就看到他在紙上繪製圖型，有時幾天、有時幾個星期，一件又一件的小物件，甚或大件的傢俱就完成了。連資深的木工師傅聽到我們形容，二話不說就特地前往基隆拜訪請教。

印象最深刻的就是小時候，父親有一次把一口鋁製的舊鍋子做成烤麵包機，那之後我們就常常可以吃到香脆的吐司麵包。也因為父親勤於手作，似乎沒有什麼是學不會的，在那個經濟並不寬裕的年代，六個子女隔一小段時間就可以享受到美食或是新的用品。

每年過年前，父親也都親自提起毛筆寫春聯，退休之後三姊為他準備了更多筆墨，寫書法就成了他的日常。也可能因為年少遷徙在外，在那物資缺乏的年代，被迫學會許多本事，因為沒有機會上學，只能從生活中用心觀察百工百業的製造過程，學習到很多設計和手工的能力，這樣靠著觀察、默會、設計、手作，實在不是學校教育教得來的。記得小時候帶著我們上街，他總是會站在一旁觀察許久，看著那些買賣商品的人是如何把食物或用品做出來，回到家不久他就會出門大半天，每一次回家就帶著不同的工具和材料，沒多久就看到他做出類似的東西。

也因為他的自學能力極強（除了人際溝通），退休之後自學攝影、電腦等現代科技，也很快地學會，成了里民活動的攝影達人，在數位影像仍不普及的時代，他特別享受的不只是攝影時的樂趣，更是把精美攝影照片送到共同出遊的左鄰右舍朋友手上時，大家充滿驚喜的表情讓他更樂於分享。

由於我們子女最為關心的是他和我們及鄰居、親戚的互動，在子女們的記憶深處，對父親的印象多半是他在台灣的工作型態、生活和學習習慣，特別是自己的學術專長是教育領域，年輕時不太了解父親的人格特質和他的成長過程有何關聯，也不太明白年少失學的他，為何能夠自學多項能力，甚至各種手作都頗有天分，但他卻又特別不善於和家人及朋友溝通。之後接觸了多元智能理論和許多成人自學成功的案例，才發現父親是一位擁有多元智能的人，除了溝通表達的人際互動能力之外，他的生活觀察力、適應力、學習力，乃至各項手作能力都是我們學不來的，他的學習方法也是學校教育忽略的！而他的「方言學習力」和「溝通表達力」卻有很大的反差，這也引起我們的好奇，這其中是否和他自小飄零在外，幾度長途跋涉，必須很快融入當地生活才得以生存有密切的關聯！

從經濟資助到文化尋根

台灣和大陸的兩岸交流開始於一九八七年十一月，政府開放民眾赴大陸探親，這是故總統蔣經國先生在其生前任內最重要的決策之一。父親當時已經從基隆港務局的公務員崗位退休幾年，兩岸的書信往來也不需透過第三地，甚至歷時數月才能到達彼此的手上。

父親當年在海口和祖父匆匆一別後，將近四十年後才有機緣回鄉探望，雖然祖父早已過世，但那裡仍然有他的親弟弟和其家人，他也一直期盼有朝一日能到祖墳親自祭拜，表達對祖父的思念之情。我依稀記得祖父過世時，父親心裡非常難過，為祖父茹素多日，甚至自那以後戒除了他過年過節偶爾打小牌的習慣。

父親前後返回廣東新會縣禮樂鎮三次，第一次是他六十二歲時，與母親帶著當年探親流行的三大件和一些紅包回鄉探望，希望能夠有助修整簡陋的祖墳，當時見到近半世紀未見的親弟弟。第二次想回去祭祖時，祖墳仍未重修，當時叔叔告知因為三個孩子都在就學中，家裡開銷比較大，於是父親回鄉之前先寄了修墳的錢回去，然而回去時發現仍然沒有修好，而父親的親弟弟已經過世了。

父親一直惦記著這件事，也規畫著再度回鄉，隔幾年之後祖墳終於修復完工，據父親的回憶，祖墳很順利地遷移到政府規畫的整體園區。這一次的返鄉祭祖終於圓滿了父親心中的願，然而，自那以後，父親就沒有再回家鄉了。

儘管父親以基層公務員的微薄薪資，辛苦地培養六個子女完成高等教育已經很不容易，但他每一次返鄉總是希望能盡他最大的心力，為半世紀沒有盡的責任表達心意。這份真誠的心意，在二〇一六年也有了意外的轉折，那是父親弟弟大兒子的長子出生的時候，老家禮樂鎮有個習俗，長孫出生時要跟

父親與母親經香港碼頭探親。

一九九二年父親返鄉探視新修祖墳。

最年長的長輩跪拜，表達晚輩對長輩的恭敬感恩之禮，於是父親弟弟的兒子一家人就帶著才幾個月的長孫，一家五口來到台灣，親自跟父親行跪拜之禮。那一幕我雖未見到，但相信父親必然是百感交集，半世紀的兄弟之情，就在晚輩這一縷「禮樂習俗」得以延續！

自二〇〇八年後，每一位返鄉的外省第一代、第二代，大約都見到了兩岸經濟發展的反轉，彼此的互動關係也有很大的轉變！過去的「經濟支援」逐漸被「文化尋根」取代，在那之後父親花了許多時間和心力把族譜整理出來，用毛筆一字一字地謄寫了幾份，那份族譜應是他與故鄉最深的連結，那份白底黑字的族譜留給我們的意義，一點都不亞於他三次返鄉的攝影記錄。

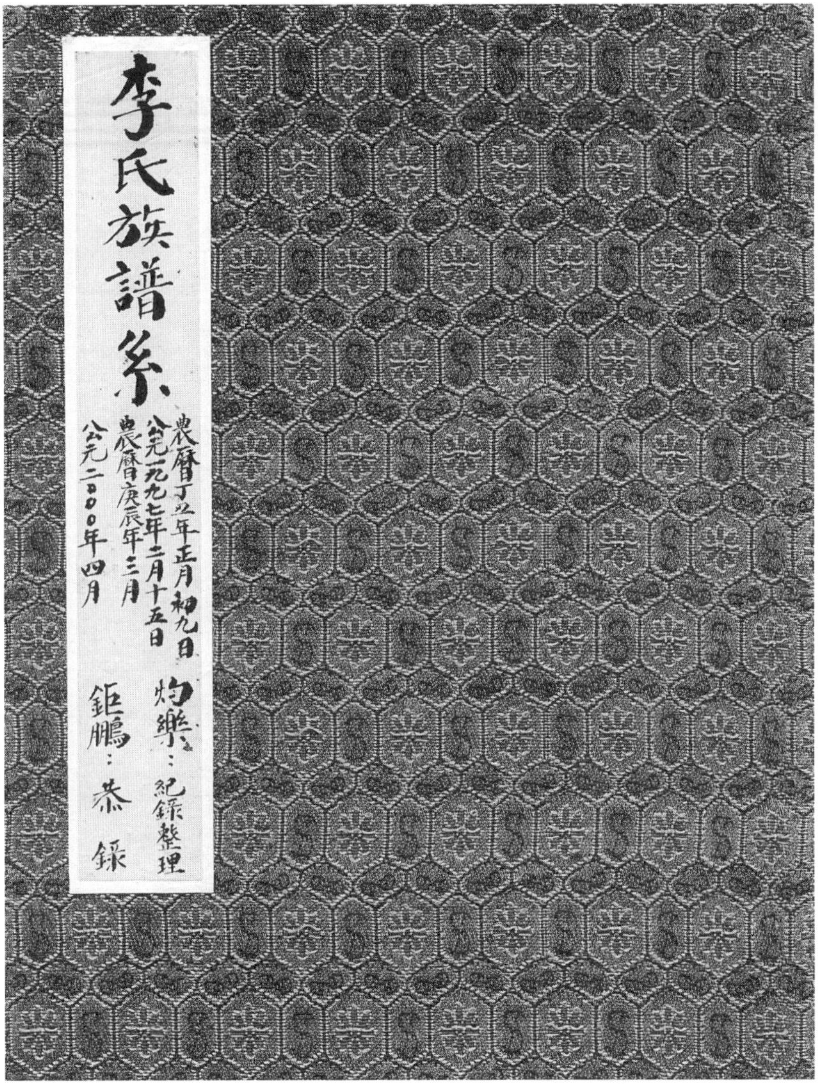
李氏族譜系
農曆丁丑年正月初九日
公元一九九七年二月十五日
灼樂：紀錄整理
農曆庚辰年三月
公元二〇〇〇年四月
鉅鵬：恭錄

父親所續編之族譜。

原來，父親想圓滿的不只是重溫故鄉的風土和山河，更是年少飄零和安頓異鄉半世紀後的「溯源」！

輾轉港口之間的遷徙與安頓

幼時的基隆港時常停泊著國外的船隻，港口附近有不少專賣舶來品的委託行和賣外文書籍和雜誌的書店，好幾年間，偶爾和父親到街上會看到外國人在大街上逛著。還記得我和哥哥就讀小學時，有一天父親帶著我們兩個，從基隆火車站旁的碼頭邊，招了一艘小船，那艘小船的船夫搖著兩支槳，像極了「擺渡人」把我們從東岸碼頭載到了西岸碼頭。

那時年紀太小，不懂得父親究竟是怎麼樣的心情帶著我們兩個最小的孩子去坐船，不知是否那艘船能夠隱約地讓他連結年少時的港口記憶。

有幾次父親帶著我們去基隆的山上放風箏，或是基隆的砲台古蹟，他也會帶著我們向下眺望港口，帶著我們看著港口的地形或是船隻，在那些時刻，似乎隱約看到父親輕鬆的笑容和舉止中的飛揚心境。或許香港港口、湛江港口、海南港口、基隆港口是他這一生中生命最重要的幾個轉折點，也是我們重新描繪他人生記憶的重要連結點。

上一代在戰亂中流離失所，在飄零中尋得生活的安頓，而我們這一代卻深陷意識的爭鬥數十年。父親這一生遷徙的生命故事給我們子女最大的啟發，莫過於帶領我們見證族群、語言、文化的融合，而父親和客籍外祖父母幾位不同省籍的女婿們，更是省籍融合的具體例證。

如果要描繪父親這一生的遷徙和安頓，我想在方言之間自在穿梭，或許是他作為一位台灣外省第一代的「文化融合」，在各項生活技能悠遊自學，或許是自少失學的他突破失學困境的「自我超越」，而在香港、廣東、海南、台灣的港口之間的擺渡，走過大時代的苦難，應是他一生小歷史見證兩岸四地大歷史的具體寫照。

當父親這一生經歷的圖像越來越清晰時，心中更期盼的是，高齡近百歲猶耳聰目明、行動自如的父親能夠在他有生之年，明白真正安頓生命的「彼岸」！更能夠用他的毛筆書寫讓無數人「頓悟」生命真諦的《心經》。這也是寫完父親遷徙來台的生命故事後，祈願少言少語的他終有一日能夠悠遊智慧大海，不再飄零！

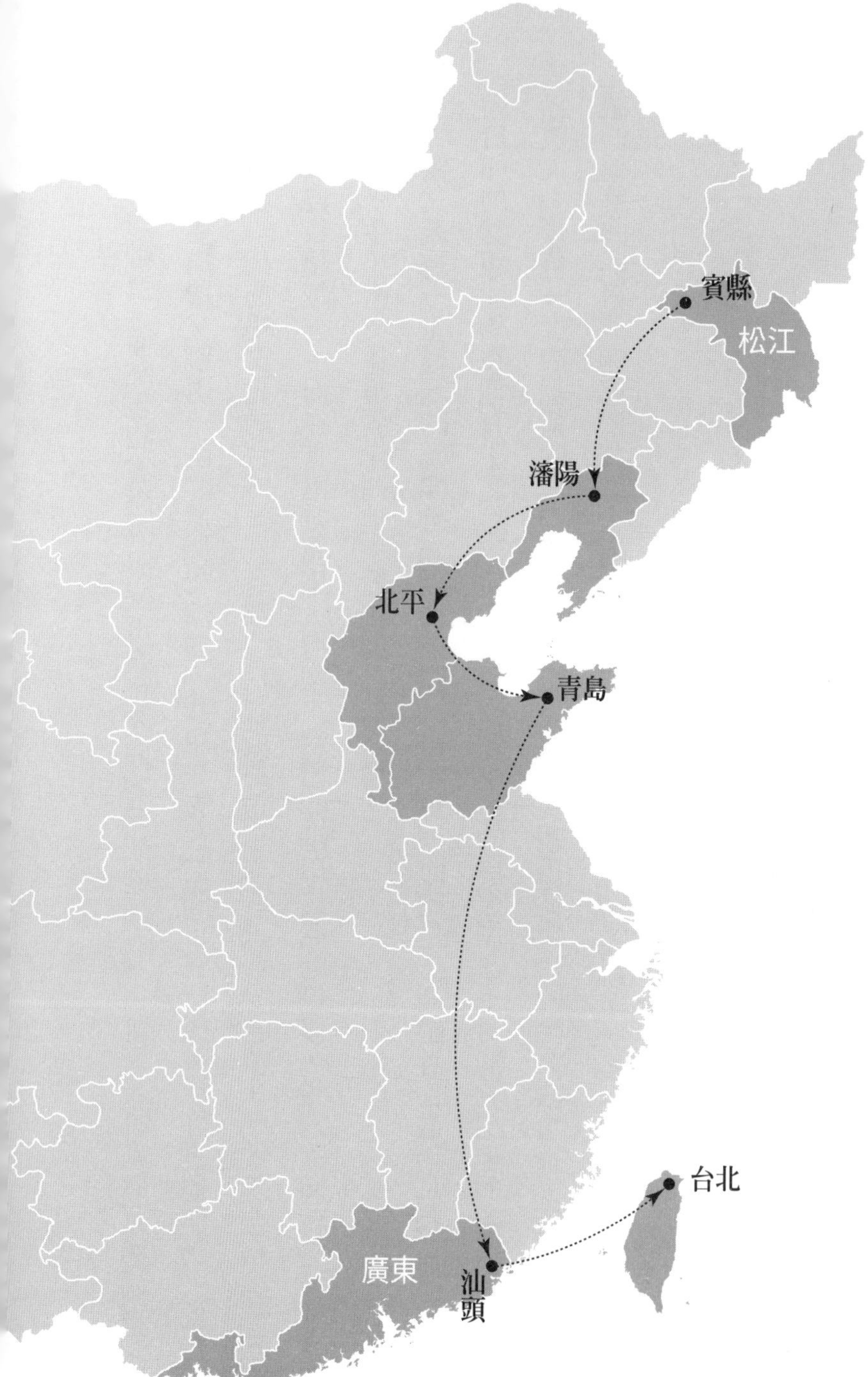

從白山黑水的壯闊到流亡他鄉的安頓

信世昌

國立清華大學跨院國際博碩士學程教授。生於台北，祖籍哈爾濱市賓縣，美國印第安那大學教學系統科技博士，曾任國立清華大學副校長。專攻國際華語教學、網路遠距教學。喜好海外旅遊、古蹟探索與跨文化交流。

王宏先先生的遷徙路線

賓縣→瀋陽→北平→青島→汕頭→台北

一九四九年前後大批人士離開大陸，連根拔起遠離家鄉，來到台灣，有的人開創了另一番人生局面，也有的人一生鬱鬱不得志。在兩岸恢復交流後，有的人返鄉探親得以和親人團聚，但有的人卻再也沒歸鄉，而我的表哥就是如此。他是東北大學的流亡學生，一九四八年從東北曲折南行，最後孤身一人來台，自己成家立業，常常思念家鄉，但在過世前卻一輩子沒再回去。

表哥姓王名宏先，是我父親大姊的次子，一般來台外省人的親戚都很少，尤其從北方逃難來台的多是隻身來台，更不容易有親戚，表哥算是我家裡在台灣唯一有血緣關係的親人。他長我逾三十歲，似乎算是半個長輩了，我自小記得他逢年過節一定來家拜訪，總是聽他零星說一些在東北的往事，尤其是一些他覺得得意的小事，但我似懂非懂，畢竟離現實過遠，直到我二十年前去父親的家鄉探親掃墓時，在當地卻印證了他說的一些瑣事，逐漸拼湊起來，才理解在那個動亂的大時代裡，他曾經歷過，卻很少提到的許多波折，這似乎是很多離鄉背井來台的外省第一代共同面對苦難的自處之道。

滿洲時代，賓縣老家

表哥生於一九二八年，那年是東北重要的年分，當年中旬發生了皇姑屯事件，統領整個東三省的軍閥張作霖被日本軍人炸死，同年底張學良突然發動東北易幟，將原來懸掛的北洋政府五色旗換成國民政府的青天白日滿地紅旗，象徵中國南北統一。他三歲時的一九三一年即發生九一八事變，日軍占領東北，一九三二年即成立了偽滿洲國，表哥就在滿洲國時代度過了他幼年到青年的時期。

表哥的老家在哈爾濱東邊六十多公里的賓縣，賓縣在清朝末年稱為賓州，早期甚至比哈爾濱還發達。表哥的母親也就是家父的大姊，是我未曾謀面的大姑姑，據說她能力很強，並且積極推動道德會的組織，道德會是什麼？可能只有一些老東北人才知道，是一個自發型的民間組織，當時散布到東北各地，以勸人為善為宗旨，扶貧賑災，在地大物博卻兵荒馬亂的東北，是民間一股正面的力量。由於道德會也提倡女學，鼓勵女子受教育並接受現代思想，大姑姑因而在縣裡的人面很熟，家裡有什麼事就由她出面解決。

當時家住在賓縣的縣城，而也有許多親戚住在鄉下的屯子，從縣城走到屯子約八里地，表哥常提到他常一個人循一條小路去屯子玩，中途會經過一個小山崗，住有一戶姓鄭的人家，該地也就被稱為鄭崗，他每次經過都會順便討水喝，那家人一問這位英挺少年的來歷，就很熱情，總會拿出很多好吃的點心，可能還要介紹他家的女兒與之認識。我問表哥是什麼點心？心裡以為是台灣常見的西點蛋糕或餅乾之類的，不料他說就是黏豆包、燒餅、花捲之類的東北麵食。我後來去當地探親時忽然想到此事，心想過了六十多年若再去拜訪還會不會有點心可吃，當地親戚聞之哈哈大笑，說的確有這個地點，但那條小路已沒人走了，鄭家也老早搬離了。

生命貴人——譚熹校長

表哥每次提起家鄉，總是自傲地說他是賓縣中學畢業的，我原先覺得中學到處都是，沒什麼希罕，但後來查了資料，才知當年東北的中學並不多，這所學校頗有歷史，創辦於清朝末年，算是當地的最高學府了。在那個年代，大部分老百姓都不識字，能上中學就已十分優秀，而他頗為聰明機靈，不僅在校內功課好，畢業後甚至還進了國立東北大學。

表哥多次提到當時的校長譚熹先生，對他非常照顧提攜，是他的恩人，言談間非常推崇與感激，並說譚校長在抗戰勝利前被日本特務殺害。

我在二〇〇三年去賓縣掃墓時，想到表哥常提到賓縣中學，於是特意去探訪位於城東門外的老校址，現為賓縣第二中學的校區，和他們教職員一談之下，他們居然仍知道這位時隔六十年前的老校長，也提到他因為抗日而被日本警察抓捕遇害。

後來我去拜訪賓縣的地方誌編修部門，拿到一本厚厚的《賓縣縣誌》，上面也記載了譚校長的生平，寫到他是北平師大畢業，在一九三一年起在賓縣中學當了十幾年校長，是當地遠近知名的教育家，早年就已加入國民黨，暗中傳達反日思想，這在滿洲國時期自然是十分危險，果然在一九四四年國民黨在東北各地黨部被日本特務機關破獲時被捕，在獄中被害，但是當地人都說其實是被日本人丟到松花江淹死的。

東北大學，榮光與流亡

表哥中學畢業後順利考上在瀋陽的國立東北大學，東北大學始建於一九二三年，位於遼寧省瀋陽市，由民國初期奉系軍閥張作霖創辦，少帥張學良於一九二八年兼第三任校長，集結了一批著名的教授學者，辦得有聲有色。在一九三一年九一八事變後，成為第一所流亡大學，全校遷至遙遠的四川省三台縣。

在抗戰勝利後，進兵東北的蘇俄軍隊仍盤據了半年多，直到一九四六年初才逐步撤出，於是流亡十五年後的東北大學才在一九四六年三月終於復員回到瀋陽，表哥大約就是在該年入學的第一批學生。身為東北最優秀的大學生之一，在瀋陽那兩年大概是他人生最高光的時期了，記得他屢屢回憶，都提到擔任學生幹部，積極參加各種活動，常為學生向學校爭取福利。

瀋陽的國立東北大學創校時期之校門。

在瀋陽念書的期間，雖然當時國軍只接收了東北的南滿地區，家鄉所在的北滿一直被共軍控制，但鐵路仍然暢通，他放假仍可回賓縣老家。

我探親時從哈爾濱搭火車去吉林市，中途經過一個大站——五常，在車上就可直接看到正對站外的大馬路，忽然靈光一閃想起他曾提到有一次從哈爾濱搭火車南下時就經過五常車站，在站裡就聽到市區喧嘩吵鬧，還有火光，一問才知是共產黨正在開群眾大會批鬥地主。

他當時就覺得局勢不妙，果然才念不到兩年，到了一九四八年，共軍已圍困長春，東北大學決議遷至北平，當時國民政府安排了載貨至東北而回程是空

一九四八年東北大學的北平露天上課。

機的美軍運輸機來載送後撤人士，他是學生會的領袖之一，有辦法優先拿到機票，因此安排了不少同學飛到北平，包括後來在台灣政大俄語系當過系主任的王兆徽教授，而他自己也就此離開東北，卻沒料到，這一輩子再也沒回過家鄉了。

當年從東北撤到北京的大學生和中學生已達上萬名，生活困頓。東北大學的師生到了北平也面臨生計問題，不過那個時代，大學生均有公費，當時政府會同省政府審核發放貼補在北平的東北學生費用，或改匯東北臨時大學作為經費，因此至少學生是有伙食經費的，表哥常提到用這些公費負責操辦伙食，讓同學不致挨餓，這也是他頗覺得意的事。

那麼東北臨時大學當時在北京何處？我查了幾份資料及地圖，得知是在西城區的光明殿，位置在西城區西安門大街路南、光明衚衕以西，原先是清朝皇家的道教宮觀，稱為大光明殿，毀於八國聯軍，對街就是舊的北京圖書館，東北大學即在此復課。

又成離別，輾轉來台

上課不到半年，在一九四八年底，平津又被圍，東北大學決定再往南方遷移，最終目標是廣東，師生們各自想辦法到廣東汕頭集合，從北平到汕頭有幾千公里，幾乎跨越整個中國，我問表哥你們沒有集體遷移嗎？表哥答由於人多，不可能一起走，就各自結成小群，分散南下，表哥就和幾位同學一起結伴，離開北平一路徒步向南。

但是沿途兵荒馬亂，手頭又十分拮据，所幸沿途結識了一戶向南撤退的人家，還帶著小孩，那家主人說你們幾位年輕人就跟我們一塊兒走，沿途也有個照應，吃住的錢就由他包了，於是他們就同行了一段，解決了吃住的問題，到了山東地界，那家人打算西行去四川，覺得頂多就和抗戰時期一樣，到四川很安全，並且力邀他們同行，但表哥一行的目的地是汕頭，決定東行到青島搭船，那戶人家於是慷慨送他們一筆路費並就此別離。表哥說在那個亂局下，同行一段路也是緣分，只是之後四川也易手，那家人不知下落如何。

他們幾人到了青島，當時青島有美國軍隊駐守，並且是港口，軍民可以從容撤退，於是表哥一行就上了船輾轉航行到了廣東汕頭。在汕頭大概沒待多久，又搭船來台，成了來台的流亡學生。

東北大學來台的校友不少，還成立了國立東北大學旅台校友會，在台灣的東北同鄉會所出版的《東北文獻》期刊中可以翻閱到許多相關的活動文章，例如在一九九三年還舉辦過國立東北大學成立七十週年紀念會（《東北文獻》第二十四卷第二期）。

流亡歲月，深盼安家

當年有不少流亡學生來台，由於表哥他們已是大學生，同學們被政府分發到各大學繼續念書，表哥被分發到台南的成功大學，但他經歷戰亂，大部分的心思都放在求生上，已無心再求學了，一心想要先就業成家。於是輟學回到台北，在陽明山管理局謀得一份工作，並非常幸運碰到在小學教書的表嫂。

表嫂姓郭，畢業自台北女子師範學校，非常聰明賢慧，是純正的本省人，但口音卻非常像北方人，說國語字正腔圓，這應該是當年師範教育嚴格的訓練所致。

表嫂非常努力進取，在女師附小教書，也在大學進修，之後又擔任教務主任，同時在淡江大學中文系兼課，退休後還在科見美語機構擔任行政工作，一路陪表哥白手起家，而表哥後來又在士林的華聲廣播電台工作了幾十年後退休，兩人相依至老。

離鄉背井的人不免總會找同鄉聚會，每次有東北同鄉聚會吃飯，他都會參加，我記得小時候有一次，旅居日本的一位東北同鄉長輩捎來了一條很大的大馬哈魚，這是東北黑龍江、烏蘇里江和松花江等河流的一種名貴的鮭魚，家中邀了幾位同鄉特別來吃魚，記得表哥也在其中，他們高談闊論，酒酣耳熱，十分高興，說的都是各人在東北的瑣碎往事，我在一旁也懵懵懂懂地聽了不少。其實這種聚會的目的不在於吃喝，而是集體對家鄉的一種懷念。

有一回，他忽然忙著張羅在台北松山寺為他母親安排了一場念經法會，原來是他夢到已過世的母親在夢中責打他，說你這個兒子都不回來看她，他睡醒後內心大為不安，才想到可以辦個法會來超渡母親，可見東北家鄉的一切仍不時在他的思念中。

在一九九〇年代初期，兩岸開放探親，很多外省人返鄉探親，我問表哥這意願如何？他顯然很心動，但只是猶豫，並無行動，等二〇〇三年我初次去賓縣探望父親的家鄉，在屯邊玉米田裡的祖墳上香後，忽然想到可以直接打手機給他，電話接通，我興奮地告知我人就在他的家鄉賓縣，親戚也抄過電話說著東北鄉音力邀他返鄉一遊，想必他當下是大為震驚，他自己都還沒回去過，反而是這位在台灣出生的小表弟去老家探視了。

等我返台，他特地來家一趟，我送了他一本《賓縣縣誌》，並詳細敘說在賓縣所見所聞，他邊聽邊感嘆，說這些地點他都熟，言下頗為觸動，似乎喚起了探親的念頭，但後來終究沒動身。

多年後我又好奇詢問他為何還不返鄉看看？他無奈地說在賓縣已無親人，父母早已過世，唯一的哥哥被清算鬥爭中致死，回去要看誰？可能只剩一些小時候的朋友同學，頂多吃個飯，還不知能否談心。另方面當時還沒有台北直飛哈爾濱的班機，得中間轉機，他年事也高了，舟車勞頓也吃不消。

潛修心學，勸善思親

他退休後，轉為內斂，一直潛心研究一位當年名滿東北慈善家王鳳儀（一八六四—一九三八年）的事蹟與道德修行之法，也作為他自己修身養性的方式。根據資料，王鳳儀是東北道德會的核心人物，道德會全名是「萬國道德會」，是成立於一九二一年的民間社團，曾舉康有為擔任會長，後來迎請東北義學團體領導人王鳳儀入會。

王鳳儀加入道德會後，其所發展之數百處義學單位皆併入道德會，王鳳儀之性命倫理思維亦為道德會所吸收，成為會中特有的思維形態。道德會最盛時有分會一千兩百餘處，會員百餘萬，分會分布以東北最為密集，組織亦較為緊密。在各省市及縣市鄉鎮有一、兩千個分會，開辦了講演社、心理療病社、義務中小學、女學、幼稚園、安老院、托兒所、民眾識字班、女子職業傳習所、戒菸所、商業補習班、幼師及保姆講習班、農場及各種生產工廠、遊行演講團、幹部訓練班及分初中高級的道德講習班、賑濟災民五百餘萬人。* 在動盪的東北能發展出這樣的民間團體，很不可思議。

表哥晚年勤於讀書，甚至一心想要寫出一本書來探討慈善家王鳳儀的道德修行之法，這是由於他母親積極投入道德會的工作有關，可能在心裡也彌補他不能為母盡孝的遺憾。

異鄉「渡桑乾」

他是東北大漢，身體一向硬朗，到了二〇一八年他已九十高齡，有一天忽然中風，緊急送到士林的陽明醫院，頭腦還清醒，但不能言語也不能動，待了一個月轉到民間的療養中

---

* 摘自夏明玉，〈民國新興宗教結社——萬國道德會之思維與變遷（1921-1949）〉，東海大學歷史研究所碩士論文，二〇〇一。

心，才進去兩週就過世了，一心想寫的書也就此停擺而再也無法完成。

回顧表哥的一生際遇，他成長於一望無際的東北松遼平原，自然是胸懷壯闊，又是東北大學的頂尖才俊，但連根拔起來到台灣，失去可以馳騁的平台，在現實上難以發揮遠大的抱負，以至於常聽他對現實發牢騷。他常說每個人在世上要找到生存之道，要有吃飯的辦法，這其實是所有連根拔起而一無所有的人來到異鄉所面臨的不安。而他每每陷在追憶之中，反覆說他當年的幾件往事，或許對於乏善可陳的動亂歲月，只能過濾出一些年輕時的得意瑣事可資追憶。

回顧一九四九年前後有一、兩百萬人來台，思鄉是人之常情，有人未等到兩岸開放即過世，有人等到開放探親後得以返鄉和親人團聚，雖多半已人事全非，但至少還得以稍慰思鄉思親之苦。但也有不少人因為各種顧慮而一輩子就再也沒返鄉，表哥就是如此，他二十多歲離家，在台灣待了六十多年，雖經常回想年輕時的東北歲月，但思鄉情更怯，終究沒返鄉探視，因為大陸已無親人，而台北早已是他的家了，彷彿是唐朝詩人劉皂的詩〈渡桑乾〉中所言：

客舍并州已十霜，

歸心日夜憶咸陽。

無端更渡桑乾水，
卻望并州是故鄉。

表哥一生的際遇是這個時代下令人遺憾的例子，或許這首詩就是他的內心寫照，離鄉客居，思鄉一生，而台北就成了他的并州。